中國思想

[美] 顧立雅 ◆ 著　馬騰 ◆ 譯

策劃編輯	李	斌
責任編輯	王婉珠	
書籍設計	道	轍
書籍排版	楊	錄

書　名　**中國思想**

著　者　[美] 顧立雅

譯　者　馬　騰

出　版　三聯書店（香港）有限公司

香港北角英皇道 499 號北角工業大廈 20 樓

Joint Publishing (H.K.) Co., Ltd.

20/F., North Point Industrial Building,

499 King's Road, North Point, Hong Kong

香港發行　香港聯合書刊物流有限公司

香港新界荃灣德士古道 220-248 號 16 樓

印　刷　美雅印刷製本有限公司

香港九龍觀塘榮業街 6 號 4 樓 A 室

版　次　2023 年 1 月香港第一版第一次印刷

規　格　大 32 開（140 × 210mm）320 面

國際書號　ISBN 978-962-04-5088-4

© 2023 Joint Publishing (H.K.) Co., Ltd.

Published & Printed in Hong Kong, China.

前言

　　本書的宗旨，是對從古至今的中國思想進行一番通識性的概述。這番工作並不希望裝點成一項深湛透徹的中國哲學史研究，而只是簡述要義而已，畢竟，我們西方應當更為深入地了解中國思想。而且，一旦徜徉其中，我們很多人都會感到妙趣橫生。本書旨在充當這一領域的導論，成為將來更為完整、更具學術之研究工作的引玉之磚。

　　人們厚此薄彼，將大量目光聚焦於公元前的中國思想史。這並非意味著之後的思想發展無足輕重，抑或了無生趣，非但不是如此，而且後世思想史還應有更為精細入微的研究。不過，本書尤為關注中國思想本身。公元前的中國思想更堪稱為中國的本土思想，而後世思想則受外來理念影響不小。且更重要的是，時至今日，從中國古典時代發展出來的理念仍然佔據統治地位。

　　雖然本書無意於自詡為一本詳備論著，但也絕非粗製濫造而草率成書。其中所含諸多材料最初是三年前芝加哥大學一系列公共課上講授的內容。有些聽課的同學鼓勵我，說這些教案應該出版，有些同學還說，教案只有個別內容需要稍為拓展，至少後面這個意見被證明是錯誤的。準備一番概述還是比一項完整敘述更為費勁，因為我們總會招致這麼一種令人苦惱的質疑，作者是否選擇了那些具有代表性的題材，從而提供一個言簡而意賅、窺斑而知豹的景象。對此，我不敢奢望已有大成，只是不枉劍及履及吧。

本書每一段材料（例外不超過一兩項）基本校訂，譯自中文文本的段落也已核對。在某些情形中，我所給出的譯文是全新的。但為了讀者方便，參考文獻往往以已經面世的英譯本為準。不過，有若干地方出於特殊緣故，還會同時提供英譯本與中文原著。

注釋與參考文獻的標注方式有些不同尋常。書中很少以注釋補充信息或探討文本意蘊。偶有幾處，會在同頁以星號腳注形式呈現。參考文獻只標注所引文獻與專著，在正文中以序號標記，而所引文獻本身則印於全書最後部分。讀者們可以確定的是，如果看到書中的序號標記，卻沒去查閱後面的參考文獻，也不會錯過什麼，除非你想要去核實直接引用的文獻與專著。

如果是閱讀本書的漢學家，可能會為本書缺少諸多在此類作品中理應出現的中國名人而無所適從，一些先睹書稿的同仁的確如此。這些名人的遺漏並非意外。對於我們這些熟視中文、喜聞漢語的人來說，很難體會到大多數西方讀者閱讀佈滿中國名字的每一頁書的那種望而生畏。於是，我想，還不如只涵蓋那些最為卓著而重要的名人，而留給讀者在進階閱讀時邂逅其他人物的機會。

在本書的撰寫過程中，我叨擾了諸多朋友，對此感激不盡。雖然我的妻子想必已經不勝煩擾，卻還是總能有求必應，為我那些看似了無希望的章節注入鮮活生機與靈感啟發。錢存訓（T. H. Tsien）在文獻學上給予我莫大的幫助，還幫忙撰寫標題頁的書名漢字。錢存訓夫人則幫忙書寫參考文獻的漢字。我還要特別感謝喬治‧波布林斯克伊（George V. Bobrinskoy）、費正清（John K. Fairbank）、諾頓‧金斯伯格（Norton S. Ginsburg）、克拉倫斯‧漢密爾頓（Clarence H. Hamilton）、許烺光（Francis L. K. Hsu）、賀凱（Charles O. Hucker）、柯睿格（Edward A. Kracke, Jr.）、厄爾‧普理查德（Earl H. Pritchard）、理查德‧沃爾克（Richard L. Walker）、理查德‧沃爾頓（Francis R. Walton）給予的建議、解惑與批評。瓊‧沃克（June Work）女士不僅協助完成手稿的出版，還在其間讓我留意到一些曾有疏忽的寶貴材料。

顧立雅

伊利諾伊州帕洛斯公園

目錄

第一章　中國觀念形態

CHAPTER 1

THE CHINESE VIEW

1 　　百年以來，中國人抱持著兩種僵持不下的生活與思想的方式。一種舶自西方，另一種則源於祖宗。一百年之前，每一位中國人大概都偏向後面一種。中國人始終相信，中國人較為聰慧、更加文明，也要比其他族群優越許多。然而，一系列的殘酷打擊逐漸動搖了這種自信。中國人發現在軍事方面無以自保，因此邊境才屢遭入侵。結果是被迫允許歐洲人與美國人居住於中國，這又引致了一種更令人不安的觀念入侵。

　　很快（人們）就發現，顯然中國在某些方面存在不如西方之處。當時，中國在軍事戰力望塵莫及，於數學領域自嘆弗如，對科學技術又知之甚少。中國尚未懂得機器，因而就無法生產西方工廠可以製造的批量規模的貨物。

　　起初，這些事物並不會讓中國人深有所察。畢竟，這些頂多是局部的物質問題，"蠻夷"（他們將西方人視為蠻夷）在這方面是可以不遑多讓的。我們知道，在古代歐洲，羅馬帝國覆滅之際，蠻族正是在戰爭領域高出一籌，但這卻不至於讓我們以為蠻族人在總體上優於羅馬人。我們還知道，愛斯基摩人以及其他近於自然而居的人群更為熟悉野生生物，還有著更為出色的獵手，但這也不會讓我們萌生自卑感。同樣道理，在此前很長一段時間，中國人並未拜服於西方科技。他們視西方科技猶如一種驚艷魔術的伎倆，這不過雕蟲小技而已。

相比這些物質的東西，中國人更加珍視的是精神方面。儘管他們能懂結合各種物質材料的技術具有更可廉價製造貨物的價值，不過，他們更看重的是維繫人們共同生活之和諧與福祉的藝術。他們固然理解財富的價值，但深知財富對個體安危、生命圓滿、子孫孝敬的無補。在這些方面，他們無從認同西方之道更優。

跟隨這番貫穿全書、間或詳玩的巡航，可能大多數中國人最後也難免質疑，他們並沒有秉持這種傳統生活與思想方式的優越感受。其中很多人已經轉向一種稱為共產主義的西方哲學，這已成為執政中國的共產黨的指導思想。

我們有些人不願意承認共產主義屬西方學說。毋庸置疑，蘇聯的共產主義有自身特色，且蘇聯文化無疑具有亞洲淵源。但是，馬克思（Marx）與列寧（Lenin）思想確實在西方哲學淵源有自，是西方思想序列的終端產物。就其以組織人民成為大型集體予以統治的趨向，其對物質事物的強調，其為經濟重要性的賦予，總體上都更親近於西方哲學，而非它所取代的中國傳統思想。

在二十世紀的前葉，中國人尚有一種為傳統文化辯護的姿態，無疑與當時中國國力與威權的式微有關。然而，在中國共產黨執政後不久，中國戰士就可以宣稱已經取得對世界上最強國家裝甲部隊的勝利，共產黨領導的中國已成為一股重要力量。於是，儘管出人意料卻也順理成章的是，中國人從中國共產黨身上挽回了自信，這種具有歐洲淵源的統治學說，也就應當套上中國歷史的光環，從而聲稱歷史上偉大的中國思想先驅也屬中國共產黨的智識遺產。

倘若在有些方面中國人的所思所為難以理解，我們就聳聳肩並將其視為怪異譎詭、不可理喻的人，這可是毫無意義的。如果能夠同情理解、換位思考來疏解困擾，我們就會發現，中國人也是如我們這般相當通情達理的。諸多分歧源自這麼一個事實，他們並不總是重視我們奉若珍寶的東西，而又傾心於我們置若罔聞的事物。要闡明這一奧妙，且聽中國早期哲學家所講述的這麼一個故事。

> 子貢南遊於楚，反於晉，過漢陰，見一丈人方將為圃畦，鑿隧而入井，抱甕而出灌，搰搰然用力甚多而見功寡。子貢曰："有械於此，一日浸百畦，用力甚寡而見功多，夫子不欲乎？" 為圃者卬而視之曰："奈何？" 曰："鑿木為機，後重前輕，挈水若抽，數如泆湯，其名為槔。" 為圃者忿然作色而笑曰："吾聞之吾師，有機械者必有機事，有機事者必有機心。機心存於胸中，則純白不備；純白不備，則神生不定；神生不定者，道

之所不載也。吾非不知，羞而不為也。」子貢瞞然慚，俯而不對。有間，為圃者曰：「子奚為者邪？」曰：「孔丘之徒也。」為圃者曰：「子非夫博學以擬聖，於于以蓋眾，獨弦哀歌以賣名聲於天下者乎？汝方將忘汝神氣，墮汝形骸，而庶幾乎！而身之不能治，而何暇治天下乎！子往矣，无乏吾事。」[1]

這樣一番對機器時代的譴責，撰就於中國二千多年前。若將之與英國小說家愛德華·摩根·福斯特（E. M. Forster）發表於 1951 年的評論對觀，可謂相映成趣。福斯特寫道：「我們不能一如既往做出科學發現並付諸實踐，從而實現社會與政治的穩固，如此將摧毀基於更基礎性發現的既有安排。……科學……給予我們一個內燃引擎，而在我們吸收消化並經歷其浸染社會系統的陣痛之前，它卻利用了原子能去摧毀任何可能展露的嶄新秩序。要是人們只求一味更新，又談何實現與所處環境的和諧呢？」[2]

這便有別於前述中國文本所涉問題，可當我們考慮到，時隔兩千年之久，地隔一萬里之外，這兩番話同樣發出針對機械的譏議，就不免要感嘆這種不謀而合了。當然，福斯特先生所持有的是西方人罕為接受的結論。不管多麼強烈地譴責原子彈的存在，我們中的大多數人不是祈求少有發明，而

---

1 Legge, *The Writings of Kwang-zze*, 1.319-320. 譯注：原書非直譯，在此仍注引《莊子·天地》原文。

2 Forster, *Two Cheers for Democracy* (New York: Harcourt, Brace & Co.,1951), pp.90-91.

是更多更優的創造，這當中也包括無疑為我們所寄望的保護自身以及後代免於星球損毀的科技。

中國人士卻很少像我們這般致力於機械，但他們在實際問題上也少有全然拒斥機械設備的姿態，秉承著前述故事中農民所表露的反對 "機事" 觀點。雖然尚未發展出成套的科學理論，但中國人也力求採用那些顯然有利於福祉的設施。

誠然，這一故事中，農民希圖全性保真以求維繫和諧的觀念不能代表所有中國人的思想。但這是中國觀念的特質，它意味著不倚重某些神啟禁令或是哲學原理，而是回歸於人類個體，進而，重視強調的就不是個體的優雅或利益，而是講究心態。

而且，這是一個諸多中國著名思想家皆有關切的人性問題，有如中國人士敘述這一問題之際，人性，仍是我們今天（甚至長遠未來）所應面對的議題。

即便是在西方世界，不只是在我們今天才有人深思這種目為寶貴財富的安寧心態。在公元 305 年，正值彪炳千古、居功至偉的羅馬皇帝戴克里先（Diocletian）統治時代，這位皇帝自願在 59 歲權勢煊赫之際便放棄高位。他急流勇退而歸於田園，親自種菜。而當前任同僚請他再當皇帝時，戴克里先對這位馬克西米安（Maximian）說，如果閣下能來看看這些我親手種植的漂亮捲心菜，就不會再奉勸我重返權力的迷潭啦。[1]

---

1 Gibbon, *The History of the Decline and Fall of the Roman Empire*, 1.303.

離我們更近的人物，則有讓・雅克・盧梭（Jean-Jacques Rousseau）與亨利・大衛・梭羅（Henry David Thoreau），他們可以作為諸多人士提倡簡單生活的典型。在十九世紀，社會中的人們渴望避世，並且建造出一些簡單社區，由此產生諸多實踐舉措，實現了這番理念。曾於波士頓的布魯克農場（Brook Farm）住過一段時間的納撒尼爾・霍桑（Nathaniel Hawthorne），就是這些建造嘗試中最為著名的一例。雖然很多人不免悻悻而歸，但有意思的事實是，即便今天那些在工業城市功成名就的人士，只要足夠有錢，還是會去購置郊區房產。他們往往在週末閒暇時像農夫一樣勞作。正如我們的世界複雜演進，施加於人們精神上的壓力也正成為愈發嚴重的問題。一個重要的證據，就是人們購買尋求心態和諧與緩解精神的書籍與日俱增。精神病專家徒勞無功地亦步亦趨於所無法承受的病患增量，他們已經成為我們社會中工作強度最高的群體。

　　人們想要避世，可以說變得步履維艱。可是，絕大部分中國人從未如此。相反，他們探尋一種與人為善、安時處順的處世之道。總體而言，中國已經深諳此道。期待這些中國之道可以不加修訂地套用於我們的狀況固然不對，但無疑仍可以從中獲益良多。至少，這些智慧可以讓我們對自身問題另具視野，更顯客觀。

　　這可能是中國知識可以帶給我們的最大裨益。我們是如此地積重難返，而無法超越於族群與文化。我們的所作所

8

為，是純粹出於合理並且符合人性嗎？抑或是由於數百年以來的社會習慣以及身處環境的壓力使然？這又能說得清楚嗎？

破解這一問題的綫索之一是考察其他族群，在不同的社會習慣以及居於不同環境的情況下，他們是如何解決同樣問題的。這也是人類學家關於所謂“原始”社會的報告引人入勝的原因。只是就其研究目標而言，基於判然有別的簡單社會的研究是存在隔閡的。畢竟這些社會與我們相去甚遠，不管是對是錯，我們總感覺自身的文化與之天差地別、無從比擬。而中國傳統文明雖與我們的文明迥然不同，卻在很多方面與我們更具有可比性。我們如今的社會具有優越性，可毋庸置疑，在其他某些方面中國也曾有著千百年來的優越屬性，至今或許仍是如此。

最為關鍵的是，中國文化可謂是自給自足。在人類創造的最為輝煌的文明體系中，於其發展時代，鮮有與我們西方文化互動如此之少的文明。[1] 於是，我們可以將中國視為一個宏偉的社會實驗場，其中，數千年來人們的所思所為，往往遠不同於我們。本書就寄望於導引讀者去巡遊這一實驗場，去體會個中的所見所聞。我們將會專門詳細考察中國文化最為純粹的那些時代。進而，後面我們再接著考察中國思想如何應對印度、歐美西方以及蘇聯的影響。

1　這一陳述的一個例外情形便是印度文化。不過，自從亞歷山大大帝於公元前 326 年征服印度之時起，印度與歐洲就有相互影響，之後這種影響有時頗為可觀。

第二章　孔子以前的思想

CHAPTER 2

BEFORE CONFUCIUS

10 　　現今對中國石器時代人們的生活知之甚多，可是由於沒有書寫流傳，當時人們的想法我們也只能猜測。我們所掌握的中國最早的書寫記錄，源於約公元前 1400 年的商朝都城。這是一個璀璨繁華的文明中心，透過其宏偉的建築、雅致的骨器、精巧的絲織以及其他物品，均可見一斑。雖然當時人們也久存書籍直至腐爛，但流傳至今的書寫只有骨頭與石頭上的短辭。這些簡短的記錄，撩撥著我們窺知其繁複宗教儀式與顯著政治組織的心弦，卻仍不足以向我們透露當時的哲學。

　　後來，這些高度文明（highly cultured）的商人被中國西邊鄙陋的部落所征服（根據傳統紀年是在公元前 1122 年）。領導這群征服者的是一個被稱為周的部落，隨後建立了著名的周朝。在開國伊始，這幫剛毅的武人遭遇一個艱辛的階段，因為他們雖懂得如何通過打仗開疆拓土，可是如何通過妥善安排的統治予以守成，就是另外一回事。

　　翦商之後數年，周天子武王崩。武王的兒子成王繼任王位，可他年紀尚淺，當時的局勢亟需穩定。周朝開始內訌，後來是成王之叔周公力挽狂瀾。他採取行動，自稱攝政，掌管軍隊，誅伐叛軍，強力統治。這時，或許以為年輕的侄子會被謀弒，但事實證明，周公是一位高風亮節的偉人。一旦危機解除，周公就以溫和安撫取代強力征伐，並展現出培元固本統治帝國的卓越才能。七年之後，周公還政於成王。

雖然生活時代早於孔子數百年，但是在中國，周公卻被譽為儒家道統的創始人。有些中國人士對他的尊崇甚至超過孔子。這不僅緣於周公的品質，還因為在他驚世駭俗的事跡中，最令人動容的情節被反覆錘煉昇華，這些理念也從此彰著於中國的思想中。要理解這些，我們必須考察當時中國社會是以何種方式進行組織的。

在周朝，甚或商朝時期，生活的幾乎一切方面均為世襲貴族所支配。至少在很多情形中，貴族世家的所謂創始者皆屬神話英雄，甚至就是神。

人們相信，周族是源於一位稱為后稷的祖先。這一名號意為 "五穀之神"，這看來清晰地表明后稷最初就是農耕方面的神祇。我們讀到稱為《詩經》的古代經典，說后稷乃因其母踩過帝的腳印懷孕而生。有如其他許多著名人物的嬰孩時期，后稷遭受遺棄卻有如神助化險為夷。該詩曰：

> 誕寘之隘巷，牛羊腓字之。誕寘之平林，會伐平林。誕寘之寒冰，鳥覆翼之。[1]

---

[1] Legge, *The She King*, p. 468.

長大成人之後，這位偉大的祖先便教導人們如何種植穀物。

非但遙遠的始祖，所有的祖先都賜予貴族世家其神力。人們認為，偉大的貴族去世之後居住於天，在天上操控著後代的命數。正常而言，除非他們對後代極其不滿，否則都會保佑後代無往不勝、興旺發達。作為這種庇佑的回報，也就期待後代為祖先們獻上慣常的祭品，並通過占卜或其他方式祈求祖先神意。君主們或大或小的祖先仰賴，可以從諸多文獻中清晰窺見。在一則青銅銘文中，我們看到一名貴族誇讚，其丕顯皇祖考在上，"廣啟厥孫子於下"[1]。《詩經》中的一篇描繪了在特定時期周室的權力之盛，乃其"三后在天"[2]以及"王配于京"統治天下之事實。

在這種情態中，不會有民眾抱求希望成為或大或小的統治者。他們不具備必不可少的資格，即那威強靈驗的祖先神。幾乎所有的民眾，要麼是少數工匠，要麼就全是農民，或者是奴隸。他們不可能具有任何抗爭於貴族的昭彰權利，顯然只能被玩弄於股掌之中。在一篇早期的誓中，就將逋逃的臣妾與丟失的牲畜歸為一類。[3] 而《詩經》卻有詩云："民之

---

1 Kuo Mo-jo, *Liang Chou Chin Wĕn Tz'u Ta Hsi K'ao Shih*, p. 133a. 譯注：似出自《番生簋蓋銘文》。

2 Legge, *The She King*, p. 458.

3 Legge, *The Shoo King*, p. 623. 譯注：《尚書·費誓》："馬牛其風，臣妾逋逃，勿敢越逐，祗復之，我商賚汝。乃越逐，不復，汝則有常刑。無敢寇攘，踰垣牆，竊馬牛，誘臣妾，汝則有常刑！"

質矣，日用飲食。"[1] 可是，同樣還是這部經典，實際上又清晰地反映，人民並不總是豐衣足食。有詩云：

> 旻天疾威，天篤降喪。瘨我饑饉，民卒流亡。我居圉卒荒。[2]

又有詩云：

> 民今之無祿，天夭是椓。哿矣富人，哀此惸獨。[3]

是否實現豐衣足食，人民就真的滿足了呢？就早期時代而言，很難說得清楚。極少有平民能夠書寫，因而也就少有言論得以呈現於今。不管如何，我們可以找到一些抗議的痕跡，尤其是反對強迫徵兵，這導致兒子與父母骨肉分離，丈夫與妻子天各一方，而且還無法保證何時還能重逢，往往是機會渺茫。

看來，當時貴族可以隨心所欲地役使其管轄的民眾，課以稅收、強制服役、肆意懲罰。可無論怎樣，對貴族而言，搞得民不聊生也實屬下策，尤其是在周人征服之後的情態。

在當時的中國北方（周人征服似乎沒有延伸到中國南方），周代統治者及其封建諸侯都屬新興勢力。他們居於高牆之內，為懷有敵意抑或無動於衷的居民所環伺。正像絕大

---

1   Legge, *The She King*, p. 257.

2   Ibid., p. 564.

3   Ibid., p. 320.

多數成功的征服者，周人迅速意識到，雖然可以通過武力征服領土，卻無法僅憑武力維持。因此，他們洞若觀火，必要贏取民心。對此，周公最具識見。作為一介武人，周公深諳如何予以威懾與懲罰。不顧家族紐帶的神聖性，周公分別放逐、處死自己的兩個兄弟，因為他們竟敢聯合商人陰謀叛周，好在未能成功。而在平定這場叛亂、處置罪魁禍首之後，周公又試圖安撫商人，告誡他們，如果執意反抗，將嚴懲不貸，而如果願意與周合作，就會前程大好。在一份流傳至今的誓詞中，周公告誡殷商貴族："天惟畀矜爾，我有周惟其大介賚爾，迪簡在王庭，尚爾事，有服在大僚。"[1] 我們至今可以看到一系列保存於周代早期的文書。其中有相當一部分在傳統上均歸為周公所作。有些學者認為，雖然周公確實撰有某些內容，但其餘一些內容是其他周朝統治者所作，卻緣周公之盛名而屬偽託。我們無須捲入這些論戰。對我們來說，這已經足以闡明，周公以及其他早期周朝貴族曾宣顯出一種明確的安撫姿態，不僅面向所征服的貴族，甚至還面向普通民眾。

周天子訓導一位即將分封的諸侯道："告汝德之說于罰之行。今惟民不靜，未戾厥心，迪屢未同。……敬哉！無作怨，勿用非謀、非彝，蔽時忱。丕則敏德，用康乃心，顧乃德，遠乃猷裕，乃以民寧，不汝瑕殄。"[2] 在其他地方，作者

1　Legge, *The Shoo King*, p. 506.

2　Ibid., pp. 396-397.

還說，對待民眾應當"若保赤子"。[1]

《尚書》相似的另一篇曰："徽柔懿恭，懷保小民，惠鮮鰥寡。"[2]諸如此類的陳述俯拾皆是。傳世文獻或許會被質疑是後世竄入，但我們發現，這些不僅在傳世文獻中，在青銅銘文中也可見從當時保存至今。這不免讓我們聯想到歐洲統治者們異曲同工的虔誠聲明，他們時常自詡為不只是教會且還是"寡婦、孤兒與陌生人"的保護者或守衛者。顯而易見，這些陳述出於各種心思，要從中感受這些發佈者真正的仁愛，也是或有或無。但這不能改變一個事實，即這些理念的表達在歷史中具有重要影響。尤其在殷周鼎革之後，發揮重要作用的這番理念得以延綿發展。

此前，商王隆盛祭祀先祖，並相信天帝的全盤庇佑具有決定意義。無疑，商朝統治者亦如取而代之的周天子，認為自身憑神權統治天下。周朝已靠軍事武力征服天下，但如果沒有登堂入室的精湛設計，就無從闡明統治神權所發生的轉移。征服的證成總是一項殫精竭慮的工作。這往往通過宣傳運動，促使某些神話成為人們口耳相傳的事情。晚近時代，這種神話常以"昭昭天命"（manifest destiny）信條的形式呈現，周朝統治者則稱之為"天命"（the decree of Heaven）論。"天"，就是最重要之神的稱謂。

周人宣稱，並不是他們自己妄圖佔領商朝版圖。相反，

1　Ibid., p. 389.

2　Ibid., p. 415.

是天將這番征討的重擔託付於他們。這是為什麼呢？因為最後一任商王酗酒無度、凌虐臣屬、褻瀆神明。這觸犯了天的底綫，商統治中國的 "命" 也就被剝奪。於是，這個命轉移給周人的領袖，正是上天命周伐商並取而代之的。

16

　　儘管難以去檢驗一個關於神意引導的傳說，而且關於這一時代的知識尤為匱乏，但我們仍足以懷疑這番敘述。考古學的證據顯示，末代商王絕非庸主。相反，商王殫精竭慮。非但不像被譴責疏於宗教禮儀而有罪，商紂對這些事務尤為關心，而且看來對踐行宗教儀式尤為慎重。當然，這些對周人領袖而言無足輕重，只要能讓人們相信他們版本的歷史就好。最終，他們如願以償。流傳至今的某些文獻顯出偽造跡象，旨在為當時周代的宣傳運動造勢。也有一些理由相信，在商朝文獻中也存在一些內容勢必影響這場宣傳。這些文獻湮沒無聞，邏輯上可推斷為周人所毀，儘管沒有確鑿證據。

　　周人還通過鼓吹歷史循環的理論，以證明自己取代商朝的合理性。他們說，在數百年以前，商人統治者成湯乃天命所歸，以同樣的方式取代之前夏朝（雖然有諸多關於夏代的傳統說法，但我們仍缺乏關於夏代的確切考古學證據）的末代暴君。這一版本的歷史陳述便為周武革命提供了一個範例，使之也不過是循環圈中的一個事件節點而已。而關於商朝歷史的商人版本，仍在《詩經》中流傳至今，其文獻記載頗有歧異。[1] 於是，有可能是周朝統治者為證成其征討，從而篡改了中國古史的整體風貌。

在傳世文獻中，周公以天命論的主要擁護者呈世。他面向商人發表一段相當長的誥命以表達這一觀點。值得注意的是，他有時用“帝”這一主神，有時則用“天”，這些稱謂在當時是可以互換的。以周王的名義，周公曰：

> “……惟帝降格于夏。有夏誕厥逸，不肯慼言于民，乃大淫昏，不克終日勸于帝之迪，乃爾攸聞。厥圖帝之命，不克開于民之麗，乃大降罰，崇亂有夏。因甲于內亂，不克靈承于旅。罔丕惟進之恭，洪舒于民。亦惟有夏之民叨懫日欽，劓割夏邑。天惟時求民主，乃大降顯休命于成湯，刑殄有夏。惟天不畀純，乃惟以爾多方之義民，不克永于多享。惟夏之恭多士，大不克明保享。于民乃胥惟虐于民，至于百為，大不克開。乃惟成湯，克以爾多方簡代夏作民主。慎厥麗，乃勸厥民。刑，用勸。以至于帝乙，罔不明德慎罰，亦克用勸。要囚，殄戮多罪，亦克用勸。開釋無辜，亦克用勸。今至于爾辟，弗克以爾多方享天之命。嗚呼！”
>
> 王若曰：“誥告爾多方，非天庸釋有夏，非天庸釋有殷。乃惟爾辟以爾多方大淫圖天之命，屑有辭。乃惟有夏，圖厥政不集于享，天降時喪，有邦間之。乃惟爾

1 Creel, *Studies in Early Chinese Culture*, pp. 52-53.

商後王逸厥逸，圖厥政不蠲烝，天惟降時喪。

　　惟聖罔念作狂，惟狂克念作聖。天惟五年須暇之子孫。誕作民主，罔可念聽。天惟求爾多方，大動以威，開厥顧天。惟爾多方罔堪顧之，惟我周王靈承于旅，克堪用德，惟典神天。天惟式教我用休，簡畀殷命，尹爾多方。……" **1**

　　這番理念對中國政治史與思想史的重要性不言而喻。

　　從此之後，這成為顛覆者聲稱 "天命" 所歸的常規方式。直到二十世紀孫中山（Sun Yat-sen）領導的革命黨也曾一度以 "天運同盟"（The Association for Changing the Decree）為名號。

　　更重要的理由在於，這番理念聲稱，天命是可以轉移的。在上述所引文獻以及其他諸多文獻中都提到，天罰君主的諸多原因之一在於未能保民。理論上，這種理念的結果是樹立了 "天子為天下" 而非 "天下為天子" 的原則。天子僅基於信任而擁有權力，作為一種管理職責，如果未能妥善履行，就會被褫奪。起初，這並不只是作為一種理論，而是宣傳運動之需所派生，但是，這不要緊。畢竟這種理論已然生成，在之後將會愈演愈烈。

　　我們現在所考察的這樣一番古史，也已經存在著對中國思想頗為重要的其他理念。其中一點就是強調家庭。從我們

1　Legge, *The Shoo King*, pp. 495-502.

對中國文明的最早了解開始，家庭的至上重要性就已經昭彰著明。在《詩經》中我們讀到：

> 凡今之人，莫如兄弟。……兄弟鬩于牆，外禦其務。每有良朋，烝也無戎。[1]

西方論者有時給出孝順觀念全由孔子發明的觀感，或至少是到孔子才開始強調。然而，在一段遠早於孔子時代的《詩經》篇章中提到："靡瞻匪父，靡依匪母。"[2] 即便周代伊始，我們就已經發現，孝順不只是一種道德，更是一種法律義務。在一封給予周朝諸侯的誥命中，提到特定的罪行甚至比謀殺更為嚴重："元惡大憝，矧惟不孝不友。子弗祗服厥父事，大傷厥考心；于父不能字厥子，乃疾厥子；于弟弗念天顯，乃弗克恭厥兄；兄亦不念鞠子哀，大不友於弟。"[3]

取代殷商之後，周代統治者所面對的任務絕非易事。他們的難題不在於缺乏統治版圖，而在於亟需統治方略。作為唯一的交通方式，道路在當時是匱乏的。雖然當時不乏某些交換媒介，但現代意義上的貨幣仍未問世。缺乏健全的交通與貨幣，面對廣闊疆域予以直接統治簡直無法想像。周朝統治者便走上了唯一道路，就是將領土分封給諸侯，其中主要是周人親族以及在伐商征程中給予支持的其他部族領袖。這

19

1　Legge, *The She King*, pp. 250-252.

2　Ibid., p. 337.

3　Legge, *The Shoo King*, pp. 392-393.

些封建領主可以依自身意願頗為自主地統治封國，只須保持和平，進貢天子，拱衛王畿。

封建系統開啟之時，可謂運行自如。其實，周代的封建主不過猶如一個擁有城牆戍衛之小城的指揮官，監視著周邊的進犯與敵視的平民。他們需要周王室以及其他諸侯的支持。諸侯個人如果變得不守規矩，天子也可予以懲治。在極端情形中，可以收回領地封給別的諸侯統治。

然而，經過幾代之後，情況就發生了變化。最初封建諸侯的後代不再是其領地中的陌生人，其民眾之前的敵意在很大程度上也消失殆盡。時光流逝讓諸侯的權威變得神聖，本國榮譽及自身利益也使得臣屬愈發忠誠。強大的諸侯開始侵吞較弱鄰國的版圖，且在周天子試圖干預時進行抵抗。封建貴族形成了派系與聯盟，在自身互有爭執的同時共同凌駕於周天子之上。終於，在公元前 771 年，這種諸侯聯盟勾結犬戎結束了周天子的統治。繼任的周天子（平王）遠遷東部建都，而從這時開始，周天子就淪為那些最富權勢之諸侯的傀儡了。

於是，中國失去具有實權的中央政府。諸侯聯盟之間的戰爭越發常見並愈演愈烈。周邊的夷狄不僅是入侵中國，有時還變成中原國家打擊其他國家的盟軍。甚至連江河日下的周天子也曾請夷狄助其收復領土，結局可謂悽慘。要是當時的夷狄真的有效聯合起來，那麼無疑已經入侵中原，正如後世的夷狄聯盟所為。

這種威脅迫在眉睫，人們認同中國要有一位強力方伯，取代傀儡天子。封建貴族們在這一點上心知肚明，只是，他們當中應由誰來建立一個新的王朝，這個問題無法達成共識。諸侯各懷心思：當然非我莫屬。解決這一爭議耗費了數百年的戰爭以及數以萬計的中國人的性命。

與此同時，權力下移的進程繼續推演。不僅諸侯無視周天子統序，肆意僭越其權，在一些邦國中，邦君下屬的大夫也以同樣方式僭越。於是，例如在孔子出生的魯國，魯公仍正常在位，但所有權力均為三家大夫所佔據。他們不僅為所欲為，有時還為了扶立新君即位而謀害其他公子。在公元前517年（孔子45歲之時），魯昭公試圖打擊三桓，卻未能成功，只得逃離魯國，在流亡中度過餘生。

不僅是諸侯遭遇如此，大夫也被家臣架空。當孔子47歲那年，掌握魯國權力的主要大夫之一被其家臣攻打囚禁，並被迫屈從於這一名義上的家臣的命令。這位仗勢欺人的家臣陽虎以其高超手腕統治國家數年。他最終決定向魯國的大夫們大開殺戒，好將他們的頭銜與實權一網打盡。然而，最後一刻的變故挫敗了這場陰謀，這位猛人便只好逃亡。

魯國絕不是這種禮崩樂壞的唯一犧牲者。有些國家的情況還更為糟糕。總體上，可以說這一時期"法律與秩序"已蕩然無存，因為已經沒有強力的中央權威進行強制執行。既然周天子權力式微，邦國戰爭就更為頻繁。早在孔子出生的公元前六世紀，在中國天下的外圍就存在四個具有霸權的大國，中間則是小國林立。這些大國接二連三地在中間小國的版圖上進行戰爭，有時他們年年如此，長達十年未停。

而在國內，因為許多君主闇弱，最有權勢的貴族也都以仿同的模式展開內鬥。有些國家分裂為軍團，或多或少皆持續處於戰爭狀態。最後，即便在氏族之中也發生矛盾，還引導私臣也同樣展開這種可稱為"私鬥"的矛盾。

即便從這時考慮中國的情況，作為一個最富文明的國家而有如此遭遇，確實不幸。從至高權貴到底層百姓，都談不上能夠享有平安。普通民眾的境況非常可憐。他們是戰爭的主要犧牲者。權力下移的另一結局是，即便較低級別的貴族也效仿最高貴族的奢侈。為此，他們厚斂於民，強制服役，導致人們常年歉收，餓殍遍野。

回觀周代建立伊始某些方面的條件，情況可能要好得多。在那時，貴族不但需要贏得民心，而且受制於從原始情形中培育出來的部族道德。雖說普通民眾不得不辛勤勞作而無緣享受奢華，但《詩經》描繪的景象是，大領主貴族對那些耕作土地者持有一種直接的個人關注，而農民則對領主懷有確切的忠誠。與日俱增的精明世故並不能促進道德提升，卻反而造成道德滑坡。貴族變得愈發沉湎於與他人的奢侈攀比與頻繁戰爭中。人們在受到武力威脅時簽訂條約，又可以根據情勢變化而毀約，且毀約者不會存在受到嚴酷制裁的精神壓力。這又不可避免地侵蝕人們的宗教信念。當時的整體氛圍催生出一種理念，只有蠢人才會不從自私的切身利益出發，作為自己的言行標準。

回溯其源，封建系統是良好政府所創造的。它允許君主分封賢人以統治國土的各個區域，也可以褫奪實施暴政者的權力。這種體制出現於中國，有如之後的歐洲，封邑起初並非世襲，如果認為兒子可以繼承父職，需要君主再次指定。而到王權式微、諸侯坐大之時，天子只能迫於形勢自動確認繼任諸侯。最終，就變成完全分配。這種情形在下級貴族中蔓延適用，中國就成為一個依循世卿世祿統治的國家。這些貴族對其職位並不具備才能與志趣，實屬司空見慣。很多貴族只是將其官職視為自身勢力、特權與奢華的標籤。這就不可避免地造成政治腐敗的後果。

諸多人士深察於此，甚至有些貴族也意識到自身階級的諸多成員已經成為社會的蠹蟲。這一點尤其易於為邦國君主所感知，因為他與民眾一樣深受貴族之害。邦君的大夫們按說是從屬君主而執掌政府各種職能的。然而，現在他們往往不僅罔顧自身權限，甚至還動用私家軍隊，對於君權，要麼藐視，要麼篡奪。

公元前 535 年，孔子 16 歲之時，一位小國之君試圖改變這一狀況。以往將主要職官授予貴族，必然是延續父死子繼的慣習，官職不免成為其家族私產，鑒於這種情形，這位君主疏散貴族不予任免。在這些官位上，他另外任命外邦人士來履行職務。這顯然觸怒了貴族，他們聯合起來弒君，從

23

而掐斷了這場衝決世卿世祿的革命。[1]

這些他國人士是誰，這位不幸的君主想用些什麼人來擔任官員？歷史沒有明確記載，但著實不難推斷。他們不太可能屬平民，畢竟鮮有平民懂得讀書寫字，遑論執政。這些人可能是成長中的沒落貴族後代的士人階層。貴族們奉行一夫一妻多妾制（polygamy），結果是很快就兒子滿堂，以至於不可能為所有兒子都提供封地與職位。於是，很多人出身於貴族，卻沒落到自食其力。有些成為僱傭武士，其他一些成為官府的低級官員，還有一些周遊列國謀求更好職位。這位君主羣簡公很可能正是要任用這類士人作為官員。在他看來，這些士人具備兩方面的優點。因為君主可以任用，也可以罷免，相比憑恃獨立權力的貴族，他們更可能忠於君主。而且，有理由推斷，相比大多數只是繼承職位的貴族，在優勝劣汰的競爭中，這些士人更能治邦理政，也無疑更有志於履行職務。

這些沒落的貴族後代在歷史上扮演了重要角色。他們構成了一個居間的階層，觸及普通民眾而深知民間疾苦，但不同於老百姓的是，這些士人們受過教育，且能對此予以有效控訴。大約始於孔子時代，這些士人日益得以躋身較高職

---

1 Legge, *The Ch'un Ts'ew, with the Tso Chuen*, p. 619. 譯注：參見《左傳·定公元年》："周羣簡公棄其子弟而好用遠人。"《左傳·定公二年》："羣氏之群子弟賊簡公。"該事於顧立雅《申不害》一書亦有所引，時間為公元前 509 年，則合於定公元年。此書較早，上述公元前 535 年的紀年表述有誤。

位，並在其時政事中深具影響。我們只知其名，未詳其事。

然而，其中有一人物，如果我們體會其畢生抱負，可以說他一敗塗地。他本是一位具有卓越智慧與崇高理念的人物。因為拒絕妥協，當時沒有君主願意授予政府中的任何實職。因此，他投身於教育中，被迫耗費終生向學生教授其學。結果是，雖然作為個人確實處處碰壁，但他的理念卻在身後極其強烈地改變中國政治的理論與實踐。職是之故，即便在兩千五百年後的今天，相比任何其他中國人物，聲名更加如雷貫耳的，還是孔子。

第三章

孔子與人類福祉的呼籲

CHAPTER 3

CONFUCIUS AND THE STRUGGLE

FOR HUMAN HAPPINESS

純以個人智識之天才及成就，就能深刻影響人類歷史的
人屈指可數，孔子便是其中之一。這類人物登上歷史舞台的
事實難以完全解釋，但依循知人論世之旨，起碼可以增進我
們對他們的理解。

　　我們嘗試理解孔子的難度，首先在於緊密添附於其身上
的大量傳奇與傳統，跨越數千年來，猶如隔簾望月。這些精
心粉飾談不上歪曲真相，它源於兩種大有徑庭的動機。一
方面，那些忠實的後學希圖頌揚孔子，因而使之表現出如
此至善的行止，以締造一個以先師孔子居於至聖的精緻系
譜。另一方面，那些利益受到這位革命思想家（revolutionary
thinker）威脅的人們，則企圖通過扭曲、編造孔子言論來消
弭其對特權的批判力量。因此，拋棄精心粉飾的關於孔子生
平與思想的傳說故事，而只相信那些被證實為早期可靠的文
獻中相對貧乏的證據，是我們唯一的審慎進路。[1]

　　孔子誕生於公元前 551 年的魯國，這是一個位於今天山

1　See Creel, *Confucius, the Man and the Myth*, pp. 7-11, 291-294.

東省的小國。孔子之先祖無法確考，但很可能祖上曾有貴族身份。然而，孔子年輕之時，按他自己的說法，"吾少也賤"[1]。他不得不自謀生計，從事一些不甚體面的工作。孔子可以學習，不過似乎基本都靠自學。

這些經歷無疑為孔子提供了深度體察民生疾苦的視野，這是他頗為關切的問題。孔子感到，天下如此不幸地陷於失範，因而不遺餘力予以匡正勢在必行。他不僅有知悉百姓的機緣，也有熟絡於貴族的際遇，即那些世卿世祿的貴族。在孔子眼中，大多數貴族乏善可陳。孔子曰："飽食終日，無所用心，難矣哉！不有博弈者乎？為之，猶賢乎已。"[2] 這番話無疑是直指當時那些庸碌貴族的。

然而，不幸的是，貴族還不總是庸碌無為而已。他們將聰明才智發揮於追逐奢華生活的昂貴用品上，為此讓民眾交納賦稅、被迫服役。最重要的是，貴族還要操弄戰爭技藝。可能有如其他諸多國家，在中國，貴族源於軍伍。在較早時代，這些軍官發揮著保衛社會的有效功能，而作為一個階級，他們已經在很大程度上榮光不復，如今他們掠食民眾，相互侵凌。貴族中的諸多人士覺得，戰爭技藝才是值得君子傾注心力的事宜。他們還嘲弄那些投身於良政善治與有序管理的人，其中甚至也包括某些貴族成員。

孔子並不是一位和平主義者，他認為，無奈的是，總有

1　*Analects* 9.6.3.

2　Ibid., 17.22.

些時代需要有德之人運用強力對付那些以為強力就是唯一道理、不二法門的人，從而讓自身與天下擺脫這種人的奴役。不過，孔子認為強力是最後的底綫，人們必須總是遵從於道義的力量，這不只是一種理想，更是成為一個堅實的事實問題。在理想與個體修身層面上，孔子說："自反而不縮，雖褐寬博，吾不惴焉；自反而縮，雖千萬人，吾往矣。"[1] 在更為現實的層面上，孔子認為，除非普通士兵們都知道為什麼打仗，並確信其正義目標，否則軍隊無法有效戰鬥。他認為士氣取決於道德信念，其言曰："以不教民戰，是謂棄之。"[2]

孔子也意識到，這種理念與貴族觀念格格不入。他不僅認識到這一點，還嘗試有所作為。在孔子時代，"君子"一詞幾乎普遍具有如同我們"紳士"（gentleman）一詞本義的意思。它指代一位出身優越、祖先居於社會頂層的人士。這樣的人屬天生君子，不具備這種出身，就不能成為君子，而君子也不會因行為不端就不算君子。孔子則完全改變這種用法。他認為，任何人都可能成為君子，只要行為高尚、無私、正直、仁慈。另一方面，他聲稱君子不論出身，而純粹出於行為與品格的標準。

孔子總是公然蔑視巧言令色之徒，沒有史料表明他本人曾公開發表演說。不管如何，他肯定是一位極其善於說服他人或一撮聽眾的言說者。即便在今天，當我們讀到孔子的一

1　*Mencius* 2(1)2.7.

2　*Analects* 13.30; see also 13.29.

言一語，依然會被他的個人魅力所感染。孔子與所接觸的人們無畏地談論其矯正天下的諸多理念，最終吸引許多人成為他的學生，或如我們常稱之為孔門弟子。起初，這些弟子只比孔子略小幾歲。據我們目前所知，孔子及其弟子構成了中國歷史上最早致力於高級教育的私學。君主與貴族的子弟早已接受教育，想要擔任官府下級官員的人也要向長官學習，成為官員學徒。此類教學主要包含技術訓練，以使得學徒能夠勝任某些傳統的職位。然而，孔子不只關心技術訓練，而是教育，正如辭典所定義的意義，"在精神或道德上提升與培養，拓展，強化，訓練"（to develop and cultivate mentally or morally, to expand, strengthen, and discipline）。

孔子為何在其教育功能觀念上超脫於傳統格局，這有一個確切的原因。兩者的進程不乏類似，都是為了要讓學生能夠擔任政府官員。可是，在常規的觀念中，這樣一種官員只不過是君主的工具，實施君主的意旨，依循慣例行政，孔子則期望，入仕的弟子們能夠扮演一個匡正政府使之滿足民眾需求的角色。如果弟子們有志於此，顯然就務必為這一艱辛目標而弘毅進取，讓自己的創造能力、品行與智識最大限度地發揮發展。沒有哪種常規技術的教學能夠實現這些。

孔子秉持的不論出身、人皆可以為君子的信念不止於理論層面。他著力於培養學生成為君子，上至社會權貴，下至

底層草根，乃其所謂"有教無類"。[1] 在廣納門徒的問題上，

他說："自行束脩以上，吾未嘗無誨焉。"[2]

實際上，在孔門弟子中，有出身貴族的，也有極其貧困的。孔子並不偏心，如果說他有一些偏向的話，那也很可能是關懷那些貧窮子弟，他曾褒揚一名弟子能夠做到"衣敝縕袍，與衣狐貉者立而不恥"。[3]

饒有趣味的是，就是這名縕袍不恥的弟子後來成為大官，擔任一個非世襲渠道所能獲得的權勢煊赫的國家官職。這表明孔子不只是為了教育為教育，而是為學生入仕並弘揚其主張搭橋鋪路。為此，雖然他接納所有階層的弟子，但對他們的智識能力要求極其嚴格。孔子曰："不憤不啟，不悱不發。舉一隅不以三隅反，則不復也。"[4]

既然孔子力圖讓出身卑微的弟子成為"君子"，能夠在彙聚國家最富教養之朝臣的朝堂上立足，就得向弟子們教授朝堂禮儀。孔子確實如此，但在這一方面，他再次以一種產生深遠影響的方式，深刻轉變了一種古老禮俗的品格。中國的這種禮儀（etiquette）一般稱作"禮"（li），亦如孔子所示之義，該字也往往譯為"禮"（ritual）或"儀"（the rules of propriety）。在孔子描述這種常見用法的意義上，這種翻

1　Ibid., 15.38.

2　Ibid., 7.7.

3　Ibid., 9.26.

4　Ibid., 7.8.

譯無疑是恰當的,但是,這還不足以傳達孔子的禮論有何創造發明。"禮"字的最初含義是"祭祀"(to sacrifice),在現代中文仍不乏這一含義。它用於指代祭祀活動中的禮儀,進而擴展到各種生活禮儀,以及描述君主朝堂上"盡禮"(courtesy)的行為特徵。

孔子也是依循這一思路推衍。如果說君主可以舉行莊嚴的祖先祭祀,那為什麼不能在處理國家政治上同樣如此?如果說大臣在日常朝堂交往中以禮對待他人,那為什麼不能考慮也如此對待作為國家基礎的普通民眾?於是,孔子對一位弟子說,如果外出,不管走到哪裏,都應該如此對待所接觸到的人士,即"出門如見大賓";而如果成為一名政府官員,應當如此對待民眾,即"使民如承大祭"。[1]當然,這種舉止與絕大多數貴族的粗鄙行徑形成鮮明對照。

正如在諸多時空環境中,朝堂禮儀被視為或多或少關於肢體行為的固定規則。即便在一些所謂的儒家"經典"中,我們也能體會這些極為精細的行為指引,確切告訴人們應當用哪根手指去撿起禮儀物品。然而,孔子自己對"禮"的想法頗為不同。他鄙夷人們所持的禮儀觀念,人們以為"禮"只是一種關於奢華文飾的浮誇呈現以及嚴格仿效他人禮行的態度,做到這些就是有禮。

曾有一位弟子問及"禮"的本質。孔子回答:"大哉問!

---

1 Ibid., 12.2.

禮，與其奢也，寧儉；喪，與其易也，寧戚。"[1]

孔子自己說，如果覺得是出於常識和良知要去違背社會習俗接受的禮，就會毫不猶豫。另一方面，孔子也未曾低估社會習俗的重要意義。

確實，孔子的整個倫理體系及其哲學思想之大體，看來是建立在一番人類本性的考慮上的。在這一連接方面，孔子沒有走進兩個常見的誤區。一方面，孔子不認為個人完全獨立於社會而存在。另一方面，孔子沒有將社會視為一個完全優先於個人的超越實體，從而只要不是個人消融於社會，也就不至於說個體不能存在。

孔子認為，人類本質上是一種社會存在。人們在很大程度上（並不絕對）是由社會所塑造。另一方面，既然社會不過是人類的共同活動，那也就由個體所組成並塑造。孔子認為，個體的良心能夠制止人們逃離社會或放棄道德判斷。進而，成為一名"隱士"或"鄉愿"（follow the crowd）也都屬歧途。道德的人應當是社會合作的成員，而非可有可無的人。無論哪裏有他認為不道德或是有害的習俗，他不僅可以拒絕遵照踐行，還要試圖勸說他人改變習俗。當然，孔子所觸及的領域尚為有限。作為一個明智而社會的人士，孔子仍保守於與那些看來合理或無害的習俗。

孔子沒有說風俗是社會的黏合劑。如果我們每個人都

---

1 Ibid., 3.4.

在各自所喜歡的時空中生活工作，並依照自我表達意欲去發明並運用個人語言，世界肯定會大為不同。孔子用"禮"這一概念指代整一風俗與社會慣習，並賦予其"道德"內涵。於是，孔子就將道德的認準與每一個體所強化的禮節（courtesy）結合起來。在我們看來，和善（polite）對待生活中所接觸的人，這是一種禮節，但不必然是一種道義；將遺失物歸還給甚至素昧平生的失主屬一種道德義務，但不必然是一種禮節責任（obligation of courtesy）。而對孔子來說，涵蓋禮節與道義之最高理念所承載的整一責任，均囊括於一個"禮"字當中。中國人說"是禮也"，等於我們說"it is done"，這遠比精細至極的說理更有說服意義。

"禮"的概念在孔子的教育事業中極其重要。精神病專家透露，雖然我們的教育能培養出高層次的知識分子，卻往往嚴重忽視了情感方面的訓導。因此，往往難以培育良好適應社會的個體，能夠將自己視為一名快樂而有用的社會成員。孔子認為，如果不能通過情感平衡，智識培養就意義不大。為了實現這種平衡，他立足於"禮"的教育，君子的修行必須"以禮"。孔子認為，一個準備出去遊走天下的人在歷經磨煉、面對誘惑之後，還是會堅信其仁道的顛撲不破。[1]

---

[1] Ibid., 6.25; see also 4.5. 譯注：《論語・雍也》："子曰：'君子博學於文，約之以禮，亦可以弗畔矣夫！'"《論語・里仁》："子曰：'富與貴，是人之所欲也；不以其道得之，不處也。貧與賤，是人之所惡也；不以其道得之，不去也。君子去仁，惡乎成名？君子無終食之間違仁，造次必於是，顛沛必於是。'"

孔子思想及其教育中另一具有基礎重要意義的概念則是"道"，往往翻譯為 the Way。"道"的最早含義是"道"或"路"（"road"or"path"）。在孔子時代以前，這一術語常用於這種含義，或者意指一種中性的、或好或壞的行為方式。在孔子時代之後，尤其是道家（以該字而得名的學派）學說中，"道"用於一個代表宇宙主導元素或一切事物總體的玄奧概念。

於是後來的理念常被套回到孔子"道"的用法上。在《論語》中，有某些文段或許可能成立，卻盡可以做出不同解釋。在我看來，如果我們理解孔子的哲學，就有必要認識到孔子的道並無玄奧之義。這個"道"是大寫字母 W 的"the Way"，即人們所應遵循的所有方式之首。其目標在於所有人類此生此世的福祉。正如"禮"囊括禮節與道德之義，"道"包括個人道德規範的一面，也包括另一方面，即統治所應造就的每一個人的幸福與自我圓融的最完滿方式。

如果一個人說道不玄奧，也不意味著對道不懷揣熱忱。孔子曰："朝聞道，夕死可矣。"[1] 當然，這不是因為希求尋找天國，孔子是拒絕談論死後的問題的。之所以這麼說，是因為孔子堅定不移地抱有質優於量的重要認識。衡量一個人的生命不在於"多長"，而在於"多好"。如果一個人能夠聞道（且推定能夠明道），他就能達致道德啟發的最高程度，

---

1 Ibid., 4.8.

從而開啟一種至為圓滿境界的生活與思想之道。並不是說他就應於當晚去世，而是說，即便如此也算是死而無憾了。

這種道，這種方式並非之後道家所持玄奧意義上的事物。這一點孔子說得很清楚：＂人能弘道，非道弘人。＂[1] 孔子歿後一千三百年，中國文學史上最偉大的人物、唐代學者韓愈撰有一篇名文《原道》，其中便感嘆孔子之道混淆於道家的情形。韓愈說，孔子之道乃行為之道，主張一種以適宜（justice）［中國語境中意為＂適宜＂（appropriateness）］理念賦予特徵，以博愛之仁為宗旨而實踐的行為。韓愈還說，這種理想之道是由古代聖王傳給周公，再傳給孔子與孟子的。只是韓愈堅稱，這不是一種固定不移的道，可以隨個人與環境而改變。[2]

而若說孔子不是將道視為宇宙絕對，他也依然是嚴格要求弟子始終恪守。孔子拒絕接受依附於領主的封建忠誠標準，而是要求忠於道義，恪守至道。[3] 儘管孔子實際上未將其哲學構築於宗教信仰，或其他關於宇宙終極本質的特定教

1　Ibid., 15.28.

2　Han Yü, *Chu Wên Kung Chiao Han Ch'ang-li Hsien Shêng Chi* 11.1a-3b.

3　*Analects* 11.23.3; see also 14.17-18. 譯注：《論語·先進》：＂子路使子羔為費宰。子曰：'賊夫人之子。' 子路曰：'有民人焉，有社稷焉，何必讀書，然後為學？' 子曰：'是故惡夫佞者。'＂《論語·憲問》：＂子貢曰：'管仲非仁者與？桓公殺公子糾，不能死，又相之。' 子曰：'管仲相桓公，霸諸侯，一匡天下，民到于今受其賜。微管仲，吾其被髮左衽矣。豈若匹夫匹婦之為諒也，自經於溝瀆而莫之知也？'＂《論語·憲問》：＂公叔文子之臣大夫僎，與文子同升諸公。子聞之曰：'可以為文矣。'＂

義，卻還是能夠吸引為數眾多的人們，使之全神貫注於其理念中。

孔子呼籲追隨者們的無限熱忱，期望他們能夠隨時致身於這種道義。[1]弟子們確實做到。數千年來，孔子已然培養出前赴後繼的殉道者，為守衛道義獻出生命，其中還包括孔子本人第八世孫（譯注：孔鮒）的生命。還有很多人士，因勇於遵行孔子之命，為公共良善犯言直諫君主之過而遭到刑殺。[2]

前述撰寫《原道》的韓愈也險些殉道。他身居高位，卻因直言諫迎佛骨而屢遭懲罰。當時的皇帝唐憲宗是一名虔誠的佛教徒，正在詔辦一場精心佈置的禮佛儀式，以親自迎接隆重奉迎而來的舍利，即所謂的佛骨。韓愈上書皇帝，指責這一行為實乃無稽之舉。韓愈宣稱，尊崇這麼一塊"枯朽之骨"只會誤導普通民眾迷信，故而建議毀滅佛骨。可想而知，皇帝大發雷霆。也是友人相救，才保住了韓愈的性命，但他被貶到南方沿海的未開化之地潮州。在那兒，韓愈致身於改善民眾生活，以堅毅面對貶謫，確信自己正確地諫言抗爭，並成為了諸多不同時代中恪守正道者的一員。韓愈也就

1　Ibid., 14.13.2, 19.1. 譯注：《論語・憲問》："子路問成人。子曰：'若臧武仲之知，公綽之不欲，卞莊子之勇，冉求之藝，文之以禮樂，亦可以為成人矣。' 曰：'今之成人者何必然？見利思義，見危授命，久要不忘平生之言，亦可以為成人矣。'"《論語・子張》："子張曰：'士見危致命，見得思義，祭思敬，喪思哀，其可已矣。'"

2　Ibid., 14.23. 譯注：《論語・憲問》："子路問事君。子曰：'勿欺也，而犯之。'"

堪稱能以道去直面死亡。因而，孔子之道的作用，已頗為類似於基督教的"信仰"（the faith）。

孔子與宗教的關係問題頗為難解。毋庸置疑，孔子主要不是作為一位宗教先知或導師，不像有些人以為的那樣。其實，很容易從《論語》中援引文段來展現孔子不願意談論宗教問題。雖然孔子談論諸多有關人們應當恪守道的問題，但有位弟子曾說到，夫子不言"天道"。[1] 另一位弟子問孔子鬼神問題，孔子回答："未能事人，焉能事鬼？"弟子又問孔子死亡問題，孔子回答："未知生，焉知死？"[2]

從這些語錄以及其他文段中，人們有時得出孔子不甚虔誠的結論。還有人認為，孔子其實是一名懷疑論者，甚或無神論者。只是因為缺乏勇氣或某些其他原因，孔子克制自己不向弟子坦言相告。這樣的看法，似乎對這一難題的處理過於草率。

在若干文段中，孔子都談到天，即中國的主神。其實，孔子似乎覺得自己身負天命以拯救中國，從而希望天不喪之。[3] 曾經近乎絕望悲嘆無人理解時，孔子曾曰："知我者其天乎！"[4]

孔子所理解的"天"究竟是什麼？首先，應當不是人格

36

1　Ibid., 5.12.

2　Ibid., 11.11.

3　Ibid., 9.5. 譯注：《論語·子罕》："子畏於匡，曰：'文王既沒，文不在茲乎？天之將喪斯文也，後死者不得與於斯文也；天之未喪斯文也，匡人其如予何？'"

4　Ibid., 14.37.

神。在孔子時代，很少秉持這種天的觀念，而且有明晰的理由可以否認這種觀念與孔子存在關聯。如果我們檢視孔子訴諸天的方式，就可以發現，在孔子思想中，天代表一種宇宙中朦朧構想的道德力量。孔子將個人的努力推到極致，但如我們所言，孔子似乎希望天能夠"助其自助者"。可是即便如此還是無法指望，正如孔子悲憫地察覺，邪惡常常得以成功，好人有時不得好報。不管如何，天的理念賦予孔子一種感覺，總有一種力量在那兒，以某種方式站在為權益呼籲的孤獨者這邊。

當時的宗教罕言死後之事，在遏制邪惡或激發美德上也無甚作用。正如我們所見，孔子從不談論這一主題。在很多方面，他都激烈挑戰傳統宗教。然而，與其實踐保持一致，孔子並未顯化自我對傳統的背離，所以有時就被忽略。總體上，祭祀正是被視為一項交易事務，為祖先及其他神明獻上如此豐盛祭品，就是期望能夠獲得如此綿長福佑。孔子譴責這種態度。雖然應當舉辦傳統的祭祀，但應以一種有如待人的禮節去實行。這不是因為人期望由此獲得什麼，而是因為這麼做是正確的。孔子難道相信神明會予保佑？我們不得而知，可能不會吧。

在較早時期，以人獻祭非常流行，而且在某種程度上持續到了孔子時代，乃至後世。孔子予以強烈譴責 [1]，毫無疑

---

1 *Mencius* 1(1)4.6. 譯注：《孟子‧梁惠王上》："仲尼曰：'始作俑者，其無後乎！'"

問，正是仰賴孔子，使得這種現象大量減少。

我們前面注意到，統治者的職官具有明確的宗教特質。王稱為天子，封建諸侯則相信是仰賴顯赫尊貴之祖先的德佑而統治，這些祖先神居住於天，掌握後代的命數。這種理念維繫著貴族的特權，因為就算再聰明能幹，平民也不具此鬼神背景而能躋身上位。孔子並未抨擊這個傳統觀點，未置一詞。不過，他卻讓統治的權利全然取決於品格、能力以及教育，而不論出身。他曾說到其中一位弟子，雖非統治世家後裔出身，卻適合成為君王。[1]

雖然孔子秉持某種宗教信念，但未將之作為思想的基礎。在此，他的態度與現代科學家具有某些相似性。可能不會有科學家主張，上帝的存在可以通過科學技術證明，即使神學家也認為，這根本不是證明的問題。另一方面，要是有謹慎的科學家說，可以在科學意義上證明上帝不存在，那也是令人懷疑的。因為科學不關切宇宙的終極本質，而是通過經驗進行特定觀測，並由此形成一些代表佔優可能性的原理。通過擱置探討終極真理的權利，科學為我們獲得有助於實事求是、富有成效行動的能力。

究孔子之學，不乏相通之處。他無意於主張終極真理的掌握，只是通過觀察與分析來探索事實。孔子說，人應做到"多聞闕疑，慎言其餘……多見闕殆，慎行其餘"。[2]至於通

38

---

1 *Analects* 6.1.1. 譯注：《論語‧雍也》："子曰：'雍也可使南面。'"

2 Ibid., 2.18.

過神秘啟發獲得靈光一現的真理，則孔子罕言。相反，孔子直截了當地指出，獨自冥想無法獲取智慧。[1] 孔子還說："多聞，擇其善者而從之；多見而識之；知之次也。"[2]

因此，這些已經足夠清晰地反映，不管孔子思想之宗教成分有幾許，卻遠非自恃宇宙終極本質的無所不知或至真之識。孔子試圖建立一個經久不衰、堅不可摧的思想體系，使之服務於人類的自由與幸福。為此，他不能囿於純為個人期許的願景，而是要依託於儘可能熟知而合理的素材。因而，孔子不以神學教義或宗教願景為旨歸，而是以所察見的人類與社會本質為基礎。

相比其他齊名的思想家，孔子更可謂將倫理從形而上學中分離出來。馬克斯・韋伯（Max Weber）寫道："在罕言一切形而上學與幾乎所有宗教寄託的意義上，儒學在很大程度上是理性主義，其位於一種可以稱為'宗教性'倫理的臨界點。與此同時，在拒斥或罕言任何非功利主義尺度的意義上，儒學又比其他倫理體系更為理性和冷靜，可能除了邊沁的學說。"[3]

如前所述，孔子的學說建立在人類與社會本質的基礎之上。可是，人類與社會的本質是什麼？顯然，這是一個關鍵

1　Ibid., 15.30. 譯注：《論語・衛靈公》："子曰：'吾嘗終日不食，終夜不寢，以思，無益，不如學也。'"

2　Ibid., 7.27. 關於這一翻譯，參見 Creel, *Confucius, the Man and the Myth*, p. 311, n. 24.

3　Gerth and Mills, *From Max Weber*, p. 293.

問題，而如果孔子試圖草率作答，抑或祭出教條，那麼所謂經驗的進路就不過是幌子罷了。可孔子確實沒有。不像孟子這位公元前四世紀的大儒，孔子並未說人性是"善"的。也不像另一位稍後的儒家荀子，認為人性是"惡"的。我們會看到，這兩位後繼思想家的結論雖然相反，卻均是這種一概而論的論調，而走向其宗師所排斥的結果。

孔子更貼合於現實。可能他對人類最重要的體察就是本質上的平等。孔子生於禮崩樂壞的時期而希望拯救時弊，或許與這番體察密切相關。孔子也看到，號稱生於高貴階級、懷有高尚品格的貴族子弟，往往不乏禽獸或愚者。而不具有這種優勢的其他階層，有時卻更富有值得尊重的言行舉止。

孔子還得出一個簡明的洞識，所有的人不管屬性何等不同，都一樣渴望幸福。畢竟在當時思想背景中，沒有哪種宗教或神學教義鐫刻著福祉、或是尋求福祉的印跡，孔子認為，只要可能，人們應當可以追求所欲。然而，在孔子思想中，他看到總體上人們的狀況就是不幸。民眾身處匱乏之世，有時飢餓難耐，深受戰爭與貴族的壓迫；而即便貴族，也並不總能從其失範甚至動盪的生活方式中獲得快樂。由此，孔子形成一個明確的願景：讓人們幸福。於是，我們發現，孔子將良政善治定義為讓民眾幸福的政治。[1]

既然幸福就是善，正常的人是社會存在，孔子的互惠原

---

[1] *Analects* 13.16. 譯注：《論語·子路》："葉公問政。子曰：'近者說，遠者來。'"

則便呼之欲出了。顯然，如果每個人都為共同福祉而奮鬥，我們就能實現一個能夠獲得最高總體福祉的狀態。孔子曾將互惠定義為"己所不欲，勿施於人"。[1] 他還以更積極的方式表述同一理念："己欲立而立人，己欲達而達人。" [2]

不是說孔子幼稚地以為提出這些原則就能解決人們的難題。所有人都渴望幸福，大多數人也希望周圍的人幸福。然而，我們又不免會有愚陋之舉，不免選擇眼下即刻的而非更為長遠的快樂。而且，我們往往只顧自己，更樂於確保自己的幸福，甚至罔顧或損害他人幸福。為了矯正這些偏向，啟發人們朝向社會化，孔子明確意識並反覆強調廣泛教育的必要性。他將開明的公眾視為國家的必要基礎。刑罰可以暫時強迫人們行為，卻再怎麼說也無法完全取代教育。孔子曰："道之以政，齊之以刑，民免而無恥；道之以德，齊之以禮，有恥且格。" [3]

如果能在很大程度上追求這一理念，甚至就能實現哲學家視一切政府終將消亡的無政府主義夢想。不過，孔子沒有走到這一極端。他意識到良善政府的要求，並察見當時政治遠未及此。為什麼政府如此之惡呢？孔子認為，這是因為那些君王的品格使之不樂於追求良政善治，或他們的才能與教養不足以具備統治資格。這又為什麼呢？因為他們是世襲君

---

1 Ibid., 15.23.

2 Ibid., 6.28.

3 Ibid., 2.3.

位的。

對此，孔子政治哲學中未有一言蔽之的陳述，但還是可以勾勒其輪廓。顯而易見，孔子認為，政府應關切於為所有民眾營造安康與福祉。他認為，這只有在國家最具能力之人統治政府時方能實現。這種能力與出身、財產、職位無關，而純粹是一個品格與知識的問題。這些是通過恰如其分的教育而實現的。因此，教育應當廣泛推行，從而讓所有人中最具天賦者能為政治事業做好準備。而統治的管理權就應當交給這樣的人士，不管其出身何處。

然而，孔子並未要求世襲君主由此讓出君位。就算他要求，能有什麼效果也值得懷疑，其教育事業很可能會備受打壓。退而求之，孔子試圖勸諫世襲君主應當 "統而不治"，將所有治理權力交給因具備條件而得以選任的大臣。

孔子將最高的道德責任寄託於大臣身上。因此，儘管大臣應當忠於君主，孔子仍要說："忠焉，能勿誨乎？"[1] 當一位弟子問及大臣應如何事君，孔子回答："勿欺也，而犯之。"[2] 孔子曾對魯君說，如果君主的政治是糟糕的，卻沒有人敢於提出反對意見，這種懦弱就足以毀滅國家。[3]

儒家所提出的這一政治模式中存在一個顯而易見的弱

42

---

1   Ibid., 14.8.

2   Ibid., 14.23.

3   Ibid., 13.15. 譯注：《論語·子路》："人之言曰：'予無樂乎為君，唯其言而莫予違也。' 如其善而莫之違也，不亦善乎？如不善而莫之違也，不幾乎一言而喪邦乎？"

點。君主還是有權選任大臣，從而控制政府的。在古代中國，選舉是聞所未聞的，而且當時的普通民眾不受教育，缺乏政治經驗。因此，孔子所能做的事情，只是嘗試通過教育影響將來成為大臣的年輕士人，以及可能成為君主的人物，以此醞釀出一股趨於將最合適的人選放在最合適的位置上的公共輿論力量。

那麼，對於這一用心，君主如何看待？這一點史料沒有記載，但無疑君主們會認為孔子即便不算危險分子，也是異見人士。孔子似乎將自身在某種程度上的成功主要繫於一位叫季康子的貴族身上。季康子是魯國最有權勢之家的族長，也是架空已淪為傀儡之魯君的實權派。季康子可能曾刺殺競爭對手，儘管無法確考；但季康子確實為了個人奢侈生活盤剝百姓，徵收田賦，大動干戈，在很多方面典型代表了孔子嗤之以鼻的惡政。當這位權貴屈尊留意之時，孔子未曾以任何方式收斂對季康子的責難。幾乎每一則流傳至今的孔子對話季康子的材料，都能看到孔子直言不諱，深加批判。於是，當季康子問如何懲治盜人，孔子回答："苟子之不欲，雖賞之不竊。"[1]

季康子沒有怪罪，而是欽佩孔子的勇氣。雖然也沒有欽佩到實現孔子夙願（任命為政府要員）的程度，但季康子還是讓孔子的若干弟子任職。之所以這麼做，是季康子認為他

1　Ibid., 12.18.

們可以勝任。這有兩個原因。首先，儘管貴族們在很多事情上可以任意而為，而臣屬能是道德君子顯然符合他們的利益，至少大面如此。孔子確有反對忠於個人的封建觀念，要求其弟子務必以道義取代餘留的封建忠誠。然而，相比那些首要考慮自身與家族利益的世襲貴族，這些弟子幾乎更完全地依附其君。其次，孔子教導弟子學干祿，在複雜的官場上自己如何思考、如何行為，以及關於執政的某些原則。實踐證明，這終究讓弟子們成為實幹官員。我們知道，《論語》中提到的弟子至少有一半最終入仕為官，有些還身居要職。

可孔子遠未滿足於此。他並不打算以教書為事業，而是希圖匡正天下，只是一直教書，等候機會來臨。孔子想要的是完全執掌一國政治。然而，很難期待一位懷有這種理念的人士能夠獲得這樣的權力。如果說孔子曾經嘗試妥協，這或許有些可能，可他總有那種堅毅不摧的誠摯，想必讓那些執政者一想起來就脊背發涼。

終於，在若干弟子入仕任職之後，孔子迎來契機，任魯國大司寇，攝相事，被授予一個可能相當於“國務院委員”（Member of the Council of State）的官職。孔子接受這一官職，畢竟希望有所作為，但其實這是為了讓他緘默而安排的一個閒差。意識到這一點，孔子便憤而辭官。

雖然這時孔子已經五十多歲，可還是離開魯國，耗費十年左右時間周遊列國，尋求能夠在政治上施展其學的君主，惜乎處處碰壁。在有些地方，孔子未能獲得禮遇，甚至生命

44

受到威脅。只有一次，有位執掌國家大權的貴族對孔子言聽計從，不斷詢以政見，可惜還是無道之徒，因而當魯國邀請回國時，孔子頗為樂意。

這時，季康子作為季氏之主仍掌握魯國核心權力，孔子的弟子冉求擔任季氏之宰。然而，作為成就的代價，這名弟子實際上已拋棄孔子的道義。當時季氏斂財甚富，這名弟子還為其聚斂而增加賦稅，孔子公然與之斷絕師生關係。[1]

在餘下的歲月中，孔子回到魯國，從事教學。他深感失望，卻非怨怒，就算曾有哀嘆，也已無記載。曾經，當孔子病重之際，弟子祈求為他禱告康復。但孔子笑而告之："丘之禱久矣。"[2] 又當孔子病甚重而無察覺時，一些在場的弟子門人穿上袍服，在孔子病榻前扮演孔子臣屬，以讓孔子體會一把身居高位的夙願。察覺這戲劇一幕的孔子對他們說："久矣哉，由之行詐也！無臣而為有臣。吾誰欺？欺天乎？且予與其死於臣之手也，無寧死於二三子之手乎？且予縱不得大葬，予死於道路乎？"[3]

當孔子去世於公元前 479 年，可能人們都會感嘆，這位淒涼的老人就這樣無功而逝了吧。其實，孔子自己也是這麼想的。可是，當時卻沒人能像孔子這樣深遠地影響歷史。孔

---

1 Ibid., 11.16. 譯注：《論語·先進》："季氏富於周公，而求也為之聚斂而附益之。子曰：'非吾徒也。小子鳴鼓而攻之可也。'"

2 Ibid., 7.34.

3 Ibid., 9.11.

子思想的呼籲可謂經久而不衰。在中國，每一代人都想把孔子佔為己有；今天，即便一些中國共產黨人也主張孔子是中國的革命傳統。在西方，孔子的影響遠超人們所知。尤其是在十七到十八世紀的氛圍中，如利奇溫（Reichwein）所言："孔子成為了十八世紀啟蒙的守護神。"[1]

如果我們探尋孔子呼籲之堂奧，就可以看到他對人類價值至上性的堅守。孔子說，智慧在於知人，道德在於愛人。[2]

可能還比這些更為重要，因為至今仍殊為可寶的是孔子的"智識民主"（intellectual democracy）。哲學家們大多希望民眾能以自治，但願意相信民眾總體上能為自己所想的人相對較少，除非民眾為己所想契合於哲學家汲汲為之指明的良善。孔子則不但希望人們能為自己所想並矢志於此，而且志在幫助他們，教導他們如何想，只是說答案還得自己尋找。孔子坦然承認自己不知真理，而只知一種尋求真理之道。

孔子相信，人類只能以一個自由人的合作社會而尋求幸福。惜乎，人們總是不甚自由，永遠被別人牽著鼻子走。而孔子認為，如果給予人們的是不容置喙之真理的形貌，那麼這種只代表個人有限觀點的教條就會抵牾於人們的信任。孔子絕不如此。子曰："不曰'如之何，如之何'者，吾末如之何也已矣。"[3]

---

1   Reichwein, *China and Europe*, p. 77.

2   *Analects* 12.22.1. 譯注：《論語・顏淵》："樊遲問仁。子曰：'愛人。'問知。子曰：'知人。'"

3   Ibid., 15.15.

第四章　墨子與和平秩序的尋求

CHAPTER 4

MO TZŬ AND THE QUEST

FOR PEACE AND ORDER

46 　　雖然孔子強調 "禮"，其中包括禮儀的方面，但孔子認為禮儀形式完全次於禮義精神，並且要凸顯 "禮" 在社會化個人上的價值。然而，有一種重禮趨向存在於孔子的某些親炙弟子中。這些孔門弟子中最具影響者極為關注禮儀形式，無以復加地講究繁文縟節，以此奠定傳統儒學的根基。據說有些弟子甚至堅持純儒應當正其衣冠，齊其顏色。

　　前文已述，在孔子之前的中國，孝順已經頗為重要。孔子要求實踐孝道，贊成應為父母服久喪。有些儒家進而強調一切方面的孝順與服喪，也提倡厚葬，可其實我們知道，孔子認為這是嚴重的浪費。顯然，存在某些賤儒精通於繁複的喪禮，據說有些還以此為生。

　　孔子或許無心插柳，而成為萬世師表。他是一位卓越教師，熱衷於教育，而真正的抱負，乃是成為一位匡正天下的實踐政治家。即便孔子不曾有過這種機會，這種願景與心志的品質，還是讓孔子的所作所為絢爛多彩。孔子的某些弟子確曾入仕為官，擔任要職，但絕大部分晚期弟子似乎主要以

47 　教師自居。既然他們的教學是在發揚傳統，也就為儒學陣營

抹上一層保守色彩，這樣一個儒家門庭由一幫教書先生組成，實在是孔子意想不到也不願看到的。

在這些教師中，最為成功的人士成為了君主的老師。在這一位置上，他們作為執政議題的顧問，享有著左右政府的絕佳機會，但是有些人躊躇不前，不願從這一尊榮位置上踏入實踐政治的競技場。有如孔子，他們為改善普通民眾而努力，從未停歇，但這更多屬套用所學內容，而非出於一種個人內在的確信使然。相比人類的福祉，他們關心個人生涯的成功。這時，在孔子歿後不久的時代，至少出現這麼一位人物，敢於蔑視儒者，予以猛烈批判。他，就是墨子。

我們關於墨子的知識主要源於《墨子》一書。雖然人們有時認為墨子親撰該書，但顯然該書的某些部分不可能成於墨子之手。有些篇章是弟子所撰，其他可能算是墨子親作。胡適曾論斷，第 1—7 篇為後期的文本竄入[1]，這是很有可能的。還有第 39 篇肯定也有問題，是後期竄入，從其中的歷史時代錯誤可以看出。第 40—45 篇被視為墨家學派所作，但肯定遠在墨子時代之後。最後，該書原有 71 篇，其中 28 篇已佚。

不管如何，除去這些部分外，剩下的內容仍頗為可觀。這是我們今天所能看到的包含長段對話與諸多完整篇章的最早中文著作。而且，該書展現了墨子其人頗為飽滿的形象。

48

1　Hu Shih, *Chung Kuo Che Hsüeh Shih Ta Kang*, Chüan Shang, p. 151.

墨子的生活時代無法確考，但是可以推斷其出生不早於公元前 480 年（孔子去世之前），去世不晚於公元前 390 年。有些學者認為墨子出生於孔子所在的魯國，有人則認為是宋國。而且，據說墨子曾仕於宋。

有如孔子，墨子顯然也是一位出身相對卑賤的人物。[1] 據說墨子曾學於儒門弟子，然而，他深感彼時儒學未能洞識民生疾苦之弊的根源，相反，墨子揭示，儒學在一些方面還加劇了社會問題。

因此，墨子棄離儒門，建構自己的學派。雖然墨子猛烈批判儒學，卻在很多觀點上相通，這是一目了然的。他也像孔子一樣談論"道"，例如說到"有道肆相教誨"。[2] 墨子認為，統治政府應當滿足普通民眾的要求。墨子關於構建良政善治的基本方略頗為類似於孔子。在其書中可以看到：

> 子墨子言曰：今者王公大人為政於國家者，皆欲國家之富，人民之眾，刑政之治。然而不得富而得貧，不得眾而得寡，不得治而得亂，則是本失其所欲，得其所惡，是其故何也？

> 子墨子言曰：是在王公大人為政於國家者，不能以尚賢事能為政也。是故國有賢良之士眾，則國家之治厚，賢良之士寡，則國家之治薄。故大人之務，將在於

---

1 Mei Yi-pao, *The Ethical and Political Works of Motse*, p. 223.

2 Ibid., p. 89.

眾賢而已。曰：然則眾賢之術，將奈何哉？

　　子墨子言曰：譬若欲眾其國之善射御之士者，必將富之貴之，敬之譽之，然後國之善射禦之士，將可得而眾也。況又有賢良之士，厚乎德行，辯乎言談，博乎道術者乎，此固國家之珍，而社稷之佐也。亦必且富之貴之，敬之譽之，然後國之良士，亦將可得而眾也。[1]

49

　　顯然，墨子認同孔子觀點，世襲君主應當將統治權能委任於德才兼備者。但若如此，為什麼君主不能乾脆把位置騰挪出來？為什麼君主不能通過選拔優秀產生，而非得按世襲？一個老套的回答是，出身平民的君主無法得到威武靈驗神明的庇佑，可這種觀念在孔子思想中已被拋棄。孔子確實說過弟子"可使南面"，只是尚未直接質問世襲君主得以"南面"的頭銜。這種克制很可能出於一種合理的謹慎。孔子並不倡導顛覆，畢竟這可能讓自己和他人招致麻煩，而是代以一種學說的呼籲，這樣較為緩圖，卻無疑孕育著最終的果實。

　　中國傳說時代的歷史記載，公元前三千年，首個朝代建立之前已有一串上古帝王名號。這是一個我們無法科學地進行斷代紀年的時代。而且，中國的辨偽學者早已指出，在成於孔子之前的任何文獻中，這些上古帝王都未曾出現。禹的名字確實出現於早期文獻，但只是作為一位文明英雄。在排潦墾荒、疏通河道等治水事跡上，禹有著非凡之舉。然而，

1　Ibid., pp. 30-31.

在儒家的《論語》中，禹作為早期帝王出現，隨之出現了另外兩位帝王 —— 堯和舜。值得注意的是，堯和舜被安放到比禹更早的時代。這一先後順序，吻合於中國學者從這些傳說帝王發現的規律。越晚出現於文獻中的帝王，所賦予的時代就越早。這是因為神話傳說不斷膨脹，新的人物就得安排在空白時代，而只有更早時代留有空白。雖然儒家在《論語》中提到堯、舜、禹作為上古聖王，但真正早期的文段並未排除他們通過世襲即位。而到《墨子》一書，我們就發現一番新的暗示，如下所言：

> 今王公大人……有一衣裳之財，不能製，必索良工。……有一罷馬不能治，必索良醫。有一危弓不能張，必索良工。當王公大人之於此也，雖有骨肉之親、無故富貴、面目美好者，實知其不能也，必不使。是何故？恐其敗財也。當王公大人之於此也，則不失尚賢而使能。逮至其國家則不然，王公大人骨肉之親、無故富貴、面目美好者，則舉之。則王公大人之親其國家也，不若親其一危弓、罷馬、衣裳、牛羊之財與？……

> 是故古之聖王之治天下也，其所富，其所貴，未必王公大人骨肉之親、無故富貴、面目美好者也。是故昔者，舜耕於歷山，陶於河瀕，漁於雷澤，灰於常陽，堯得之服澤之陽，立為天子，使接天下之政，而治天下之民。[1]

---

1 Ibid., pp. 49-50.

隨著傳奇的推衍，出現了一個說法，堯沒有相應地將王位傳給兒子，而是因為舜的道德與才能而禪讓。墨子想必已諳曉這一傳說。[1]

由於《墨子》一書是這些傳奇故事的最早出處，有人主張這是墨子的發明。這不太可能。前文已述，這些傳奇實際上是儒家學說的邏輯推衍，而且《墨子》一書所見實在也與其時儒學具有相同理念。《墨子》書中記載一位儒者說："昔者聖王之列也，上聖立為天子，……若使孔子當聖王，則豈不以孔子為天子哉？"[2]

這一理論背後的原因不難窺見。這實屬一種對世襲貴族的直接挑戰。如果告訴君主應當將主要官職授予出身平凡而德才兼備的人，他們會不會反對？現在卻可以告訴君主，按理說你們身居其位不過是竊位者，本來應當禪讓君位。畢竟在古代，據說偉大的君主都是這麼做的。

若我們考察中國哲學的發展，就會看到越來越多的源自古代的主張。強調傳統並不新奇。早在周代伊始便可以看到，周族征服者強調，遵循所征服前朝殷商"先哲王"之道的重要性，[3]並將其覆滅歸因於"不用舊"。[4]孔子確實屢屢言

---

1 Ibid., pp. 46, 53, 85.

2 Sun I-jang, *Mo Tzŭ Hsien Ku* 12.11b. 該段與梅貽寶譯文不同。*The Ethical and Political Works of Motse*, p. 233.

3 Legge, *The Shoo King*, p. 386. 譯注：《尚書‧康誥》："往敷求於殷先哲王，用保乂民。汝丕遠，惟商耇成人，宅心知訓。別求聞由古先哲王，用康保民。"

4 Legge, *The She King*, p. 509. 譯注：《詩經‧大雅‧蕩之什》："文王曰咨，咨女殷商。匪上帝不時，殷不用舊。雖無老成人，尚有典刑。曾是莫聽，大命以傾。"

057

及古代，但相比所處時代的人們卻堪稱勇於創新者。他幾乎很少純粹基於傳統進行論證。

墨子時代的儒者以及墨子本人則多有訴諸傳統。墨子學說主要論證方式之一就是本乎聖王之事。墨子曰："翟以為不若誦先王之道而求其說，通聖人之言而察其辭，上說王公大人，次匹夫徒步之士。"[1] 又說："凡言凡動，合於三代聖王堯、舜、禹、湯、文、武者為之；凡言凡動，合於三代暴王桀、紂、幽、厲者舍之。"[2]

當然，訴諸傳統並非墨子的唯一標準。墨子甚至批判當時的儒者過於依賴傳統，而且主張如果一項行為是好的就足以充分證成。不管如何，可以肯定的是，墨子與當時的儒者都比孔子更少關注教導人們為自己所想，而更多專注於建構讓人們可以遵循的規則。這是自然而然的。讓一個人運用機器易如反掌，教會他如何製造機器就困難得多。培養使之能夠自己發明一台更好的機器，就真是難上加難。絕大多數教師、哲學家都選擇相對容易的方式，這也就不足為奇。

通過將其固定規則訴諸古代，中國哲學家賦予自身學說以最強的說服力量。上古也有一個好處，在於作為幾乎完全未知的時代（往前約一千年以上），從而提供哲學家能夠賦予想像的空間。當然，這種空間只能是還未用到的時代。總體上，搶佔同一時代素材的情況比想像的要少。在很多問題

---

1 Mei Yi-pao, *The Ethical and Political Works of Motse*, p. 249.

2 Ibid., p. 224.

上，人們爭論的不是上古發生何事，爭鋒的學說其實是說："你方所言固然正確，但如果回到更古的時代會發現……"於是，墨子對一位儒者說："且子法周，而未法夏也，子之古非古也。"[1] 在此，墨子回歸兩個朝代，求諸古代史實。

墨子所強調的與儒家的某些分歧似乎並非清晰反映出哲學上的差異。例如，墨子大費周章地抨擊"壽夭貧富，安危治亂，固有天命，不可損益"[2] 這一學說。墨子似乎是將這一學說歸於儒家，或至少是某些儒家。然而，時代近於墨子的孔子與孟子顯然均未陳說人在命運面前的無力。只是可能有些儒家秉持這一觀念，這或許是未能付出更多努力拯救天下弊病，而為自身推脫。

墨子最竭力批判的是厚葬久喪之風。有些人所倡導的繁複喪葬之事，在墨子的描述方式中可能略有誇張。墨子得出結論："存乎匹夫賤人死者，殆竭家室，（存）乎諸侯死者，虛庫府，然後金玉珠璣比乎身，綸組節約車馬藏乎壙。"[3] 例如喪禮規定，為至親守孝要求個人花費三年時間，完全禁絕於常規生活，無所作為，處於倚廬，寢苫枕凷，等等。墨子說，綜觀這些喪葬之事，結果只會令國家貧窮，破壞國家政治與經濟生產正常秩序，並減少人口（因為守喪期間不得有男女之交）。因此，應當譴責厚葬久喪。

---

1 Ibid., p. 233.

2 Ibid., p. 234.

3 Ibid., p. 125.

我們知道，孔子本人反對不合適的奢侈喪禮[1]，但確實提倡三年之喪。毋庸置疑，就西方觀點評判，墨子可謂這番爭論中的正確一方。

在反對戰爭問題上，墨子與儒家意見一致。墨子認為，大國侵凌小國的掠奪戰爭是最大的罪惡。理由不言而喻。墨子本人可能身繫宋國。這一中原小國正是強鄰覬覦的戰場，飽經戰爭的一切恐怖。與此有關的史實是，有一次宋國都城一直被圍困到人相食求生的慘況。[2]

墨子通過兩種方式批判戰爭。一種是勸說國家君主，戰爭不合功利。當其對手指出，四個國家通過發動戰爭獲得遼闊版圖與強盛國力時，墨子回答，起初中原有萬國，而現在被吞併得只剩下四個國家（這個說法並不嚴格準確，但鑒於其他苟延小國已經力量微弱，也就算準確了）。墨子得出結論，所謂戰爭有利的說法，譬如說 "醫之藥萬有餘人，而四人愈也，則不可謂良醫矣"。[3]

從天子的總體視角來看，顯然戰爭是無益的。但從征服

---

1 *Analects* 3.4, 11.10. 譯注：《論語·八佾》："林放問禮之本。子曰：'大哉問！禮，與其奢也，寧儉；喪，與其易也，寧戚。'"《論語·先進》："顏淵死，門人欲厚葬之。子曰：'不可。' 門人厚葬之。子曰：'回也視予猶父也，予不得視猶子也。非我也，夫二三子也。'"

2 Legge, *The Ts'un Ts'ew, with the Tso Chuen*, p. 328. 譯注：《左傳·宣公十五年》："宋人懼，使華元夜入楚師，登子反之牀，起之曰：'寡君使元以病告，曰敝邑易子而食，析骸以爨。雖然，城下之盟，有以國斃，不能從也。去我三十里，唯命是聽。'"

3 Mei Yi-pao, *The Ethical and Political Works of Motse*, p. 114.

者國家的立場來看，就難以信服墨子的說法。其實，墨子在此未能否認大國確實得以擴充版圖、增強實力。然而，墨子在另一處說到 "大國之攻小國也，是交相賊也，過必反於國"。[1] 墨子試圖通過歷史來證明這一主張，不過其論證頗為勉強，且不乏曲解甚至誤傳歷史之嫌。[2]

不管對於勝利者還是失敗者而言，戰爭都是破壞性大於建設性，在這一點上，墨子的論述則較有說服力。墨子指

---

1 Ibid., p. 244.

2 Ibid., pp. 104-106. 譯注：《墨子·非攻中》：

東方有莒之國者，其為國甚小，閒於大國之閒，不敬事於大，大國亦弗之從而愛利。是以東者越人夾削其壤地，西者齊人兼而有之。計莒之所以亡於齊、越之間者，以是攻戰也。雖南者陳、蔡，其所以亡於吳、越之閒者，亦以攻戰。雖北者且不一著何，其所以亡於燕代、胡貊之閒者，亦以攻戰也。是故子墨子言曰：古者王公大人，得而惡失，欲安而惡危，故當攻戰而不可不非。

飾攻戰者之言曰：彼不能收用彼眾，是故亡。我能收用我眾，以此攻戰於天下，誰敢不賓服哉！子墨子言曰：子雖能收用子之眾，子豈若古者吳闔閭哉？古者吳闔閭教七年，奉甲執兵，奔三百里而舍焉。次注林，出於冥隘之徑，戰於柏舉，中楚國而朝宋與及魯。至夫差之身，北而攻齊，舍於汶上，戰於艾陵，大敗齊人，而葆之大山；東而攻越，濟三江五湖，而葆之會稽。九夷之國莫不賓服。於是退不能賞孤，施舍群萌，自恃其力，伐其功，譽其智，怠於教。遂築姑蘇之臺，七年不成。及若此，則吳有離罷之心。越王句踐視吳上下不相得，收其眾以復其讐，入北郭，徙大內，圍王宮，而吳國以亡。昔者晉有六將軍，而智伯莫為強焉。計其土地之博，人徒之眾，欲以抗諸侯，以為英名。功戰之速，故差論其爪牙之士，皆列其舟車之眾，以攻中行氏而有之。以其謀為既已足矣，又攻茲范氏而大敗之。并三家以為一家而不止，又圍趙襄子於晉陽。及若此，則韓、魏亦相從而謀曰："古者有語：'脣亡則齒寒。'趙氏朝亡，我夕從之；趙氏夕亡，我朝從之。詩曰：'魚水不務，陸將何及乎？'"是以三主之君，一心戮力，辟門除道，奉甲興士，韓、魏自外，趙氏自內，擊智伯，大敗之。"

出，被征服的領土通常荒廢殆盡。而且，那些征服者也往往熱衷於征服更多領土，而非實際利用發展。其實，征服者就是大盜，盜竊不是真的需要領土，而是因為有竊疾。[1]（有趣的是，我們注意到古代中國人似乎對盜竊癖頗為熟稔，因為在不止一本書中提及。）墨子結論道，無法真正靠刀劍征服天下，只是通過道德、正義、信仰，讓人們真正願意服從，從而與君主及其他致力於公共良善者合作。

可問題在於，這番非攻論是否足以制止霸主的征服。顯然，墨子本人對此也有懷疑，畢竟他還是投身於城守實操技術中，從而可以用於抵抗未能勸服的侵略君主。於是在《墨子》一書中，我們看到有些篇章，曰"備城門"、"備梯"、"備水"、"備穴"，諸如此類。墨子真是一位不同尋常的哲學家，這種非凡在於他不只是滿足於非攻之言談著述，還要付諸實踐。墨子按照自己的方法訓練弟子，據記載至少有一名弟子死於戰場。

《墨子》第 40 篇（譯注：應為第 50 篇）提到一位以工藝聞名的人物，名為公輸般，已為南方強楚製造"雲梯"準備攻宋。墨子馬上奔赴楚國，試圖勸阻楚王，卻未能說服。於是：

> 子墨子解帶為城，以牒為械，公輸盤九設攻城之機
> 變，子墨子九距之。公輸盤之攻械盡，子墨子之守圉

有餘。

公輸盤詘，而曰：“吾知所以距子矣，吾不言。”
子墨子亦曰：“吾知子之所以距我，吾不言。” 楚王問
其故，子墨子曰：“公輸子之意，不過欲殺臣，殺臣，
宋莫能守，乃可攻也。然臣之弟子禽滑釐等三百人，已
持臣守圉之器，在宋城上而待楚寇矣。雖殺臣，不能絕
也。” 楚王曰：“善哉！吾請無攻宋矣。” [1]

雖然最後奏效，但這仍是一種應對戰爭的消極方式。墨
子還有一種更為積極的方式。為拯救戰爭以及諸多其他惡
行，墨子提出一套稱為 “兼愛” 的學說。在此，墨子又與儒
家分道揚鑣了。儒家強調人應愛父母與親屬，推己及人，也
要愛所有人，即便是下層民眾。從最古時代直到今天，將親
倫置於首位都是中國文化的特徵。由此，一方面造就這種文
化的優長亮點，另一方面也存在一些重要缺陷，諸如任人唯
親。墨子只著眼於家庭親倫的缺陷，因而大加撻伐，認為每
個人都應當愛世界中的其他人，不分親疏。於是說：

　　若使天下兼相愛，愛人若愛其身，猶有不孝者乎？
視父、兄與君若其身，惡施不孝？猶有不慈者乎？視弟
子與臣若其身，惡施不慈？故不孝不慈亡有，猶有盜賊
乎？故視人之室若其室，誰竊？視人身若其身，誰賊？

1　Ibid., p. 259.

故盜賊亡有。猶有大夫之相亂家、諸侯之相攻國者乎？視人家若其家，誰亂？視人國若其國，誰攻？故大夫之相亂家、諸侯之相攻國者亡有。若使天下兼相愛，國與國不相攻，家與家不相亂，盜賊無有，君臣父子皆能孝慈，若此則天下治。[1]

這聽起來易如反掌，但實際上要讓所有人都愛其他人非常困難。不過，我們要注意墨子所言“愛”的方式。中文作“愛”字，love 只是一種可能的譯法。應注意到，許多基督教人士致敬墨子，奉為一位類似耶穌的先知，但墨子的“愛”並非一種基督教的情感之愛，就此而言亦不同於儒學。因為，與儒家有別，墨子並不贊同情感，且曾說所有情感包括“愛”都應去除。[2] 在此，他用的是同一個字“愛”，卻是前後矛盾的。畢竟墨子“兼愛”中的“愛”不是情感化的愛，而如墨子設想的純粹是一種理智。

那麼，如何讓人們踐行這種精神之愛？墨子論及兩種方式。一方面，必須通過君主的鼓勵與勸勉，上行下效地讓人們踐行兼愛。另一方面，人們應當明白這是有利的，是基於自身利益去踐行兼愛。從而，這就構成一種“自利”的學說。墨子進行諸多論述，展現這種“兼愛”是一種良善之

---

1 Ibid., pp. 79-80.

2 Sun I-jang, *Mo Tzŭ Hsien Ku* 12.3b; Mei Yi-pao, *The Ethical and Political Works of Motse*, p. 224. 譯注：《墨子·貴義》：“必去喜，去怒，去樂，去悲，去愛，而用仁義。手足口鼻耳從事於義，必為聖人。”

政。墨子澄清，一位踐行兼愛的 "兼君" 會獲得民眾的愛戴與信任，而一位自私與偏愛的 "別君" 就不行，這構成 "兼愛" 論的堅實基礎。[1] 墨子還假設，一個人將要遠赴他鄉可能無法回來，於是要將家人託付給朋友照料。在這種情況下，即便是反對兼愛之說的人，也會選擇 "兼士" 來照料家人。墨子堅稱，沒有人會傻到選擇一位"別士"去託付。[2] 其實，墨子這個假設未必確切，例如，這位 "兼愛" 之士會將食物分給所有的人，而不只是朋友的家人。只是說人們不會選擇託付於完全自私的人，這倒是可以肯定的。

有人對墨子說："即善矣，雖然，豈可用哉？" 墨子回答："用而不可，雖我亦將非之。且焉有善而不可用者？" [3] 在此，我們觸及墨子最著名的功利主義學說。功利本身不是一種標準，每個人都會做自己認為有用的事，從而達到某種目的，就算虛耗時光也是一種目的。進而，我們要追問，什麼是墨子的功利目標？墨子似乎認為，當時有五方面的良善尤其值得爭取，即：富國家、治刑政、眾人民、禁止大國之攻小國、干上帝鬼神之福。[4] 這些都可謂不言自明，除了增加人口這方面的願景。今天我們認為中國人口過多，但這是近幾百年才大幅增長的。據估計，在不久的三百年前，中國只

1　Mei Yi-pao, *The Ethical and Political Works of Motse*, pp. 91-92.

2　Ibid., p. 90.

3　Ibid., p. 89.

4　Ibid., pp. 126-129.

58

有今天人口的七分之一。在墨子時代，人口稀缺才是問題。

為了最終實現人類的繁榮、昌盛、有序、和平以及"神佑"，墨子希圖犧牲其他一些事情。衣服能讓人冬暖夏涼就好，而非榮耳目為觀好。食物要有營養就好，不應極其調味。房屋應能禦寒暑，防霜露，不要做無用刻鏤之飾。還有，為了增加人口，不管願意與否，所有人都應結婚。

在墨子的標準中，無用的任何事物都無法容忍。墨子還尤其反對音樂，那佔據了人們的時間與財富來製作、演奏樂器，卻沒有明確創造出什麼。於是我們讀到："曰：'孰為大人之聽治、而廢國家之從事？'曰：'樂也。'是故子墨子曰：'為樂非也。'"[1]

這又與儒家觀點大相徑庭，儒家經典有云："樂者樂也。樂也者，情之不可變者也。"[2] 對此，墨子有所訾議。他意識到其整個思想體系存在被情感毀滅的危險，因而一言蔽之，務必非樂。墨子還專門說："去喜，去怒，去樂，去悲，去愛。"[3]

這一點說起來比做起來容易得多，可墨子又不只是依賴於說教去實現目的。墨子提倡一種嚴絲合縫的國家組織，以其稱之為"尚同"（在此似乎流露出對意願與心志的認同）的原則黏合。墨子認為，人們最初生活在一種混亂的狀

---

1 Ibid., p. 180.

2 Legge, *Li Ki*, 11.127.

3 Mei Yi-pao, *The Ethical and Political Works of Motse*, p. 224.

態中，有如托馬斯‧霍布斯（Thomas Hobbes）的 "原始狀態"，作為主神的天為人們選立天子而擺脫混亂。天子選立三公，三公選立卿大夫，這一程序一直推衍，直到整個國家機器構建出來。然後，天子發佈號令："聞善而不善，皆以告其上。上之所是，必皆是之。所非，必皆非之。上有過，則規諫之。下有善，則傍薦之。上同而不下比者，此上之所賞，而下之所譽也。意若聞善而不善，不以告其上。上之所是弗能是，上之所非弗能非。上有過弗規諫，下有善弗傍薦。下比不能上同者，此上之所罰，而百姓所毀也。" [1]

　　墨子宣稱古代曾實際運行的這套系統，其實更像是阿道夫‧希特勒（Adolf Hitler）的納粹黨組織。希特勒在《我的奮鬥》（*Mein Kampf*）中寫道："整個國家體制的構建方式，應建立在每一領導對下級有威權，對上級負責的原則。" [2] 有人會爭論說，只要確保每位領導均為良善，這就是一個好的系統。墨子說古代確實如此，卻沒有怎麼完整解釋為什麼後來就不行了，進而才導致天下弊病。按墨子尚同服從的要求，既然思想此時此刻與上級保持一致，那麼下級何以抗議惡的上級，對此人們可以質疑。墨子提供了部分解釋。

　　墨子說，天子的三公尚同於天子是不夠的。要完成這一程序，天子必須尚同於天。唯有如此，這一系統功能才是永恆的。如果沒有尚同於天，墨子說：

1　Ibid., pp. 56-57.

2　摘自 Finer, *The Future of Government*, p. 19.

故當若天降寒熱不節，雪霜雨露不時，五穀不孰，六畜不遂，疾菑戾疫，飄風苦雨，薦臻而至者，此天之降罰也，將以罰下人之不尚同乎天者也。故古者聖王，明天鬼之所欲，而避天鬼之所憎……齋戒沐浴，潔為酒醴粢盛，以祭祀天鬼。……春秋祭祀不敢失時幾，聽獄不敢不中，分財不敢不均，居處不敢怠慢。

於是，墨子結論道，他們可以如此作為，從而得到天鬼的厚待保佑，以及民眾的擁戴親附。而所有這些都導源於其對尚同於上之原則的運用。[1]

我們記得，孔子將祭禮重心從禮儀行為轉移到倫理行為，導民為善，為政以德，諸如此類。墨子絕不是要恢復古禮體系，而倫理行為在他看來仍頗為重要。宗教禮儀甚至宗教信仰雖非孔子思想所需，卻也存乎其中，墨子則整個思想旨趣都是要求天與鬼能夠干預人事，懲罰惡行。於是我們發現墨子說：“儒以天為不明，以鬼為不神，天、鬼不說，此足以喪天下。”[2]

墨子提供天能賞罰的諸多證據。例如說：“何以知天之愛天下之百姓？以其兼而明之。何以知其兼而明之？以其兼而有之。何以知其兼而有之？以其兼而食焉。”墨子說，這是因為各個地方的人們都在祭祀，結論曰：“天有邑人，何

---

1 Mei Yi-pao, *The Ethical and Political Works of Motse*, pp. 62-64.

2 Ibid., p. 237.

用弗愛也？且吾言殺一不辜者，必有一不祥。殺不辜者誰也？則人也。予之不祥者誰也？則天也。若以天為不愛天下之百姓，則何故以人與人相殺，而天予之不祥？此我所以知天之愛天下之百姓也。"61 [1]

為了證明鬼神存在，墨子從相對較近的歷史中引用許多例證，其中鬼神（往往是死去的人）為不辜而復仇，或是獎勵德行。墨子說，這些鬼神之事為很多人親眼所見。不過，鬼神並不總能被人們察覺，他說："故鬼神之明，不可為幽閒廣澤、山林深谷，鬼神之明必知之。鬼神之罰，不可為富貴眾強、勇力強武、堅甲利兵，鬼神之罰必勝之。" [2]

墨子時代的儒者是否確實如他所言懷疑鬼神，我們無從確定。但無疑孔子本人以及儒家總體上一貫地比周圍的人們較少迷信。無理由認為墨子所撰鬼神之事純屬憑空捏造。相反，可以清晰看到，墨子將儒家很大程度上消淡了的素材注入其哲學思想中，而這些素材無疑比孔子所強調的更為廣泛地支配人們的觀念。之後，我們還將看到，這些內容又重新回流於儒學中，儘管不一定與墨子存在直接關聯。

但平心而論，我們要記住，墨子並未說人們的事功僅靠祭祀鬼神。相反，墨子堅持認為，唯有致身德行，才會得到

---

1 Ibid., p. 139.

2 Ibid., p. 165.

上天眷顧。[1]

　　既然墨子認為國家應當以嚴絲合縫的統治集團構成，那麼他以同樣方式構建墨家集團就不足為奇。鑒於該集團有時亦作為軍事組織，就更是水到渠成了。軍事組織有時要求，且總是有理由讓權威者運用獨裁力量。

　　墨子在讓學生加入其集團的問題上面臨很多困難。其中有一個情況記載，墨子對一位年輕人承諾，如果拜自己為師就能確保獲得官位。一年過後，當這位學生要求承諾的官位，墨子無動於衷地告訴他，這不過是承諾讓他為自身良善而學習。[2]

　　當年輕弟子剛入門時，在墨子訓練下一天只吃一餐，喝的是蔬菜清湯，穿的是賤民衣裳。[3]而當他們成長起來並入仕

---

1 Ibid., pp. 251-252. 譯注：《墨子·魯問》："魯祝以一豚祭，而求百福於鬼神。子墨子聞之曰：'是不可。今施人薄而望人厚，則人唯恐其有賜於己也。今以一豚祭，而求百福於鬼神，唯恐其以牛羊祀也。古者聖王事鬼神，祭而已矣。今以豚祭而求百福，則其富不如其貧也。'"

2 Ibid., pp. 238-239. 譯注：《墨子·公孟》："有游於子墨子之門者，身體強良，思慮徇通，欲使隨而學。子墨子曰：'姑學乎，吾將仕子。'勸於善言而學，其年，而責仕於子墨子。子墨子曰：'不仕子，子亦聞夫魯語乎？魯有昆弟五人者，亓父死，亓長子嗜酒而不葬，亓四弟曰："子與我葬，當為子沽酒。"勸於善言而葬，已葬而責酒於其四弟。四弟曰："吾末予子酒矣。子葬子父，我葬吾父，豈獨吾父哉？子不葬，則人將笑子，故勸子葬也。"今子為義，我亦為義，豈獨我義也哉？子不學，則人將笑子，故勸子於學。'"

3 Ibid., p. 252. 譯注：《墨子·魯問》："子墨子出曹公子而於宋。三年而反，睹子墨子曰：'始吾游於子之門，短褐之衣，藜藿之羹，朝得之則夕弗得，祭祀鬼神。'"

為官後，墨子仍認為弟子們要依附於其威權。據記載，墨子派遣到楚國任官的一名弟子曾獻給老師一筆可觀的財富。[1]墨子召回另外一名派遣到齊國任官的弟子，則是因為他參與國家發動的侵略戰爭。[2]還有一本漢代著作說："墨子服役者百八十人，皆可使赴火蹈刃，死不還踵，化之所致也。"[3]在墨子時代之後，墨家仍持續數百年。集團首領鉅子也傳承好幾代人，看來還是終生任職。墨家鉅子對墨徒擁有生殺予奪之大權。[4]據記載，其中一位鉅子（譯注：孟勝）幫一個小國守城，但無法成功守衛之時，他選擇自盡。與此同時，

1 Ibid., p. 214. 譯注：《墨子・耕柱》："子墨子游荊耕柱子於楚，二三子過之，食之三升，客之不厚。二三子復於子墨子曰：'耕柱子處楚無益矣。二三子過之，食之三升，客之不厚。'子墨子曰：'未可智也。'毋幾何，而遺十金於子墨子，曰：'後生不敢死，有十金於此，願夫子之用也。'子墨子曰：'果未可智也。'"

2 Ibid., p. 254. 譯注：《墨子・魯問》："子墨子使勝綽事項子牛。項子牛三侵魯地，而勝綽三從。子墨子聞之，使高孫子請而退之，曰：'我使綽也，將以濟驕而正嬖也。今綽也祿厚而譎夫子，夫子三侵魯而綽三從，是鼓鞭於馬靳也。翟聞之，言義而弗行，是犯明也。綽非弗之知也，祿勝義也。'"

3 *Huai Nan Tzŭ* 20.10a.

4 Lü Shih Ch'un Ch'iu 1.12. 譯注：《呂氏春秋・孟春紀・去私》："墨者有鉅子腹䵍居秦，其子殺人。秦惠王曰：'先生之年長矣，非有它子也，寡人已令吏弗誅矣，先生之以此聽寡人也。'腹䵍對曰：'墨者之法曰，殺人者死，傷人者刑。此所以禁殺傷人也。夫禁殺傷人者，天下之大義也。王雖為之賜，而令吏弗誅，腹䵍不可不行墨者之法。'不許惠王而遂殺之。子，人之所私也。忍所私以行大義，鉅子可謂公矣。"

一百八十三名墨徒也隨之自盡。[1]

在《墨子》一書第 40—45 篇中，展現大量篇幅探討邏輯與論辯類型的問題。一般都認為這些篇目是墨家後學所寫，而非墨子本人親撰。不管如何，我們可以從墨子本人身上窺見這些論述旨趣的端倪。墨子喜歡論辯，卻往往不是一位高超至極或無懈可擊的論辯者，他在討論問題時運用那些不被察覺的伎倆，且有時看來確實能迷惑對手使之認同。可能正是因為他不是一個很講邏輯的論辯者，所以就更要堅稱自己是遵循邏輯規則的。其實，墨子的邏輯規則及其遵循程度，都談不上讓人嘆為觀止。

大概同一時代，中國有其他一些思想家將論辯術發展到很高水平。他們所傳授的方法與主要問題，不免讓人時而想到希臘智者（Greek Sophists），時而想到埃利亞學派（Eleatics）。一般認為，這些人共同構成所謂 "形名學派" 或 "名辯學派"，儘管無法就歸屬其中的人物達成共識。

其中最讓人耳熟能詳的命題是 "白馬非馬"。提出這一

---

1 Ibid. 19.9. 譯注：《呂氏春秋·離俗覽·上德》："墨者鉅子孟勝，善荊之陽城君。陽城君令守於國，毀璜以為符，約曰：'符合聽之。' 荊王薨，群臣攻吳起，兵於喪所，陽城君與焉，荊罪之。陽城君走，荊收其國。孟勝曰：'受人之國，與之有符。今不見符，而力不能禁，不能死，不可。' 其弟子徐弱諫孟勝曰：'死而有益陽城君，死之可矣。無益也，而絕墨者於世，不可。' 孟勝曰：'不然。吾於陽城君也，非師則友也，非友則臣也。不死，自今以來，求嚴師必不於墨者矣，求賢友必不於墨者矣，求良臣必不於墨者矣。死之，所以行墨者之義而繼其業者也。我將屬鉅子於宋之田襄子。田襄子，賢者也，何患墨者之絕世也？'"

命題的哲學家公孫龍支持這一命題如下："白馬非馬……馬者，所以命形也；白者，所以命色也。命色者，非命形也，故曰'白馬非馬'……求馬，黃、黑馬皆可致；求白馬，黃、黑馬不可致。使白馬乃馬也，是所求一也。所求一者，白者不異馬也。所求不異，如黃、黑馬有可有不可，何也？"這位哲學家繼而詳盡地闡釋了這一道理。[1]

墨家後學在其論辯撰述中，對名辯論的諸多觀點提出挑戰。例如，其言曰："白馬，馬也；乘白馬，乘馬也。驪馬，馬也；乘驪馬，乘馬也。……其弟，美人也；愛弟，非愛美人也。"[2] 意即，後一情形中，儘管在論辯術上說愛其弟是愛美人可能是對的，卻還是給人製造出一種錯誤的印象，因為這裏的愛不是由於俊美，而是他是弟弟的緣故。而我們可能將同一原則運用到"白馬"的命題上，並認識到當我們說白馬是馬時，不是指其顏色，而是指總體上馬所共同具有的特徵。我們並不是說白馬是所有的馬，而是說白馬是某種馬。用西方邏輯術語來說，墨家在此提出的反對，等於說"馬"這個命題還未"分佈"（distributed）。

中國文字通常並沒有區分單複數，也沒有區分主動式與被動式，如果草率運用或故意混淆，就可能引起一些歧義。這一命題正是反映出這些困擾。名辯論者還認為這個問題是

1 *Kung-Sun Lung Tzŭ* 3b-5b; 整段論述翻譯自 Hughes, *Chinese Philosophy in Classical Times*, pp. 122-125.

2 Sun I-jang, *Mo Tzŭ Hsien Ku* 11.11.

普遍存在的，進而深究諸如「堅白」屬性的本質。顯然，這些研究頗為重要，亦饒有趣味。只是難以從他們的言論與著述中獲得可靠的知識。著述只有一部分保存下來，其他已亡佚，或僅見於批判者的若干引述。究其原因，雖然一些中國學者在當時已經密切關注邏輯與論辯術，但總體上中國人對這些問題的興趣相對寡淡。

雖然後期墨家批判名辯論者，但也有如墨子般喜好辯論者。「別墨」似乎將此奉為探尋真理的方式，如其所述：「辯勝，當也。」又曰：「辯也者，或謂之是，或謂之非，當者勝也。」[1] 這也許為真，有人也希望為真，但中國人總體上對相信這必然為真抱持過多懷疑。於是道家著作《莊子》說，名辯「能勝人之口，不能服人之心」。[2] 一位漢代評論家說：「專決於名而失人情。」[3] 可能堪稱儒家最具批判精神的荀子指出，這種論辯術就是「用名以亂實」[4]。這是一種頗為中國化的評斷。

畢竟論辯在西方哲學中如此重要，我們不好理解，中國人對論辯若有所推崇，又至於何等微弱。公元紀年早期的一位學者評曰，論辯推理無益於「經國體致」，只是一種完全「無用之談」。但他又說，作為膏粱子弟的一種娛樂方

---

1 Ibid., 10.5a, 44a.

2 *Chuang Tzǔ*. 10.42b.

3 Takigawa Kametaro, *Shih Chi Hui Chu K'ao Chêng* 130.12.

4 Wang Hsien-ch'ien, *Hsün Tzǔ Chi Chieh* 15.5a.

式，"辯名析理"具有明顯的益處，這至少能讓他們"性不邪淫"。[1]

在先秦，墨學成為世之顯學，成為儒家的主要對手。在公元前 209 年推翻秦朝暴政的農民起義中，儒生與墨徒都迅速加入起義隊伍當中。[2] 我們發現，最晚一次提到墨家作為一個徒屬甚眾之集團的記載是在公元前一世紀。[3] 在此之後，墨家邃爾消失於人們視野，而對墨子的興趣似乎完全中絕，直到晚近才有復興。

不難總結墨子學說對中國人罕有持續感染力的原因。墨子"尚同"的極權系統及其陳述的教條論調，正是通常被視為中國首要美德之通情達理（reasonableness）的反面。墨子卻說："吾言足用矣，舍言革思者，是猶舍獲而攈粟也。以其言非吾言者，是猶以卵投石也，盡天下之卵，其石猶是也，不可毀也。"[4]

墨子譴責一切娛樂，甚至一切情感，這違背了正常中國人的態度，畢竟人們想在各種方面保持均衡，也認為合理節

1 *Chuang Tzŭ* [commentary] 10.43b-44a. 譯注：《莊子・天下》郭象注："吾意亦謂無經國體致，真無用之談也。然膏粱之子，均之戲豫，或倦於典言，而能辯名析理，以宣其氣，以係其思，流於後世，使性不邪淫，不猶賢於博弈者乎？"

2 Gale, *Discourses on Salt and Iron*, p. 123. 譯注：《鹽鐵論・褒賢》："奮於大澤，不過旬月，而齊、魯儒墨縉紳之徒，肆其長衣，負孔氏之禮器《詩》《書》，委質為臣。"

3 Ibid., pp. 116-117. 譯注：《鹽鐵論・晁錯》："日者，淮南、衡山修文學，招四方遊士，山東儒、墨咸聚於江、淮之間，講議集論，著書數十篇。"

4 Mei Yi-pao, *The Ethical and Political Works of Motse*, p. 229.

66

制的娛樂是善非惡。於是道家的《莊子》認為，墨子的規誠"其道大觳……反天下之心，天下不堪"。[1]

不過人們也都認同墨子的崇高，即便抨擊其學的孟子也承認墨子"摩頂放踵利天下"。[2] 有如孔子，墨子深切關懷貧困、無序、戰爭給人們造成的苦難。但異於孔子的是，在此番改善這些條件的當前目標之餘，墨子未能高瞻遠矚。孔子提倡一種相信可以讓人們幸福的治道。墨子則提倡一種整治特定弊病的治道，為此不顧犧牲一切，包括個人的幸福。這並不是因為他想讓人們不幸福，而是因為未能深察革除諸多當下弊病之餘的狀況。墨子構想的只是一個和平的世界，龐大而有序的人口能夠豐衣足食，並享有最為優化的國家統治。

大凡冷靜精於計算者，有時會試圖讓別人相信行動是出於情感。而那些隨心而治者，反而有時熱衷於相信自己是很理性的人。墨子正是後一種人。他畢生投身於真摯的奉獻去幫助底層民眾，不求任何滿足自私的回報。他希望只靠理智去證成所有行動與哲學。即便談"兼愛"，也不是出於某種情感，而是出於理智的考慮。

然而，墨子之智次於墨子之心。雖然墨子為邏輯興趣的發展貢獻良多，但他自己的論證卻經常嚴重違背邏輯。例如，為了非命，墨子說，命不存在是因為"莫之聞，莫之

1　*Chuang Tzŭ* 10.28a.

2　*Mencius* 7(1)26.2. 譯注：《孟子・盡心上》："墨子兼愛，摩頂放踵利天下，為之。"

見"。¹這樣一種論證不就可以用來推翻自己"兼愛"與"尚同"的學說了嗎？犬儒主義讓我們相信利他主義是罕見的。然而，這看來也許是，最崇高之心意遠非猶如將其付諸實踐的智慧那般寥若星辰。

---

1 Mei Yi-pao, *The Ethical and Political Works of Motse*, p. 189.

第五章 孟子與人之本性的強調

漢代的《史記》記載："自孔子卒後，七十子之徒散遊諸侯，大者為師傅卿相，小者友教士大夫，或隱而不見。"同時，還提到孔門弟子子夏的四名學生"為王者師"，子夏本人也成為魏文侯之師。[1] 據《孟子》一書言，孔子之後不久，有兩位儒者在魯國朝堂身居高位。其中一位就是孔子之孫子思，他還擔任過衛國大臣。[2]

孔子歿後百年，許多儒者都登上君主朝堂，成為大大小小的賓客，而非職官。有時也能看到兩種身份兼而有之，稱為"客卿"（guest-officials）。不論何種身份，這些士人不只包括儒者而已。在我們所掌握的中國信史中，孔子是第一位私學教師、學者，但這一私學之風迅速蔓延，湧現出一大批競爭者，也去周遊列國以圖兜售才學。其中有些人士煊赫

---

1 Takigawa Kametaro, *Shih Chi Hui Chu K'ao Chêng* 67.29, 121.3-4. 譯注：《史記·仲尼弟子列傳》："孔子既沒，子夏居西河教授，為魏文侯師。"《史記·儒林列傳》："如田子方、段干木、吳起、禽滑釐之屬，皆受業於子夏之倫，為王者師。是時獨魏文侯好學。"

2 *Mencius* 4(2)31. 譯注：《孟子·離婁下》："子思居於衛，有齊寇。或曰：'寇至，盍去諸？' 子思曰：'如伋去，君誰與守？'"

彪炳。

例如，梁惠王邀請一批學者來到國都，其中就包括孟子。為了讓這些人裝點門面，梁惠王卑禮厚幣相待。[1] 齊宣王則因贊助學者而聞名。漢代的《鹽鐵論》記載，齊宣王供養在齊都稷下的一千多名學者，像孟子等這些人 "受上大夫之祿，不任職而論國事"。[2] 另據《史記》記載，齊宣王為這些最主要的學者建造宏偉的學宮，以向天下宣顯齊國吸引著最負盛名的學者前來遊學。[3]

競逐之心無疑是學者得到尊榮的原因之一，但還有另一個更為顯著的現實原因。周天子已經長期作為傀儡，中國分裂為一些自治國家，群雄逐鹿。有時，各國就維持現狀達成協議，但也只能維持一段時間的和平。中國大一統的觀念根深蒂固，有如神聖羅馬帝國的陰魂長期在歐洲揮之不去。然而，不像歐洲觀念，中國大一統觀念長生不死，每一強國都渴望統一中原君臨天下。為此目的，列國君主希圖延攬人才。應注意到這類 "客" 很多屬武士，但還有不少是文士學者。不管這些學者存在何等歧異，有一點是共同的：即都標榜只有自身主張的學說才是統一天下（the world）的法寶。（中國人講天下，往往是指中國的天下，正如我們講世界通

1　Chavannes, *Les Memoires historiques de Se-ma Ts'ien* V.157-158. 譯注：《史記‧魏世家》："惠王數被於軍旅，卑禮厚幣以招賢者。鄒衍、淳于髡、孟軻皆至梁。"

2　Huan K'uan, *Yen T'ieh Lun* 2.13b.

3　Takigawa Kametaro, *Shih Chi Hui Chu K'ao Chêng* 74.12.

常是指西方世界。兩者都是指“相關的世界”。）有趣的是，《史記》載，梁惠王是在戰爭屢遭打擊之後才邀請賢者至於梁都的。[1] 他是希望這些賢者能為扭轉局勢出謀劃策，而非聊以安慰而已。

公元前四世紀，有諸多不同的學說盛行於世。孟子抱怨“處士橫議”以及“楊朱、墨翟之言盈天下”的狀況。關於楊朱的思想，孟子批判這種“為我”的學說將會導致無視君主權威，而墨子要求同等愛每一個人，則將導致無視對自己父親專屬的愛。[2] 孟子還說：“楊子取為我，拔一毛而利天下，不為也。墨子兼愛，摩頂放踵利天下，為之。”[3]

顯然，在孟子時代，楊、墨和儒家學派是最為盛行的。孟子說：“逃墨必歸於楊，逃楊必歸於儒。”[4] 我們已經檢視墨子之學。下一章我們也將會深究那些歸於楊朱的學說，從而發現有理由認同某些學者將楊朱視為道家哲學先驅的觀點。

孟子還提到另一名其實歸於隱士的人物。他是某位富家貴族之弟，卻認為其兄之祿為不義之祿而不食。相反，這位隱士居住於山林，讓妻子績麻練麻，自己再編成草鞋為生計。因此，有一次他差點因為苛守這種處世原則而餓死。[5]

1　Chavannes, *Les Memoires historiques de Se-ma Ts'ien* V.157-158.

2　*Mencius* 3(2)9.9.

3　Ibid., 7(1)26.

4　Ibid., 7(2)26.1.

5　Ibid., 3(2)10.

還有另外一幫人，被稱為"農家"。《孟子》記載，有一次孟子在滕國，農家學派之士許行從南方來到滕國，要求君主給予耕作之地。許行隨從有幾十名弟子，皆身著粗糙衣服，捆屨織席以為食。有兩位儒者還棄學加入其隊伍。這讓孟子頗為不滿，也平添其對農家之學的敵視。

農家秉持的是"賢者與民並耕而食，饔飧而治"的理念。能夠如此公然地抱持並宣揚這樣一種學說，反映了在舊觀念中近乎神聖狀態的統治貴族所遭受抨擊的程度。然而，孟子乃是基於另一種理由批判農家學說。他問，許行是否吃親自種的糧食，回答是。進而孟子又問，許行是否親自織衣冠、製釜甑鐵犁，則回答否，因為這些會妨礙許行耕作。故而孟子指出，同理，一位君主忙於統治國家，難以期待其耗費時間進行耕作。[1]

在此，我們不可能逐一描述公元前四世紀盛行於中國的各家各派學說。其學派如此紛繁，正如《莊子》稱之為"百家"。其中有些學派之後將會述及。我們現在所關注的主要是孟子，其聲名使同時代的其他中國人物相形見絀。

我們關於孟子的信息主要源於同名書籍《孟子》。該書無疑是世界歷史上最偉大的著作之一。瑞恰慈（I. A. Richards）研究《孟子》，就其"歷史影響與理論價值"，將之與柏拉圖（Plato）相提並論。[2]

---

1 Ibid., 3(1)4.1-6.

2 Richards, *Mencius on the Mind*, p. 28.

《孟子》一書篇幅較長，中文字數超過三萬五千字。按照英文詞彙的標準，這一數量要翻好幾倍。雖然據說該書為孟子本人親撰，但應是孟子弟子彙編而成。不像大多數的中國早期書籍，《孟子》在文本可靠性方面問題極少。胡適曾說：" 《孟子》或是全真，或是全假。依我看來，大約是真的。" [1] 就我個人觀點，我懷疑有少許文本可能是後來竄入 [2]，但總體上，對於該書，我們可以舒坦地擺脫諸多早期中國著作困擾我們的真偽難題。

孟子其人具有一種頗為有趣且極其複雜的性格。孟子的優缺點棱角分明，而他自己皆不以為意。難以給予公允之評，甚至很難理解他的這種性格。但我們還是得嘗試，畢竟其個性於學說中盡態極妍，我們無法不知人論世。

我們關於孟子生平的信息非常稀少，甚至不知道其生卒年。人們一般認為生於公元前 372 年，死於公元前 289 年。孟子生於一個毗鄰孔子祖國的小國，位於中原東北部。據說其祖先屬魯國孟孫氏，即孔子時代執掌魯國的 "三桓" 之一，但這一點似乎沒有確鑿證據。

孟子學於孔門後學，自悲未得為孔子之徒。[3] 據說孟子學於子思門人。[4] 他始終忠於孔子之道，極言孔子之事。孟子本

---

1 Hu Shih, *Chung Kuo Chê Hsüeh Shih Ta Kang*, Chûan Shang 13.

2 See Creel, *Confucius, the Man and the Myth*, p. 194.

3 *Mencius* 4(2)22.2.

4 Takigawa Kametaro, *Shih Chi Hui Chu K'ao Chêng* 74.3.

人也有為數眾多的弟子，但即便《孟子》內容比《論語》多出許多，也難以從中尋見孟子教學方法的清晰影像。或許，孟子未能比擬孔子，在教學藝術上給予同樣細緻的思考與關懷。

顯然，孟子如孔子般廣納下層民眾作為弟子。有一次，他與弟子們作為賓客住在君主招待的館舍中，有個館人告訴孟子，他的一隻鞋不見了，暗示是孟子弟子所偷。當孟子回答認為這不可能時，館人提醒孟子："夫子之設科也，往者不追，來者不拒，苟以是心至，斯受之而已矣。"[1]

實際上，孟子確實曾經拒絕前來求學者，但其中至少有這麼些情況，是有個別貴族試圖憑恃自身地位提出非分要求。我們也對孟子弟子知之甚少。據記載，其中有位學生曾經一度有機會為政於魯國。[2]

孟子的主要目標乃是謀求邦國高位，執掌政事以踐行其學。在這一點上，他與孔子類似。亦如孔子，孟子從未獲得如此高位重權。不過，比孔子稍微成功一些，他在齊國曾擔任一個職位，在名分上相對高於孔子曾在魯國所任之職。而且，相比孔子，孟子贏得數國君主的更多尊崇。當然，這在很大程度上也是時風使然。

孟子是否曾擔任一名正式的行政官員值得懷疑。顯然他是一位 "客卿"，即一種政事顧問，既不履行常規官員的職

---

1 *Mencius* 7(2)30.

2 Ibid., 6(2)13.

責，亦不具有其權勢。在齊國，孟子還曾拒絕受祿。[1]正如當年的孔子，可以看到孟子有時也怨責未能擔任正式官職。雖然孟子肯定渴望成為一名正式官員，但他不願意將就而為之，除非能夠以一己方式執掌政治事務，而這可不是君主所願意給予的。

為了尋找信奉其道的君主，孟子率其弟子周遊列國，根據情況或長或短地居留一段時間。

有一次孟子被問道："後車數十乘，從者數百人，以傳食於諸侯，不以泰乎？"孟子為自己辯言，因為自己是守先王之道，以待後之學者，傳食諸侯自然有其價值。[2]

孟子曾得到小國之君饋贈的支持，有時還相當豐厚。然而，不能說是孟子不分好壞一味貪圖，有時他也拒絕饋贈，並限制自己只取所需。

孟子相信自己是當世儒家道統的繼承者，這一點很是確切。無疑，孟子抱持一種信念，深信自己的理念與行動是完全吻合於孔子的，可正是在這一點上發生錯位。作為又一介大儒，孟子本來就不是孔子，且時代已經發生改變。

一個明顯的不同在於，在《論語》中孔子屢屢坦言自己的錯誤，孟子似乎從來沒有公開承認自己犯錯。這一點尤為明顯。這與諸家哲學各有立說根據，各具特徵有關，也與他們所生活的環境緊密聯繫。

---

1 Ibid., 2(2)14.

2 Ibid., 3(2)4.

孔子似乎是其所生活時代唯一一位舉足輕重的哲學家。而在百家爭鳴的氛圍中，孟子只屬其中一家而已，當時這些學派都在為延攬更多弟子、贏得君主青睞而競爭，以圖發家致富，權勢煊赫，身居高位。孔子與其弟子的討論都處於一種相對較為平和的氛圍，至少在很多情況下均致力於達致與檢驗真理實情。而反觀孟子，其討論問題多與鴟張門戶、弘揚己說有關，這就完全是另一番景象了。

我們已經注意到瑞恰慈挖掘孟子精義的部分。然而，他也並非無視於孟子的局限。對於孟學論述之特徵，瑞恰慈描述如下："（a）以遊說目標為導向；（b）不具有引述分歧要點的目的；（c）運用對手論說的方式在於為反駁而反駁，而非檢視其中可以發現的缺陷。"[1]

換言之，孟子往往更致力於贏得爭論，而非探尋真理。這不是說孟子全然無意於真理，而是他確信自己已經掌握真理，只要讓對手甘拜下風即可。

孟子並非唯一以如此方式論辯的人物。現今我們可以看到很多人更是如此而不願承認，這種逞才使氣的爭論甚至也可以在一些西方偉大思想家的著作中尋見。當然，這絕不是一種好的作派。孟子絕不認錯的態度讓其陷入諸多缺陷，也不免自相矛盾。有一次，一位弟子揭露孟子沒有遵循之前規定的原則行事，孟子就以"彼一時，此一時也"這麼一種說

75

1　Richards, *Mencius on the Mind*, p. 55.

法搪塞了之。[1]

　　還有一次，孟子顯然在一個重大問題上做出危險決斷，從而犯下罪錯。當時，北方燕國深陷混亂，結果讓民眾飽受苦難、心懷不滿。就在這時，齊國的一位大臣問孟子，齊國是否應當進軍燕國。孟子如何回答，史料記載不一，不過都是沒有反對入侵燕國。這樣的干預從政治與人道立場上皆可以證成，可當齊軍控制燕國之後，這幫侵略者殘酷壓迫剛被解救的燕人，於是燕人又奮起反抗。這時，就有人質問孟子是否勸齊伐燕。他本來可以基於一種完全正當的立場為自己辯解，卻採取一種模稜兩可的言辭予以掩飾。孟子說，齊國大臣只是詢問他，燕國是否應被討伐。因為當時燕國自身亂作一團，所以孟子就回答可以。要是齊國大臣進一步追問，誰有資格去討伐呢，孟子解釋道，那時自己就會回答，只有天所指派的正派君主才能承擔這一討伐任務。然而，不幸的是，齊國政府沒問這個問題，就直接去討伐燕國了。孟子

---

1 *Mencius* 2(2)13.1-2. 譯注：《孟子・公孫丑下》："孟子去齊。充虞路問曰：'夫子若有不豫色然。前日虞聞諸夫子曰：君子不怨天，不尤人。' 曰：'彼一時，此一時也。五百年必有王者興，其間必有名世者。由周而來，七百有餘歲矣。以其數則過矣，以其時考之則可矣。夫天，未欲平治天下也；如欲平治天下，當今之世，舍我其誰也？吾何為不豫哉？'"

說，在這種情況下，怎麼能責怪是他勸齊伐燕呢？[1]

話說回來，我們也不難窺見孟子性格中更令人欽佩的一面。賢人與仁人應當享有更受君主禮遇的尊榮，沒有誰能比孟子更為濃墨重彩地申言這一主張。孟子說，這樣的人不在乎外在的成敗，只是秉持一種處世之道，只要自己能夠守住道義即可，若世界不能理解善待他，那錯的就不是自己，而是世界。[2] 其成功不在於行為之廣度，而在於仁義禮智根於心。[3] 孟子說："有天爵者，有人爵者。仁義忠信，樂善不倦，此天爵也；公卿大夫，此人爵也。"[4] 孟子通過觀察感

---

1 Ibid., 2(2)8. 譯注：《孟子·公孫丑下》："沈同以其私問曰：'燕可伐與？'
孟子曰：'可。子噲不得與人燕，子之不得受燕於子噲。有仕於此，而子悅之，不告於王而私與之吾子之祿爵，夫士也，亦無王命而私受之於子，則可乎？何以異於是？'
齊人伐燕。或問曰：'勸齊伐燕，有諸？'
曰：'未也。沈同問燕可伐與，吾應之曰可，彼然而伐之也。彼如曰：孰可以伐之？則將應之曰為天吏，則可以伐之。今有殺人者，或問之曰：人可殺與？則將應之曰可。彼如曰：孰可以殺之？則將應之曰為士師，則可以殺之。今以燕伐燕，何為勸之哉？'"

2 Ibid., 7(1)9. 譯注：《孟子·盡心上》："孟子謂宋句踐曰：'子好游乎？吾語子游。人知之，亦囂囂；人不知，亦囂囂。'曰：'何如斯可以囂囂矣？'
曰：'尊德樂義，則可以囂囂矣。故士窮不失義，達不離道。窮不失義，故士得己焉；達不離道，故民不失望焉。古之人得志，澤加於民；不得志，修身見於世。窮則獨善其身，達則兼善天下。'"

3 Ibid., 7(1)21. 譯注：《孟子·盡心上》："孟子曰：'廣土眾民，君子欲之，所樂不存焉。中天下而立，定四海之民，君子樂之，所性不存焉。君子所性，雖大行不加焉，雖窮居不損焉，分定故也。君子所性，仁義禮智根於心，其生色也，睟然，見於面，盎於背，施於四體，四體不言而喻。'"

4 Ibid., 6(1)16.1.

受到，君人們因其身份而居，顯出與眾不同，更何況居天下之仁者，又該懷有何等不凡的氣質啊。[1] 又云：「居天下之廣居，立天下之正位，行天下之大道。得志與民由之，不得志獨行其道。富貴不能淫，貧賤不能移，威武不能屈。此之謂大丈夫。」[2]

這種對仁人的禮讚不純粹是一個抽象道義問題，而是確切地關乎發生於仁者與貴族間的權力轉移訴求。孔子已經告誡君主，應當將統治管理權交給德才兼備、富有教養的人。如前所述，孔子之後形成了一種關於上古帝王傳位的禪讓傳統，君主選擇繼任者是基於德行而非血緣。這其實是在論證世襲君主只不過是竊位者，佔據權位而無道德正當性。在《孟子》中，可以體會到仁者遠優於世襲貴族的這番鮮明論旨。

這奠定了師者這一特殊身份的優越性基礎。在中國，師者是一個備受尊重的身份，我們發現，孟子說君主之師在君主面前有如父親或兄長，從而處於居高臨下的位置。[3] 基於這一主張以及對自身價值的確信，有些儒者認為既然自己屈尊輔佐，就要求君主務必周到備至地厚待自己。孟子說，孔子之孫子思身邊必須配備人員，用來確保持續得到魯繆公的

---

1 Ibid., 7(1)36.

2 Ibid., 3(2)2.3.

3 Ibid., 4(2)31.3. 譯注：《孟子·離婁下》：「曾子，師也，父兄也；子思，臣也，微也。」

尊敬誠意，否則，子思就會離開朝堂。[1]孟子還告訴我們，當繆公以之為友，子思頗為不悅，並對繆公直言，這是說不通的。[2]其實，孟子也說，甚至連古之賢王也不得經常拜訪賢士，除非能夠做到致敬盡禮。[3]

君主給予賢士饋贈的問題則是一個難題。這些饋贈對士人的生存不可或缺，可又將之置於一個尷尬的卑微地位。孟子摒棄了接受國君饋贈所應表現的一種僕僕爾亟拜的姿態，從而讓賢人不至陷於不斷感恩君主的窘迫。[4]當齊國之相儲子從國都送來禮物時，孟子因不合禮儀而頓生反感，之後由平陸之齊，便不見儲子。[5]

孟子認為，像自己這樣的賢士，應君主之召而往見之就尊嚴掃地了。這一點可以講一個婦孺皆知的孟子居齊故事來展現。孟子正要去朝見之時，齊宣王派遣使臣前來。這位齊王其實是等著見孟子，卻油腔滑調地表示本該親自來見孟子，可惜因為寒疾來不了，故而請問孟子能否前去朝見。這時，孟子打消了去朝見的念頭，說，非常不幸，自己也生病

78

---

1 Ibid., 2(2)11.3. 譯注：《孟子‧公孫丑下》："昔者魯繆公無人乎子思之側，則不能安子思。"

2 Ibid., 5(2)7.4. 譯注：《孟子‧萬章下》："繆公亟見於子思，曰：'古千乘之國以友士，何如？'子思不悅，曰：'古之人有言：曰事之云乎，豈曰友之云乎？'"

3 Ibid., 7(1)8. 譯注：《孟子‧盡心上》："孟子曰：'古之賢王好善而忘勢，古之賢士何獨不然？樂其道而忘人之勢。故王公不致敬盡禮，則不得亟見之。見且由不得亟，而況得而臣之乎？'"

4 Ibid., 5(2)6.

5 Ibid., 6(2)5.

了。第二天，孟子外出到別處，回來路上卻收到一位弟子的口信，說齊王剛派遣醫者來為孟子看病，而這位謙恭的弟子回復說，老師正在去朝見的路上。因此，傳來的口信是要敦促孟子不回來，趕緊去朝見齊王。可孟子不，他乾脆到別處過夜去了。[1]

根據這些逸聞，我們有理由期待，孟子比孔子更不妥協地抗爭政治世襲原則。我們確實發現，孟子始終強調傳說的堯帝沒有傳位於兒子，而是傳給國家最有能力與道德之人，那正是一位叫舜的農民。[2] 而且，孟子還告誡齊王，政府應當由那些懂得執政藝術的人來運行，大概指的是儒家學者。孟子還說，君王干預專業官員的執政，就彷彿一個人想要教玉人如何雕琢玉。[3]

可是，在其他場合，我們又發現，孟子強調迎合擁有世襲權力之世家大族的重要性。[4] 他告訴同一位齊王，君主在政府中不應只是一味提拔德才之士，除非沒得選擇。因為提拔這樣的賢才，將會導致卑踰尊，疏踰戚。[5]

這些觀點令人詫異，或許可以從兩方面解釋。作為一個

1　Ibid., 2(2)2.

2　Ibid., 5(1)5. 譯注：《孟子·萬章上》："昔者堯薦舜於天而天受之，暴之於民而民受之。"

3　Ibid., 1(2)9.

4　Ibid., 4(1)6. 譯注：《孟子·離婁上》："孟子曰：'為政不難，不得罪於巨室。巨室之所慕，一國慕之；一國之所慕，天下慕之；故沛然德教溢乎四海。'"

5　Ibid., 1(2)7. 譯注：《孟子·梁惠王下》："國君進賢，如不得已，將使卑踰尊，疏踰戚，可不慎與？"

現實問題，如果勢力龐大，觸怒君主貴族的後果不堪設想。但我們還是可以質問，為什麼不是去削弱反而是增強這種貴族力量。孟子對此的想法，可能深受身世影響，據說他本人出身於貴族 [1]，而且習於在貴族圈子中活動。我們看到，孟子頗為感慨於察見君主之居與眾不同 [2]，從而宣稱"說大人則藐之，勿視其魏魏然"。對於堂高數仞、榱題數尺、食前方丈、侍妾數百、般樂飲酒、驅騁田獵、後車千乘，孟子斷言："我得志弗為也。……在我者，皆古之制也。吾何畏彼哉？"這番話令人蕩氣迴腸不假，可又不免疑惑，孟子是否真的這麼不近人情，還是只是無意識地透露出對君主的一絲嫉妒？[3]

孟子傾心於封建等級制度 [4]，而且，我們也偶有看到後儒為封建體制辯護。毋庸置疑，這些理念又回流於孔子本人，形成將孔子歸為封建體制強烈擁護者的觀念，儘管很難找到有效證據。不過，這些姿態並沒有牽引著孟子卑躬屈膝地討好時君，抑或沖淡孟子指陳君主深重罪行、宣稱君主應遭懲罰的氣概。孟子質問梁惠王："殺人以梃與刃，有以異乎？"梁惠王回答："無以異也。"又問："以刃與政，有以異乎？"梁惠王又答："無以異也。"於是，孟子對梁惠王

---

1   *Shih San Ching Chu Su, Mêng Tzŭ Chu Su T'i Tz'ŭ Chieh* 2b.

2   *Mencius* 7(1)36.

3   Ibid.,7(2)34.

4   Ibid., 5(2)2.

說，既然這種統治方式導致一些民眾餓死，那麼君主就無異於殺人者。[1]

孟子告訴齊宣王，犯錯的君主應被大臣放伐。不過，孟子在此做了一番區別。如果是異姓之卿，君有過則諫，反覆之而不聽，則去。但對於同姓之卿，君有大過則諫，反覆之而不聽，則易位。孟子說完這句，據載齊宣王"勃然變乎色"。[2]

在另一番與孟子的交談中，這位齊宣王或許更是面如土灰。齊宣王說，聽聞商代末代君主紂王是被臣下所弒，後者建立了周朝，然後問孟子，這是真的嗎？孟子回答："於傳有之。"齊宣王可能覺得孟子處於窘境，又問："臣弒其君，可乎？"這位哲學家回答："賊仁者謂之賊，賊義者謂之殘，殘賊之人，謂之一夫。聞誅一夫紂矣，未聞弒君也。"[3]

或許，相比任何其他早期中國哲學家，孟子更堪稱一名立法者（legislator），或至少是一位試圖立法的人士，就柏拉圖使用這一術語的意義而言。我們可以看到，孟子高屋建瓴，考慮一個國家應當如何、能夠如何，從而倡議一套使之實現的明確方略。

孟子政治圖景的基本預設就是仁義造就事功。梁惠王對孟子說，雖然魏國之前國富兵強，卻在自己統治期間不斷遭

1　Ibid., 1(1)4.

2　Ibid., 5(2)9.

3　Ibid., 1(2)8.

受鄰國的軍事打擊與領土侵奪。其中一場戰役，連太子都喪命其間。如今梁惠王渴望扭轉局面，詢問孟子有何建議。孟子對梁惠王說，即便開局是一個小國，也足以統治天下。其言曰：

> 王如施仁政於民，省刑罰，薄稅斂，深耕易耨。壯者以暇日，修其孝悌忠信，入以事其父兄，出以事其長上，可使制梃以撻秦、楚之堅甲利兵矣。[1]

如此極端，孟子的理論真可謂天方夜譚。當然，孟子意欲表達的論點在其他地方更為明確，即軍隊的士氣比盔甲更為重要，這實屬不易之論。孟子強烈反對戰爭本身。他揭露道，那些善於陳戰者實為罪大惡極之人。[2] 只是孟子也為他所讚賞的正義戰爭留下一個口子。（有人會懷疑說，哪有君主承認自己發動的是一場不正義的戰爭。）

孟子指出，一位完全失去民心的君主，無法依靠民眾為自己而戰。相反，一位善待民眾的君主，就能獲得民眾的忠實支持而戰必勝之。[3] 在此，儒家便觸及一種非常有效的論點，即民眾作為兵源的重要性與日俱增，而他們有時不過是拒絕效命罷了。

82

1　Ibid., 1(1)5.

2　Ibid.,7(2)4.

3　Ibid., 2(2)1. 譯注：《孟子・公孫丑下》："得道者多助，失道者寡助。寡助之至，親戚畔之；多助之至，天下順之。以天下之所順，攻親戚之所畔，故君子有不戰，戰必勝矣。"

鮮有哲學家比孟子更加強調經濟問題。孟子堅稱，君主對民眾有仁心是不夠的，必須採取實際經濟措施去保障民眾的福利。於是，孟子告訴一位君主，如果有志於實行仁政，就必須始於經界，重新分配土地、厘定邊界。孟子心中最為珍視的方案就是方形九分之井田制度。周圍的八塊田地分給每一家人耕作，同時每一家人都共同耕作中間的一塊土地。中間這塊土地的產出歸公，充當各家繳納的稅收。同時，這八個家庭也組成一個關係親密的互助共同體。孟子說，這一體制為有德之先王所踐行。[1] 這一制度是真實的存在，還是孟子的設想而歸之於歷史，以圖添附傳統權威，學者們莫衷一是。

孟子的某些經濟措施聽起來頗為現代。他提倡多樣化農業方式，每一農家種植桑樹養蠶，養殖"五母雞，二母彘"。[2] 更可貴的是，孟子還提倡保護漁業與森林資源。[3] 如果在這一點上中國人能遵從孟子的教導，中國在現代世界的經濟地位就會相當可觀。

83

在孟子看來，經濟緊密聯繫於倫理。不可能期待飢民能成為君子。[4] 只是，孟子不會純以經濟方略指點江山。他認為應當給予民眾充足的經濟資源，但也提倡教化民眾，提升民

---

1 Ibid., 3(1)3.

2 Ibid., 7(1)22.2.

3 Ibid., 1(1)3.3.

4 Ibid., 1(1)7.20.

眾道德，使之超越於僅滿足當下需求的水平。於是我們看到，在孟子提倡多樣化農業的同一篇中，還倡議建設公共學校體系。[1] 就我目力所見，這是中國歷史上最早提及公共學校體系的說法。而在這一問題上，孟子又說，這種設計乃是先王之道，但這根本無法證明。看起來不過是孟子為了增強論證而製造範例。孟子將所有這些範例合為一種"王道"。其中，他祭出過往一些聖王的實踐，認為應當經久不衰地奉為現今的治理模式。孟子說，踐行這番王道的君主將會輕而易舉統一天下。

與此相關，孟子精妙地推進了孔子對民眾重要性的申說。他牢牢把握這一點，聲稱未能給民眾帶來福利的君主應當去之。[2] 孟子最理想的君主就是古代聖王堯舜禹。根據傳說，他們有些差別。堯與舜都找到賢德之人接班，禪讓其位，而禹傳位於兒子，據稱由此開啟了第一個世襲王朝。孟子有位弟子問，堯禪位於舜是真的嗎？孟子回答否，沒有哪位君主有權贈送王位。孟子說，其實是天認可舜，民眾擁戴舜，使之成為堯的繼任者。實際上，孟子化約為民心所歸，畢竟孟子宣稱的是"天聽自我民聽"。[3]

84

孟子說，之後到禹去世之時，曾寄望某位臣屬繼任，但民眾並不認同，而是忠於禹的兒子。在此，孟子將王位世襲

---

1 Ibid., 1(1)7.24, 3(1)3.10.

2 Ibid., 2(2)4.

3 Ibid., 5(1)5.

也說成是民眾的賦予。孟子還解釋說，如果一個人不是通過世襲繼任為王，就必須具備相當於舜和禹的德行，且得由天子推薦。正是由於後一要求，孟子解釋了為什麼孔子未能成為中國的王。從中可見，僅過百年，孔子名譽之風生水起亦可見一斑。[1]

顯而易見，相比孔子思想，傳統在孟子思想中扮演著更為重要的角色。部分是因為，儒家學派於此時發展出大量切合自身訴求的傳統。而同樣重要的是，這是旨在尋求一種解決問題的簡易方式。孔子之道包括堅持不懈的深思熟慮，並要求抱有反思問題甚至基本前提的意願，這種門徑是如此地縝密，以至於沒有太多的人能夠矢志不渝。我們看到，墨子很早就旗幟鮮明地推翻儒家傳統，而去尋求諸如天志、鬼神這些絕對標準的撐持，通過自然現象與神奇事件予以言說。孟子依循儒家傳統並使之壯大，但他也尋求獲得真理更為簡單的標準。孔子曾描述一種判斷性格相當複雜的準則。其言曰："視其所以，觀其所由，察其所安。人焉廋哉？人焉廋哉？"[2] 對此，孟子有一番表述顯然有所演繹，因為其中有的語句如出一轍。孟子曰："存乎人者，莫良於眸子。眸子不

---

1 Ibid., 5(1)6. 譯注：《孟子·萬章上》："否，不然也。天與賢，則與賢；天與子，則與子。昔者舜薦禹於天，十有七年，舜崩。三年之喪畢，禹避舜之子於陽城。天下之民從之，若堯崩之後，不從堯之子而從舜也。禹薦益於天，七年，禹崩。三年之喪畢，益避禹之子於箕山之陰。朝覲訟獄者不之益而之啟……匹夫而有天下者，德必若舜禹，而又有天子薦之者，故仲尼不有天下。"

2 *Analects*, 2.10.

能掩其惡。胸中正，則眸子瞭焉；胸中不正，則眸子眊焉。聽其言也，觀其眸子，人焉廋哉？"[1]

　　與這種化約取向相應，孟子也如此描述統治應當遵循的規則。道德是不夠的，君主應當提升自己，進於先王之道。[2]如果君主與大臣並無缺陷，只須遵循堯舜之道即可。[3]在徵稅方面，比堯舜徵得多或少都是錯誤的。[4]於是，我們打開的是一包可以貼上"古之道"標籤的哲學，然後一塊一塊地去接受或拒絕。這樣一種哲學趨於阻滯批判與個體能動，易於僵化，極難適應於新的形勢。有悖於孔子思想，正統儒學恰恰存在這些缺陷。然而，對那些擁護於此的人們而言，這種哲學具有一個很大優勢，就是其諸多方面不須逐一證成。如果一個人能夠確信應當遵循古之道，而這些古之道又齊備於一套特定學問中，這番弘揚古風的任務便大功告成。

　　撰寫著述，敘述古道，可謂時勢所趨。同樣不可避免的是，這些著作還會歸於早前時代的產物，由此可以獲得一個好處，即關聯於所述事件同時的文獻，從而鑄上一份獨特權威。在更早的時代，中國已存在偽造文獻，但偽作的黃金時代似乎始於孔子歿後不久。在孔子身後數百年，產生一大批這樣的偽造材料，其中很多也竄入儒家經典之中。絕大部分

1　*Mencius* 4(1)15.

2　Ibid., 4(1)1.

3　Ibid., 4(1)2.2.

4　Ibid., 6(2)10. 譯注：《孟子・告子下》："欲輕之於堯舜之道者，大貉小貉也；欲重之於堯舜之道者，大桀小桀也。"

偽書的產生是由佔支配地位的儒家主持，以此來強化正統儒學觀念。孟子自己也曾引用可能不存在於孔子時代的文獻，儘管據稱是古代的。[1]當然，這不表明孟子本人就是一個偽造者。相反，他反對那些偽造之舉，曰："盡信書，則不如無書。"[2]

我們看到，墨子對一種行為方式的主要論證立足於功利或利益標準。孟子則反對這一標準。《孟子》一書開宗明義：

> 孟子見梁惠王。王曰："叟不遠千里而來，亦將有以利吾國乎？"
>
> 孟子對曰："王何必曰利？亦有仁義而已矣。王曰'何以利吾國'？大夫曰'何以利吾家'？士庶人曰'何以利吾身'？上下交征利而國危矣。萬乘之國弒其君者，必千乘之家；千乘之國弒其君者，必百乘之家。萬取千焉，千取百焉，不為不多矣。苟為後義而先利，不奪不饜。未有仁而遺其親者也，未有義而後其君者也。王亦曰仁義而已矣，何必曰利？"[3]

有鑒於此，人們通常認為孟子與墨子針鋒相對，秉持一

1　Ibid., 5(1)4.1. 譯注：《孟子・萬章上》："咸丘蒙問曰：'語云：盛德之士，君不得而臣，父不得而子。舜南面而立，堯帥諸侯北面而朝之，瞽瞍亦北面而朝之，舜見瞽瞍，其容有蹙。孔子曰：於斯時也，天下殆哉岌岌乎！不識此語誠然乎哉？'"

2　Ibid., 7(2)3.1.

3　Ibid., 1(1)1.

種非功利的倫理。然而，即便是上面引用的這段言說，也清晰反映出孟子其實是一位功利主義者。孟子並沒有說，一個人應當善良或正直是因為這是一種絕對律令（categorical imperative），也沒有說這是因為神性榮光。相反，孟子指出，長遠來看，一種只具有單一物質利益目的的行為無法獲益，因為這將導致混亂與內戰。孟子在此說教的真是一種精明的自利學說，這當然是非常功利的。

不管如何，孟子確實罕言功利，也確實談論堯舜之道自有其權威。但不要忘了，舜最終君臨天下的頭銜是其統治的民眾所賦予的。而且，民眾忠於舜（或其忠誠度）顯然也是因為相信舜的統治能促成福祉。這種徹底的功利（utilitarian）考量，我們發現它將通常構成儒家一切倫理的基礎。

這又引發一個微妙的哲學難題。孟子顯然認為，古之聖王的學說構成人類思想與活動的完美模式。那麼，聖王是如何獲致這些學說的？莫非是通過超自然神啟而獲得？顯然不是。又是否聖王本身超乎常人、天賦異稟呢？孟子也專門否認這一點，曰：“何以異於人哉？堯舜與人同耳。”[1]

孟子相信，所有人生來都具有同一本性，這種人性乃是善的。這一學說甫一提出，便在儒學內部引起激烈爭議。孟子的一位弟子告子指出，當時人們有的說性無善無不善，有

1　Ibid., 4(2)12.

的說性可以為善，可以為不善，還有的說有性善，有性不善，結論道："今曰'性善'，然則彼皆非與？"孟子對曰：

> 乃若其情，則可以為善矣，乃所謂善也。若夫為不善，非才之罪也。惻隱之心，人皆有之；羞惡之心，人皆有之；恭敬之心，人皆有之；是非之心，人皆有之。惻隱之心，仁也；羞惡之心，義也；恭敬之心，禮也；是非之心，智也。仁義禮智，非由外鑠我也，我固有之也，弗思耳矣。故曰："求則得之，舍則失之。" 或相倍蓰而無算者，不能盡其才者也。[1]

顯然，當孟子談論一種天生的是非之心時，其立足點就頗成問題。不過，在訴諸惻隱之心方面，他的立場就牢靠得多，還以一番絕妙的論證增色不少。孟子說："今人乍見孺子將入於井，皆有怵惕惻隱之心。非所以內交於孺子之父母也，非所以要譽於鄉黨朋友也，非惡其聲而然也。"孟子堅稱，這純粹是惻隱之心使然，而惻隱之心屬每一個正常人的稟賦。[2]

這番關於人性善的爭論或許永無止境，卻也往往步入歧途。關注焦點通常是"人性"一詞，其實可以更豐富地去審思"善"字。有如孔子，在孟子看來，善就是最為完滿地合乎於人性。草對牛來說是善的食物，對人而言就不是，因為

1　Ibid., 6(1)6.

2　Ibid., 2(1)6.

不符合人的本性。每天有 24 小時，一種只允許睡 2 小時的生活方式是不善的，道理亦同。在這一基點上可以不斷推衍，最終形成一整套人倫道德系統。於是，在關於人性的討論中，孟子指出，人類的口、耳、目外觀相似，且有類似喜好與厭惡，由此推導出人類之心也有同樣的理義。[1]

因此，孟子所謂人性為善，某種意義上無非同義反覆，因為上述分析表明，孟子以 "善" 名，似乎指的是合乎人性的含義。因而，對孟子來說，倫理與心理的關係可謂形影相依。

孟子的心理學，則似乎不像其他研究得到應有關注。瑞恰慈評論道："弗洛伊德（Freud）的教育療法（educative prescriptions），可能孟子已開其端。"[2] 我自己也曾聽一名從業精神病專家說，在閱讀過孟子關於心理學的段落後，覺得孟子之言可謂現代精神病學理論的先聲。一個人是否真的能懂孟子的心理學理論，其實也是難以確定。這位專家自己也感到很難解釋孟子的專用術語，而一旦翻譯為我們的心理學用語，又總是不完全清楚精確，結果就遠遠偏離孟子的原意。

作為心理學家的孟子具有一項有利條件，在其時代背景下人們的腦海中，靈魂與肉體二分的理念不曾遊移不定。而這可是一個我們（甚至包括很多科學家）都在深思的問題。

1　Ibid., 6(1)7.

2　Richards, *Mencius on the Mind*, p. 75.

［早川一會（S. I. Hayakawa）引用一個顯著的例子，是一位精神醫學醫生新近著作中靈肉二元論的陰魂不散。早川一會說，這位作者"明確表達'你的肉體就是你的靈魂，反之亦然'，不顧自己一再斷言這番感想，這位作者又往往在文本中回到肉體與靈魂的區分，例如'病人失去能力，無法讓精神維持對身體的控制'，這可真是一種嚴重影響其表述精確性的習慣"。參見早川一會：《亞里士多德語言結構是什麼？》，第 229 頁。］孟子確實持有一種我們稱之為"感性"（emotional nature）與"理性"（rational faculties）劃分的心理學二元論（這只是對孟子術語的粗略比附）。孟子從未考慮一為善一為不善，只是相信行為控制必須基於理性心志。當理性心志得以緊密構建而專一，就可以使感性之氣處於控制之下。而如果感性之氣強烈專一，也能奪去理性心志的支配地位。例如，假設我正獨自漫步，仰望星空，思考哲學，忽然腳絆到一塊石頭，不得不踉蹌維持平衡。在這一剎那，我的感性之氣一湧而上並佔據支配地位，哲學思想頓時消散，而且還會有些驚魂未定，直到重新恢復心志。而當心志恢復，或按孟子的說法叫志一，我才可以繼續思考。[1]

雖然感性之氣是受控制的，孟子卻非常明確地說，氣不是被抑制的。孟子認為，只要氣的運用得當，遠離邪惡，就是一種最好的道德動力。於是，孟子說，有必要善養人的浩

---

1 *Mencius* 2(1)2.10. 譯注：《孟子・公孫丑上》："志壹則動氣，氣壹則動志也。今夫蹶者趨者，是氣也而反動其心。"

然之氣，這樣的氣就可以至大至剛。[1]

孟子說人應當寡欲，這是一種常識。一個人如果欲望太多，不僅會煩擾心志，甚至還會欲而不得。[2]

然而，孟子並不將欲望視為壞事。在孟子與梁惠王著名的交談中，梁惠王聲稱自己感到沒有充足的能力去實現儒家理想，因為個人有著諸多令人不齒的嗜好，即好勇、好樂、好貨、好色。然而，孟子要讓梁惠王確信，這些都是完全正常的自然偏好，而且，只要君主遵循與生俱來的人類同情心，做到與民眾共同享受，這些欲望就不會導致邪惡，而會帶來良善。所以，好勇，就應豢養戰士用於保衛國家和民眾；好樂，就應與民同樂，使民眾有經濟能力去享受；還有，好色，也應讓民眾都能婚嫁。[3]

我們已經看到，墨子是力圖拋卻情感的。儒家則認為，這既無可能，也不討喜。因為儒家認為，只要情感得以恰當引導，就可以構成道德行為最確切的保障。他們無法設想，一個如墨子"兼愛"的純粹理智的原則，能夠在危急關頭讓人的行為依然無私。這也是為什麼孔子始終堅持"約之以禮"（discipline by means of *It*）[4] 補充於理智訓練的必要性。基於同樣道理，孟子聲稱，只有士人才能在面臨經濟困境時還

1　Ibid., 2(1)2.9-16.

2　Ibid., 7(2)35. 譯注：《孟子·盡心下》："孟子曰：'養心莫善於寡欲。其為人也寡欲，雖有不存焉者，寡矣；其為人也多欲，雖有存焉者，寡矣。'"

3　Ibid., 1(2)1-5.

4　*Analects* 6.25,12.15.

保持道德。[1]

孟子的"教育"主要指的是道德教化。這種教化大體著眼於守護人的內在本性。孟子說："人之所以異於禽獸者幾希，庶民去之，君子存之。"[2]又云："大人者，不失其赤子之心者也。"[3]無論如何，孟子意識到天生向善的趨勢，他所謂的善"端"，應當加以培育發展，從而使之達致圓融。這種發展並非在道德啟蒙或瞬間啟發之際一蹴而就的。相反，它是人在日常生活中行為整體的結果。所以，孟子說，一個人浩然之氣的培養只能通過不斷"集義所生"而實現。[4]墨子也說，一個人即便在最為獨處之時，也要保持行為道德，那是因為"鬼神之明必知之"。[5]

孟子則會說，一個人應當始終行為道德，是因為不管人做什麼，是好事還是壞事，都會反過來影響自己性格的培育。

既然所有人都為善，而且是天生的、同等的善，那為什麼有些人會變惡呢？孟子引用一個猶如耶穌曾引用的明喻，它旨在闡明，人們在不同地方種植相同穀物，在富饒、雨露充分的土地上就會豐收，在貧瘠、雨露缺乏的土地上就會

---

1 *Mencius* 1(1)7.20. 譯注：《孟子·梁惠王上》："無恆產而有恆心者，惟士為能。"

2 Ibid., 4(2)19.1.

3 Ibid., 4(2)12.

4 Ibid., 2(1)2.15.

5 Mei Yi-pao, *The Ethical and Political Works of Motse*, p. 165.

歉收。人類也是同理，會因為不同生長環境而千差萬別。[1] 因此，考察環境是否足夠良好非常重要。如果你希望孩子說齊語，最好是送去齊國，讓他聽到周圍的人說的都是齊語。同理，如果你渴望培養自身道德，最好就是與有德之人往來。[2] 一位希望民眾為善的明智君主，就要去營造一個道德能得以發展的環境。[3] 畢竟極端的貧困必然會泯滅人們的心志，正如它必然消瘦人們的肉體。[4]

　　說到這兒，孟子關於人性的哲學及其心理學，並沒有什麼本質上有悖孔子理念的內容。孟子開啟並發展了宗師孔子稍有倡議或未曾明言的諸多思想，這正是他的偉大貢獻。只是，孔子從未明確說人性為善。可能這個議題尚未引發，也可能孔子天生的謹慎與中庸的思想使然，如果以這種極端方式解釋人性，可能會引致不願看到的後果。

　　孟子可沒有這些顧慮，徑而將其理論推到（甚至可能超越於）性善的這種推導結論。所以孟子說：“萬物皆備於我矣。”[5] 質言之，人的天生本質不但是完滿的，而且是反映或包含萬事萬物本質的一種縮影。由此而推衍出的邏輯，正如

1　*Mencius* 6(1)7.

2　Ibid., 3(2)6.

3　Ibid., 1(1)7.20-21.

4　Ibid., 7(1)27. 譯注：《孟子·盡心上》：“孟子曰：'飢者甘食，渴者甘飲，是未得飲食之正也，飢渴害之也。豈惟口腹有飢渴之害，人心亦皆有害。人能無以飢渴之害為心害，則不及人不為憂矣。'”

5　Ibid., 7(1)4.1.

孟子所言，"知其性，則知天矣"。[1] 兩千年來，這些文句的訓詁在中國文獻中聚訟紛紜。孟子是說，人可以通過自我內省知曉其所關聯之世界的本質，還是只是說人可以由此掌握一切茲事體大的道義原則，我們對此不必妄下定論。

不管是哪一種情況，孟子在此（肯定不是有意識地）背離了孔子。孔子曾表明不能止於沉思冥想，而寄望弟子們能意識到對所處世界現象進行廣泛觀察與批判檢視的重要性。《孟子》一書中還有其他段落反映，孟子更為嚴重地偏離儒家的原教旨。從形式到內容的特徵來看，這些段落都可能不是孟子的真實表達，而是後來的文本竄入。[2] 其中每一處均與所謂 "道家" 思想的類型有關，且待下章分解。

---

1 Ibid., 7(1)1.1.

2 See Creel, *Confucius, the Man and the Myth*, p. 194.

第六章　道家的神秘懷疑主義

迄今為止，我們所感受到的思想，大體上都屬面對世界問題的同一類姿態。孔子、墨子以及孟子多有歧異，但均致身於改變世界使之更加美好，在這種積極入世的姿態方面，他們是如出一轍的。他們都相信，若有必要，人應當為了人類的緣故而犧牲自己。誠然，孔子確曾談過閒適之需，並認為享受生活本質上是善的，儘管他自己還是棲棲遑遑。可隨著儒學的發展，其思想愈發失去先師的中庸與權宜之道，從而變本加厲地要求個人，為了這個本非人為創造世界的利益，去獻身於一套一成不變的行為教條。

　　貴族當然就不懷有這份救世的執著，可在尋求政治、軍事、經濟實力的博弈中，他們企圖運用對個人的暴虐控制，令世人成為任其驅使的棋子。生存於王公貴族與哲學家的夾縫中，個人沒有契機去喚起自身的精神靈魂。

　　既然人類如此不幸，那就不免期待有人起而抗爭。確實如此，而這種抗爭，恰成為那種聞名於世而引人入勝之思想的基礎，即我們所謂道家的思想。有一位當代的中國哲學家曾說，道家"是對儒學志得意滿之集群性的一種自然而必要的補充"。[1]

或許，這種抗爭的萌芽甚至可以追溯到孔子之前的時代。在一個嚴絲合縫的封建社會中，個人實在難以獲得獨立性，但早期文獻中確有若干文段提到隱士。在《易經》這部經典的經部分中，可以看到"不事王侯，高尚其事"的說法。[2]

關於這種抗爭確鑿無誤的記載，可見於孔子歿後百年。我們記得，孟子曾提到一位人物，名叫楊朱，且說不是儒者或墨者，必是楊朱之徒。關於楊朱的理念，孟子僅敘述如下："楊氏取為我，拔一毛而利天下，不為也。"[3]有一本漢代著作談到，楊朱所倡之哲學"全性保真，不以物累形"。[4]

還有更充分的闡述，據說引自楊朱本人的言論，載於一本名為《列子》的道家著作中，成為專門一篇。遺憾的是，現今一般視《列子》為偽書，可能撰於楊朱時代數百年之後，而楊朱是生活於公元前四世紀的人物。然而，有一些學者則認為，儘管該書總體上屬偽書，楊朱的部分可能仍包含一些早前時代存留下來的真實材料。他們指出，這其中包含一些符合人們理解的楊朱言論。這是一個難點。那麼，《列子》中的這些文段，也許正是輯錄源自楊朱親撰的言談，是

1　Lin T'ung-chi, "The Taoist in Every Chinese", p. 215.

2　Legge, *The Yi King*, p. 96.

3　*Mencius* 7(1)26.1.

4　*Huai Nan Tzŭ* 13.7a.

道家思想得以生發的那種初始觀念。不管緣由為何，它們還是饒有趣味。《列子》云：

> 楊朱曰："百年，壽之大齊。得百年者千無一焉。設有一者，孩抱以逮昏老，幾居其半矣。夜眠之所弭，晝覺之所遺，又幾居其半矣。痛疾哀苦，亡失憂懼，又幾居其半矣。量十數年之中，逌然而自得亡介焉之慮者，亦亡一時之中爾。"

> "則人之生也奚為哉？奚樂哉？為美厚爾，為聲色爾。而美厚復不可常厭足，聲色不可常翫聞。乃復為刑賞之所禁勸，名法之所進退；遑遑爾競一時之虛譽，規死後之餘榮；偊偊爾順耳目之觀聽，惜身意之是非；徒失當年之至樂，不能自肆於一時。重囚纍桎，何以異哉？"

> "太古之人知生之暫來，知死之暫往；故從心而動，不違自然所好；當身之娛非所去也，故不為名所勸。從性而游，不逆萬物所好；死後之名非所取也，故不為刑所及。名譽先後，年命多少，非所量也。"

> 楊朱曰："萬物所異者生也，所同者死也。生則有賢愚、貴賤，是所異也；死則有臭腐、消滅，是所同也。雖然，賢愚、貴賤非所能也，臭腐、消滅亦非所能也。故生非所生，死非所死；賢非所賢，愚非所愚，貴非所貴，賤非所賤。"

"然而萬物齊生齊死，齊賢齊愚，齊貴齊賤。十年亦死，百年亦死。仁聖亦死，凶愚亦死。生則堯、舜，死則腐骨；生則桀、紂，死則腐骨。腐骨一矣，熟知其異？且趣當生，奚遑死後？"[1]

無獨有偶，我們大概能從每一本道家著作中尋見這番理念的印跡。其歸根結底都凝練為一個事實，即人類生於非人力創造而無法完全理解的世界中。人們為責任所束縛，為憂慮所侵擾，還通過自我要求，祈求本質上無從獲致的心智成就，從而讓自身愈加可悲。奧利弗·文德爾·霍姆斯（Oliver Wendell Holmes）法官在一封致朋友的信中，得出一些與楊朱理念不謀而合的洞識，結語曰："我懷疑，按照宇宙法則，一個理念是否真的有比屎溺重要。"（I wonder if cosmically an idea is any more important than the bowels.）[2]

總的來說，這種哲學的積極意義在於告誡人們不要煩惱，而是順從生活，切勿陷溺於雄心壯志，而是肆意享受生活，過一天，是一天。或許會因這種哲學不甚高尚而嗤之以鼻，但它至少是一以貫之的，而且，除非人們能有一定程度的消化，否則很可能不適而潰瘍（gastric ulcers）。

楊朱哲學可謂妙趣橫生，近於道家，卻缺乏道家思想的一個重要因素，而且是至關重要的因素。

1　*Lieh Tzǔ* 7.1b-2a.

2　Howe, *Holmes-Pollock Letters*, II.22.

在論述道家本身之前，我們必須先考慮如何理解關於早期道家的確定或可靠內容的問題。這並不容易。作為一個複雜的議題，學者們一直聚訟紛紜甚或針鋒相對。一般認為，最早的道家著作就是《老子》與《莊子》。這是關涉一切共識的前提。

傳統觀點假定，《老子》一書乃名為"老子"（Lao Tzŭ）者所撰，這一名稱或許也可譯為 Old Master。據說，老子是孔子時代稍為年長的人士，擔任周王室的守藏史。而且，據說孔子曾往見老子，這不啻一場顯然子虛烏有的會面。

就算老子確有其人，也極少辨偽學者至今還相信老子生活於孔子之時。相關的證據具有壓倒性優勢。在較晚的時代以前，老子之名未見於任何書籍。《老子》一書也一再涉及未見於孔子之時且遠未流行的理念。眾多學者力圖考定老子生活於稍晚時代，可就算曾有老子其人，看來仍能相當確定的是，既不是老子本人，也不是其他哪個人單獨撰就整本《老子》。因此，即便曾有一位人物名為老子，我們還是暫且擱置人物這一無法確考的難題，轉而考察其著作。

《老子》亦稱為《道德經》，可譯為 *The Canon of the Way and of Virtue*。這是一本約五千字的小書，也是一部舉世矚目、舉足輕重的著作。它還是一本相當難懂的書，呈現一種精練文風，且大多顯得玄奧晦澀。該書一直備受譯介，而如果比較不同譯本，有時幾乎難以相信，這些不同譯文實際上是基於同一文本。它又是一本令人抓狂的書，部分是因為其各章倡導不同甚或相反的學說。已有學者指出，該書不同部分存在同字不同韻的情形，也運用不同的語法。顯然，這是一部複合著作，各部分成於多人之手。就該書年代存在諸多觀點，上至撰於孔子時代的傳統觀點，下至公元前二世紀才合為一書的觀點。我個人認為，該書不可能早於公元前四世紀。

我們轉而考慮莊子其人，似乎就能立足於相當堅實的基礎。據說，莊子生於中原，位於今河南省內，且曾於當地擔任小吏。又據說莊子死於公元前 300 年後不久。關於莊子生平，我們知之甚少，唯有某些頗為可疑的逸聞。《莊子》一書告訴我們，南方大國楚國之君曾饋贈厚禮於莊子，意欲聘其為相，他卻毅然拒絕。[1]

然而，當我們從莊子其人轉向《莊子》一書，又會產生相當混淆。大部分學者似乎都認為該書並非完全成於莊子之手，卻又無法就哪些部分成於莊子之手、哪些部分成於他人之手達成共識。有些學者還察覺，即便單某一篇中也存在多人手筆的痕跡。正如《老子》的情形，關於這些問題，我們可以目睹聚訟紛紜的觀點。還有一些學者認為，直到公元前二世紀，該書文本仍非今日所見形態。

進而，說老子其人或莊子其人曾經說過什麼，也是意義不大的，因為看來已經沒有可能確定任何特定表述出自本

1　Legge, *The Writings of Kwang-zze*, 1.390.

人。比較可行的是說《老子》一書或《莊子》一書做出這些陳述。

正如我們從代表作《莊子》與《老子》所見，在早期道家中存在一種同樣的淡泊，這不是反感，而是如同我們從楊朱思想中感受到的，對世人流俗生活狀態的淡泊。從《莊子》中可以讀到："終身役役而不見其成功，苶然疲役而不知其所歸，可不哀邪！人謂之不死，奚益！其形化，其心與之然，可不謂大哀乎！"[1]

100　　然而，此類悲觀主義的文字其實較為罕見。因為道家發現了自然，且為之驚嘆癡迷。《莊子》曰：

> 天其運乎？地其處乎？日月其爭於所乎？孰主張是？孰維綱是？孰居無事推而行是？意者其有機緘而不得已邪？意者其運轉而不能自止邪？
>
> 雲者為雨乎？雨者為雲乎？孰隆施是？孰居無事淫樂而勸是？風起北方，一西一東，有上彷徨，孰嘘吸是？孰居無事而披拂是？敢問何故？[2]

以欣喜孩童的眼光看待自然，道家感到"萬象欣榮，唯人卑鄙"（every prospect pleases, and only man is vile. 譯注：出自 Reginald Heber 的聖歌 From Greeland's Icy Mountains，另有譯詞作 "風光秀麗堪誇美，惟人邪惡不堪"）。既窺透人世

1　Ibid., 1.180.

2　Ibid., 1.345.

的不堪，道家就要教人們棄世。於是，在道家著述的主要人物身上，我們看到許多隱士、漁夫、農夫、獨居者，皆回歸於自然。

《列子》一書歸於楊朱思想的部分中，有著不少關乎死亡的內容。追求長生不老與永世不朽在道家發展史上具有非凡的意義，尋求長生不老藥，後來也促進了蔚為大觀之道教的煉丹術的發展。然而，在早期道家學說中，這番永生的渴求是否具有如此舉足輕重的地位，則是頗成問題的。

不管如何，我們還是能察覺大異其趣的傾向。這類道家思想發現，人固然要走向死亡，而當人一死，這種意識，這種強烈的為 "我" 的意識也必將同時消逝。可是，這又有什麼大不了呢？意識也是一種痛苦，一種邪惡。而且，當只有 "我" 而已，世界就會有任何不同嗎？絲毫不會！

於是《莊子》曰："夫天下也者，萬物之所一也。得其所一而同焉，則四支百體將為塵垢，而死生終始將為晝夜而莫之能滑。" [1]

據《老子》所述，真正的長生內含在 "死而不亡" 於天地間的狀態中。[2]

進而，道家哲人並非僅將這種包括個體死亡的造化歸於天地而已。道家熱衷沉思於此，將自身消融於天地的運行

1　Ibid., 11.48.

2　*Lao Tzŭ*, chap. 33.

中。體悟這種無窮變化，可以說是一種"不可勝計之樂"。[1]
在該篇中，有一位人物說：

> 浸假而化予之左臂以為雞，予因以求時夜；浸假而
> 化予之右臂以為彈，予因以求鴞炙；浸假而化予之尻以
> 為輪，以神為馬，予因以乘之，豈更駕哉！
>
> 且夫得者，時也，失者，順也；安時而處順，哀樂
> 不能入也。此古之所謂"縣解"也。[2]

正如馬伯樂（Maspero）所精當詮釋，道家之學是一種
神秘主義哲學。[3]這是一種自然神秘主義。身居於我們的都市
中，道家或許聽起來純屬無稽之談。可要是回歸自然懷抱，
棲息樹叢，邂逅鳥兒，沐浴在那風景如畫的靜謐夏日，抑或
感受呼天嘯地的暴風驟雨，那麼，道家將比那些最難理解的
邏輯更加深沁人心。

基督教或穆罕默德神秘主義祈求與神祇的交流與合作，
道家則尋求融於自然，其稱之為"道"。

前文已述，在孔子以前，"道"的概念一般意為道路，
或一種行動方式。孔子則將之作為一種哲學概念運用，代表
一種正確的關於道德、社會、政治的行動方式。然而，就孔

1　Legge, *The Writings of Kwang-zze*, 1.243

2　Ibid., 1.248.

3　Maspero, *Le Taoïsme*, pp. 227-242.

子而言，"道"仍不含有形而上學的觀念。[1] 而對道家來說，"道"已經成為一個形而上學的概念。他們運用"道"的概念指代一切事物的總體，相當於某些西方哲學家所謂的"絕對"（the absolute）。"道"是萬事萬物得以生成的基礎元素。它至簡、無形、無欲、不爭、至高無上。道之生，先於天地。而隨著人類事物與機構（制度）的創生發展，原始人脫離了原始狀態，不復良善，不再幸福。《老子》曰：

> 道沖，而用之或不盈，淵兮似萬物之宗。挫其銳，
> 解其紛，和其光，同其塵。湛兮似或存，吾不知誰
> 之子。[2]

前文已述，《老子》亦稱為《道德經》。我們前面已闡述"道"，而這裏的"德"又是何義？當這一術語在孔子意義上意為"美德"之時，道家予以譴責。但當道家自己使用這一術語時，"德"指的是自然的、天然的、原始的品質與德行，而迥異於那些由社會制裁與教化所造就的"德"。

這種原始至善的理念，曾讓不同時代與地域的諸多人士心馳神往。我們自然會聯想到盧梭（Rousseau），而即使柏拉圖（Plato）在《法律篇》中提到的原始人，也極其類似於道家筆下的人物，並稱他們當中不存在貧富之分，從而"無貧富的共同體總是具有最為尊貴的原則，其中沒有傲慢無禮

---

1 See Creel, *Confucius, the Man and the Myth*, pp. 122-123.

2 *Lao Tzŭ*, chap. 4.

或蠻橫不公，也不存在你爭我奪或妒富愧貧。所以他們都是善的，這也因為他們都懷有所謂的真樸之心。如果給他們灌輸善惡之事，他們就會天真地相信所聞為真，從而付諸實踐"[1]。

　　道家的理想便是真樸，宗旨就是反於道。人們如何做到這樣？《老子》曰：

> 萬物並作，吾以觀復。夫物芸芸，各復歸其根。歸根曰靜，是謂復命。復命曰常，知常曰明，不知常，妄作，凶。知常容，容乃公，公乃王，王乃天，天乃道，道乃久，沒身不殆。[2]

　　這是道家的一項基本原則，即人們應當與宇宙基本法則保持一致，而非有所違抗。一切人為機構（制度）與所有努力都是錯誤的。說所有努力都錯誤，並不意味著所有行動都錯誤，而是說超所能及的努力是一種錯誤。《莊子》曰："達生之情者，不務生之所無以為；達命之情者，不務知之所無奈何。"[3]

　　因而，視角、姿態以及一種對可為不可為、適合不適合的明智洞察，就尤為關鍵。與之相關，認識到萬事萬物存在聯繫，也非常重要。《老子》曰："天下皆知美之為美，斯惡

1　Plato, *Laws* 679.

2　*Lao Tzŭ*, chap. 16.

3　Legge, *The Writings of Kwang-zze*, 11.11.

已。"[1] 儘管在宇宙中整個天下微乎其微，《莊子》仍然表達，即便微如毫末也絕非微不足道。[2] 其書云：

> 民溼寢則腰疾偏死，鰌然乎哉？木處則惴慄恂懼，猨猴然乎哉？三者孰知正處？民食芻豢，麋鹿食薦，蝍蛆甘帶，鴟鴉耆鼠，四者孰知正味？猨猵狙以為雌，麋與鹿交，鰌與魚游。毛嬙麗姬，人之所美也；魚見之深入，鳥見之高飛，麋鹿見之決驟。四者孰知天下之正色哉？[3]

這種相對主義同樣適用於道德問題。於是《莊子》也說：

> 何謂和之以天倪？曰：是不是，然不然。是若果是也，則是之異乎不是也亦无辯；然若果然也，則然之異乎不然也亦无辯。忘年忘義，振於无竟，故寓諸无竟。[4]

這種相對主義還應用到我們的生活體驗中，於是還可以讀到："覺而後知其夢也。且有大覺而後知此其大夢也。"[5]

既然沒有什麼東西是確定的，那麼世人如此執著於成功，為之拋頭顱灑熱血，就顯得荒誕滑稽了。其實，人要是

---

1 *Lao Tzŭ*, chap. 2

2 Legge, *The Writings of Kwang-zze*, 1.374-378.

3 Ibid., 1.191-192.

4 Ibid., 1.196.

5 Ibid., 1.195.

過於匭勉以求，就注定不會成功，正所謂“企者不立，跨者不行”。[1]《老子》還說：

> 持而盈之，不如其已。揣而梲之，不可長保。金玉滿堂，莫之能守。富貴而驕，自遺其咎。功遂身退，天之道也。[2]

　　為了闡明個體過於努力將會失敗這一要點，《莊子》注意到“以瓦注者巧，以鉤注者憚，以黃金注者殙”的現象，意即假如有一位射手射箭，以區區瓦器作為賭注時就能發揮卓絕技藝，以青銅帶鉤作為賭注時就心存恐懼而略遜一籌，要是以黃金作為賭注，他就會心神不寧而大失水準。[3]

　　進而，人不必在乎一切身外之物，唯須祈求自我覺醒與自我滿足。於是《老子》說：

> 知人者智，自知者明。勝人者有力，自勝者強。[4]

又云：

> 多藏必厚亡。知足不辱，知止不殆，可以長久。[5]

又云：

---

1 *Lao Tzŭ*, chap. 24.

2 Ibid., chap. 9.

3 Legge, *The Writings of Kwang-zze*, 11.16.

4 *Lao Tzŭ*, chap. 33.

5 Ibid., chap. 44.

禍莫大於不知足，咎莫大於欲得，故知足之足，常足矣。[1]

　　那麼，人究竟要做些什麼呢？道家曰，無為。《莊子》有云："天地有大美而不言，四時有明法而不議，萬物有成理而不說。聖人者，原天地之美而達萬物之理，是故至人無為，大聖不作，觀於天地之謂也。"[2]

　　無為，乃道家的一個著名命題。可是，這是否意味著完全不做任何事情？顯然不是。無為的意義在於，不做那些不合自然或非為自發的事情。其關鍵就是不以任何方式竭盡己力。我們已經談到射手的寓言，當他為了獲得黃金必然大失水準，而在射中靶心卻不求結果回報時，就能輕鬆自在而得心應手。《莊子》中還有一段著名的文章，講述梁王的庖丁如何解牛的故事。他剛開始解牛時困難重重，但多年之後就遊刃有餘，"官知止而神欲行"。[3]

　　道家著作中展現許多例證，闡明高超技術操作出於無意識的境界，我們也都可以聯想到自己生活經驗的例子。在進行各種必要運動方式，進而獲得一種無須記心的平衡能力之前，一個人是無法自如地溜冰或騎車的。在更為智能的層面，一名鑒賞家在看到一件藝術品的那一剎那，立刻"感到"這是真品還是贗品。他做出這一判斷出於多種理由，其

1　Ibid., chap. 46.

2　Legge, *The Writings of Kwang-zze*, 11.60-61.

3　Ibid., 1.199.

中很多方面他還能有條不紊地進行分析與解釋。然而，如果知識與經驗未能成為頓時感到對象是良是莠的本事，那他就稱不上是一位真正的鑒賞家。

道家強調無意識、直覺、自發這些原理。毋庸置疑，我們大多數人都過分生活在意識的層面，成天都在無關緊要時焦慮要做點什麼，這也是我們讓精神病醫生日趨繁忙的一大原因。道家指出，例如，醉酒的人從車上墜落，傷勢比清醒的人輕得多，這是因為他處於鬆弛狀態。（譯注：《莊子·達生》："夫醉者之墜車，雖疾不死。骨節與人同，而犯害與人異，其神全也，乘亦不知也，墜亦不知也，死生驚懼不入乎其胸中，是故遻物而不慴。彼得全於酒而猶若是，而況得全於天乎？"）

107 所以，人生之道本應是無為而平靜的。《老子》告誡世人要沉默寡言，這才是自然之道。即便天地，也不會製造終朝終日的飄風驟雨。[1] 能夠言說的"道"，就不是永恆的"道"。[2] 知者不言，言者不知。[3]

> 信言不美，美言不信；善者不辯，辯者不善；知者不博，博者不知。[4]

---

1 *Lao Tzŭ*, chap. 23.

2 Ibid., chap. 1.

3 Ibid., chap. 56.

4 Ibid., chap. 81.

又云："絕學無憂。"[1] "絕聖棄智,民利百倍。"[2]

不出戶,知天下;不窺牖,見天道。其出彌遠,其
知彌少。是以聖人不行而知,不見而明,不為而成。[3]

《莊子》曰:"古之人,其知有所至矣。惡乎至?有以為
未始有物者,至矣,盡矣,不可以加矣。其次以為有物矣,
而未始有封也。其次以為有封焉,而未始有是非也。是非之
彰也,道之所以虧也。"[4]

道家自當反對戰爭,這在邏輯上非常符合前文所述的道
家觀念。道家告誡人們,兵者不祥之器[5],戎馬生於郊是天下
無道的表現。[6]高壓政府同樣為道家所譴責。民眾飢餓,也是
因為官方食稅之多。[7]法令制定得越繁密,盜賊就會更多。[8]死
刑也是無效的。"民不畏死,奈何以死懼之?"而即便民眾
有所畏懼,又有誰能自命不凡,有資格對其同伴宣佈這種糟
糕的判決呢?[9]

這實際上構成一種無政府主義的觀點,而在道家思想中

108

---

1   Ibid., chap. 20.

2   Ibid., chap. 19.

3   Ibid., chap. 47.

4   Legge, *The Writings of Kwang-zze*, I.185-186.

5   *Lao Tzŭ*, chap. 31.

6   Ibid., chap. 46.

7   Ibid., chap. 75.

8   Ibid., chap. 57.

9   Ibid., chap. 74.

也存在強烈的無政府主義因素。《莊子》曰：“聞在宥天下，不聞治天下也。”《莊子》該篇隨後闡明這番態度，構成展現該書獨具慧眼的一個絕佳寄寓：

> 雲將東遊，過扶搖之枝而適遭鴻蒙。鴻蒙方將拊脾雀躍而遊。雲將見之，倘然止，贄然立，曰：“叟何人邪？叟何為此？”鴻蒙拊脾雀躍不輟，對雲將曰，“遊！”雲將曰：“朕願有問也。”鴻蒙仰而視雲將曰：“吁！”雲將曰：“天氣不和，地氣鬱結，六氣不調，四時不節。今我願合六氣之精以育群生，為之奈何？”鴻蒙拊脾雀躍掉頭曰：“吾弗知！吾弗知！”雲將不得問。又三年，東遊，過有宋之野而適遭鴻蒙。雲將大喜，行趨而進曰：“天忘朕邪？天忘朕邪？”再拜稽首，願聞於鴻蒙。鴻蒙曰：“浮遊，不知所求；猖狂，不知所往；遊者鞅掌，以觀無妄。朕又何知！”雲將曰：“朕也自以為猖狂，而民隨予所往；朕也不得已於民，今則民之放也。願聞一言。”鴻蒙曰：“亂天之經，逆物之情，玄天弗成；解獸之群，而鳥皆夜鳴；災及草木，禍及止蟲。意，治人之過也！”雲將曰：“然則吾奈何？”鴻蒙曰：“意，毒哉！僊僊乎歸矣。”
>
> 雲將曰：“吾遇天難，願聞一言。”鴻蒙曰：“意！心養。汝徒處无為，而物自化。墮爾形體，吐爾聰明，倫與物忘；大同乎涬溟，解心釋神，莫然無魂。萬物云

云，各復其根，各復其根而不知；渾渾沌沌，終身不離；若彼知之，乃是離之。无問其名，无闚其情，物固自生。"

雲將曰："天降朕以德，示朕以默；躬身求之，乃今也得。"再拜稽首，起辭而行。[1]

在這方面，道家哲學的結論是消極的。"不爭"，"為無為，則無不治"，有如一切純粹的神秘主義者，道家哲人從自身的神秘體驗中獲得滿足。因而，據說當莊子拒絕楚國重金聘相之邀時，持竿不顧，繼續釣魚。[2]《莊子》一書還講述，在列子受到啟發後，"自以為未始學而歸，三年不出。為其妻爨，食豕如食人。於事無與親，雕琢復朴，塊然獨以其形立。紛而封哉，一以是終。"[3]

這類人物故事旨在闡述一個道理，"至人无為，大聖不作，觀於天地之謂也"。[4]這些人士代表了我們所說的道家思想的"出世"面相。只是諸如此類致身於神秘主義的人物極其罕見，早期道家中是否存在許多也值得懷疑。

出世道家的結論可謂不言而喻。人應當對世俗權力、地位或榮譽漠不關心，隱居山林成為一名隱者，抑或如果身處人群中，仍能隱於市朝、遺世獨立、與眾不同。正如《老

1　Legge, *The Writings of Kwang-zze*, 1.300-303.

2　Ibid., 1.390.

3　Ibid., 1.265-266.

4　Ibid., 11.60-61.

子》曰："知我者希，則我者貴，是以聖人被褐懷玉。"[1]

與世無爭、致虛守靜、屈處卑下，諸如此類，品鑒道家關於出世的觀點著實曼妙。然而，人們也會厭煩於這種老生常談。不管如何超凡，道家始終也不外乎人。於是我們發現，在道家著作中，反覆陳述以無為實現無不為的效果。利用柔弱戰勝剛強，利用謙遜掌控天下。這就不再是"出世"道家，而是轉為一種"入世"的面相。

這一頗為顯著的轉向，首先可能源於神秘主義本身。"道"是絕對的，是萬事萬物的總體。如果人能認識到自身不過是"道"之從屬，則顯然無論遭受什麼都將無法掙脫。於是，人們就謀求消融於"道"之中，《老子》曰：

> 是謂玄同。故不可得而親，不可得而疏；不可得而利，不可得而害；不可得而貴，不可得而賤，故為天下貴。[2]

111　　　這就是一種轉換。玄同於道的人不會被傷害，因為他認識到無害。不會被害的人是堅不可摧的。堅不可摧的人又比一切會傷害他的人來得更有力量。因此，這樣的人終能成為主宰者與天下貴。這番巧妙的轉換透過多種形式得以表達。道家聖人沒有野心，因此就不會失敗，從未失敗就總是成功，總能成功者就可以成為天下主。

---

1 *Lao Tzŭ*, chap. 70.

2 Ibid., chap. 56.

確實，道家聖人的權力遠超最富才能之人的終極權力。因為，既然他是體"道"者，那他本人就是"道"。於是，他就可以比擬天地，被渲染上如"道"本身的至尊屬性。

儘管這一推論略顯虛妄，還是要注意到，一個真正信奉自身"依循於神道"（in tune with the infinite）從而成為所有人世權力主宰的人，擁有被褐懷玉、致虛守靜的超凡優勢。這遠遠超越於諸如告訴自己"日日新，又日新"（Day by day in every way I am getting better and better）的自我暗示心法。所以信奉道家者具有適於令人傾慕的個體人格，從而以這種獨特的聖賢品格去周全世人。

道家著作向我們展現許多古往今來的聖人，他們拒絕諸如相位等官職，甚至不屑於繼承君位，從而讓我們期許道家超脫世俗統治的虛榮。可不管如何，我們也發現有那麼一些文段，旨在論述如何"治天下"。顯而易見，道家人士足以躋身各式學者們已然展開的爭鳴中，他們每一家都務於指明中國天下統一成為帝國的道路。有時，道家可能也彷彿國相之於君主，但道家聖人本身卻往往是自封君主角色的。

在力所能及的範圍內，道家人士自然希望染指政治。他們知道如何讓人們過得更為幸福，讓人們純粹處於一種原始質樸的狀態中。因此，《老子》說："虛其心，實其腹，弱其志，強其骨。常使民無知無欲，使夫智者不敢為也。為無

112

為，則無不治。"[1]《莊子》中則可以讀到："古之真人⋯⋯以刑為體者，綽乎其殺也。"[2]

可是，這就將我們從道家強調的個人自由帶出許遠。在此，只有道家聖人享有自由。儘管，道家還是得基於民眾利益整體進行統治。但更嚴重的問題是，在某些段落中可以讀到聖人的悲天憫人，而在其他地方，包括《老子》與《莊子》，道家都曾說作為典範的 "道" 是超越這種情懷的。《莊子》是如此地呼喚 "道"："吾師乎！吾師乎！䪡萬物而不為義，澤及萬世而不為仁。"[3]《老子》曰："天地不仁，以萬物為芻狗；聖人不仁，以百姓為芻狗。"[4]

如果不慎落入暴君之手，這種觀念就足以引致可怕的後果。因為諳曉道家者是超越於善惡的，而對暴君來說，這恰是玩弄無知愚民的言辭。一旦心血來潮，他就可以如暴風席捲般摧毀城池，屠戮居民，之後又彷彿風雨過後光耀大地的驕陽，沒有顯露出半點良心不安。畢竟，生與死、存與亡都屬宇宙和諧秩序的一部分，皆因自身存在及本來如此而成其為善。

在這種道家聖人的觀念中，道家思想展露出真正可稱為獸性的人性。以任何人類的標準視之，道家聖人都是無法企

---

1 Ibid., chap. 3.

2 Legge, *The Writings of Kwang-zze*, 1.240.

3 Ibid., 1.332.

4 *Lao Tzŭ*, chap. 5.

及而牢不可拔的，完全不受愛恨、得失、榮辱的支配。幸運的是，道家這一觀念從未茁壯發展，但毫無疑問，它吸引著某些較為專制的中國皇帝，即便不是沉迷其中，亦傾心於這種理念。諷刺的是，道家如此徹底無政府主義的學說，竟又如此緊密地繫於政治。而且，這種聯繫有目共睹，有本漢代著名的著作正是描述道家學說為 "君人南面之術"。[1]

在之後的篇章，我們將考察所謂法家的學說，他們主張的是一套純粹極權專制的程序。這看來與道家本質截然相反。然而，一些法家人物奉道家為其學說的哲理基礎。為此，他們拋卻了道家對戰爭與壓迫的譴責，而從道家的 "入世" 面相中獲致為己所用的諸多要素。

還有，道家也強烈抨擊儒家學說。這是順理成章的，原因不止一個。首先，在道家發展之時，儒學或許是最為成功的學術流派，自然成為一個標靶。進而，作為審慎組織政府系統的主要倡導者，儒家希圖施惠於民，這在道家看來只會適得其反。於是我們發現，儒家的理念，包括孔子及其弟子，反覆被道家所嘲諷攻訐。另一更為微妙的方法，則是宣稱孔子曾放棄儒學而皈依道家，進而長篇大論地引用所謂孔子反省己說的言論。這些故事顯然屬憑空捏造，卻起到可觀的鴟張門戶效用。

其實人們難以想像，世界可以真正按照道家的純粹自由

114

1　Wang Hsien-ch'ien, *ChHen Han Shu Pu Chu* 30.38a.

放任模式進行統治，或者不治。就算真的這麼想像，人們也會傾向於拒絕。但這可能不構成一種有效的批判。道家實際上是否期望完全得到世人的認真對待，看來也頗成問題。道家縱情玩樂、放蕩不羈，也無疑充當著一種不無其用的意象。誠然，我所謂"入世"面相的道家哲學則為專制提供某種依據。但幸運的是，中國人總體上似乎很少認真對待道家的這一面相。或許，他們還是從懷疑主義的某些合理成分來看待道家。

道家熱衷於矛盾。而頗為矛盾的是，這種如此反儒學、反政治且在某種方式上如此反民本的思想，卻在實際上與儒學形成合力，成為塑造中國社會與政治民本的可觀力量。儒家崇尚人的價值，強調作為目的而非手段的人的重要性，道家則堅持主張人訴諸自身精神的權利。道家還倡言人作為自然個體的唯一性，啟迪著中國的藝術，並賦予中國人得以維繫文化命脈的泰然自若。以其莊重的個人自治宣言，以其普遍的懷疑態度與一切價值的相對主義學說，道家對個人主義以及堪稱中國精神魂魄的折衷觀念的生發，都可以稱得上是功德無量吧。

第七章

荀子的專制主義

究其生涯，孔子處處碰壁，蹉跎仕路，然而今天，孔子之名卻享譽世界。儒家學者荀子則命運相反。在所處的年代，荀子擔任官員，作為一名著名學者備受尊榮。對儒學最終面目的塑造，荀子的影響不可謂不深遠。德效騫（Homer H. Dubs）恰如其分地稱之為"古典儒學的鑄就者"（the moulder of ancient Confucianism）。然而，在儒家人物當中，荀子的後世評價始終不高，尤其是在近一千年間。在中國之外，即便那些熟悉孟子之名的人士，也可能對荀子是誰不甚了解。

有時，據說對荀子評價不高是緣於後世儒學道統的定調，12 世紀的大儒朱熹曾斥責荀子，因為荀子反對孟子關於人性善的論斷。這一點頗為重要，卻非完全如此。在很大程度上，荀子自身思想中存在一種特殊的局限，這就成為導致其聲名黯然失色的首要原因。

荀子毫不缺乏智識能力，他絕對堪稱世界上曾經出現的最為才華橫溢的思想家之一。但是，荀子缺乏對於人類的信心。猶如希臘悲劇中英雄的致命缺陷，這一點深遠地消弭了荀子精湛至極的思想建構。而且，這不僅貶損了他自己的聲名，還給後世的正統儒學套上了一件束身衣。

荀子生於約公元前 300 年的北方趙國。他曾遊學於齊國，在那兒備受尊榮，擔任祭酒，作為老師。當時不乏秉持各家各派的學者遊學於齊，自然就會產生學說爭鳴。或許正因於此，荀子樹敵頗多，最終離開齊國。

後來，荀子又擔任南方楚國的蘭陵令，顯然曾一度被免官，之後又復職。其間荀子曾回訪祖國趙國，還曾深入秦地考察，要知道秦國正是即將在中國歷史上大放異彩的國家。晚年的荀子投身於教學（有兩位弟子在中國歷史上十分著名）與著書。隨著春申君的去世，荀子也於公元前 237 年不再任職。關於他的生平，我們就只知道這些。

有一本著作冠以荀子之名，是我們掌握荀子思想的主要淵源。一般推斷該書為荀子親撰，但某些部分顯然是弟子所撰。該書最後六篇與其他部分面目大殊，已有人考述這些篇目為漢代儒生所增附。在文本的其餘部分，也有個別竄入成分。

《禮記》是儒家最重要的經典之一，其中包含與《荀子》部分文字相同的文段。顯然，應該是荀子著作中的這些文段被傳抄到儒家經典中。這也屬荀子對儒學深具影響的一種重要方式，儘管這些如此深受其影響的經典並未尊奉荀子為作者。

作為一位思想家，荀子或許對所論述的語言理論最感興趣。在這方面，荀子尤為現代。他處理的是一些即便今天仍困擾著哲學家們的難題。言語是什麼？概念是什麼？它們如何產生，人們又為何如此紛繁地區分它們，區分它們的用法？這是我們的難題，在荀子思想中也構成諸多難題。

我們知道，在中國古代存在著一批被稱為"名家"的學者，曾拋出一些諸如"白馬非馬"的命題。其他學派也運用錯綜複雜甚或似是而非的命題，以圖吸引眼球嘩眾取寵。身為當時的儒學領袖，荀子不得不與這些論點進行交鋒。不過，荀子不屑於只對這些疑難命題各個擊破，而是試圖深究語言的真正本質，定下正確使用語言的規則。

荀子提出各種語言問題，力圖予以解答。第一個問題是："事物何以有名？"荀子回答，實際上，名是出於人們談論事務之便利所需，人們發明名就是為了滿足這種需求。荀子說，我們需要名，正是為了能夠區分相同事物與不同事物，進而區分事物的貴賤。

簡單舉例說明這一點，我們如果說田野中有"十個物體"，就不是很讓人明白。而如果人們運用名，通過相似性與差異性進行分類，從而說田野中有"五頭牛、三匹馬、兩條狗"，意思就會明朗得多。人們甚至還可以通過相似性或差異性進一步分類，說有"兩頭黑牛和三頭棕牛"，諸如此類。

荀子的下一個問題是："何緣而以同異？"乍看起來，這似乎是一個古怪甚或迂愚的問題，實際上卻意義重大。為什麼狗就是狗，馬就是馬？柏拉圖也許會說，這是因為它們是理念的狗與理念的馬的影像，同樣道理，柏拉圖說，所有用來紡織的梭，都複製於"真實的或理念的梭"這樣一個恆定的抽象典範。以此類推，柏拉圖說床和桌子稱其為床和桌子，是因為它們分別是理念的床與理念的桌的影像。美麗的東西之所以美麗，是因為它是"絕對美麗的分有（partake）"。[1]

這是一種纏繞眾多哲學家的難題，尤其是在西方。達克斯狗（dachshund）和聖伯納德犬（St. Bernard）都是狗，是因為牠們的外觀與行為有所相似，所以為了便利，我們就將牠們都命名為"狗"嗎？還是說存在某種無法單靠我們感覺定義的狗性，而牠們共同具有這種狗性的神秘品質？

心理學家說，如果一個天生失明的人忽然獲得視力，這時他與正常人看到的實際是一樣的東西，但一開始這些東西對他來說幾乎毫無意義。也就是說，他一開始看到的一群狗和馬，對他來說彷彿一團混沌。但在反覆體驗之後，他就會習慣於這些事物，並形成一個這是狗、那是馬的概念。進而，當他看到另外一條狗時，雖然可能不完全像之前看過的任何狗，卻會在腦海中馬上歸入目錄，說"這是狗"。

荀子就這一問題的闡述，在很多方面與現代心理學的發現不謀而合。"同一性與差異性的基礎是什麼（譯注：何緣

1　Plato, *Cratylus* 389; *Republic* x.596; *Phaedo* 100.

而以同異）？”荀子自問自答，“緣天官”，即天生的感官體驗。這裏不存在諸如“絕對美麗的分有”這種東西，或任何其他神秘程式。荀子說，天官簿類，心有徵知，當人以感官認識事物，符合於已經養成的用以歸類的“徵知”（mental object），事物就被歸屬於同一種類。質言之，當我看到一隻動物類似狗，就會對照我關於狗的概念（徵知），從而決定是否視之為狗。[1]

荀子之旨顯而易見，他不認為事物所定之名原本存在任何神聖性。其言曰：“名無固宜，約之以命，約定俗成謂之宜，異於約則謂之不宜。名無固實，約之以命實，約定俗成謂之實名。名有固善，徑易而不拂，謂之善名。”[2]

荀子制定關於語言的多種原則，用以分析、批判爭鳴思想家的混淆命題。他呼籲嚴肅而明確地運用直截了當的語言來表達理念。不幸的是，很多中國人，甚至儒家學者都不太關注荀子的論述（在這一點上完全吻合於孔子的教導）。也正如在其他一些著述中，中文表達有時朦朧含糊，頗為費解。

荀子最負盛名的學說是關於人性本惡的論點，這與孟子人性善的論述針鋒相對。或許，孟子部分是從對中國樸素農民的觀察得出這一觀點的。晚近我們有諸多觀察者，大多感佩於中國普通民眾身上的道德品質。而另一方面，二戰期

1　Duyvendak, "Hsün-tzu on the Rectification of Names", pp. 228-230.

2　Ibid., p. 234.

間，在極度貧乏之時，我們國家有一些駐華軍人財物被盜，就得出中國人都不老實的結論。這些論斷分別符合於孟荀的人性判斷，也都是根據不同前提條件而得出的。

甚至早在前孔子時代伊始，社會流動的程度便與日俱增。在社會階層劃分相當鮮明的早期，農民的兒子只會是農民，幾乎不會夢想改變命運。而孔子已然倡導普遍教育，宣稱人得以因美德與智慧甚至成為君主，不論出身多麼貧賤。而且，即便在孔子誕生以前，農之子恆為農、平民尊仰貴族的舊秩序也已經趨於瓦解。隨著時代演進，得到全民擁護已經成為官員與君主權力穩固性的重要因素，我們可以看到某些貴族邀買民心，向民眾發放錢糧，由此贏得僭越君位的權力。與此同時，平民個人躋身權力官位，其他人則也開始趨之若鶩。

影響荀子人性觀點的另一要素，是他察見文化風貌顯著的多樣性，對此的感受或許比孟子更多。荀子的祖國趙國深受北方遊牧民族的影響，他不僅曾居住於相對文明的齊國，而且還居住於具有獨特風俗的南方楚國。於是，荀子指出，不同地區的嬰兒出生時哭聲一樣，訓練的不同卻使他們學習講完全不同的語言。而且，荀子還提到，魯國與秦國風俗相去甚遠。[1] 因此，他無法認為人生來就有一種正常、良善的德行。

1　Lorraine Creel, *The Concept of Social Order in Early Confucianism*, pp. 135-136; Wang Hsien-ch'ien, *Hsün Tzŭ Chi Chieh* 1.2a.

荀子著名的《性惡》篇開宗明義：

> 人之性惡，其善者偽也。今人之性，生而有好利
> 焉，順是，故爭奪生而辭讓亡焉；生而有疾惡焉，順
> 是，故殘賊生而忠信亡焉；生而有耳目之欲，有好聲色
> 焉，順是，故淫亂生而禮義文理亡焉。

> 然則從人之性，順人之情，必出於爭奪，合於犯分
> 亂理而歸於暴。故必將有師法之化，禮義之道，然後出
> 於辭讓，合於文理，而歸於治。用此觀之，人之性惡明
> 矣，其善者偽也。

> 故枸木必將待櫽栝、烝、矯然後直；鈍金必將待
> 礱、厲然後利；今人之性惡，必將待師法然後正，得禮
> 義然後治。今人無師法則偏險而不正，無禮義則悖亂而
> 不治。

> 古者聖王以人性惡，以為偏險而不正，悖亂而不
> 治，是以為之起禮義，制法度，以矯飾人之情性而正
> 之，以擾化人之情性而導之也。始皆出於治，合於道者
> 也。今之人，化師法，積文學，道禮義者為君子；縱性
> 情，安恣睢，而違禮義者為小人。用此觀之，人之性惡
> 明矣，其善者偽也。

> 孟子曰："今之學者，其性善。"曰：是不然。是
> 不及知人之性，而不察乎人之性、偽之分者也。凡性
> 者，天之就也，不可學，不可事；禮義者，聖人之所

121

生也，人之所學而能，所事而成者也。不可學、不可事而在人者，謂之性，可學而能、可事而成之在人者謂之偽。是性、偽之分也。今人之性，目可以見，耳可以聽。夫可以見之明不離目，可以聽之聰不離耳，目明而耳聰，不可學明矣。

孟子曰："今人之性善，將皆失喪其性故也。"曰：若是，則過矣。今人之性，生而離其朴，離其資，必失而喪之。用此觀之，然則人之性惡明矣。所謂性善者，不離其樸而美之，不離其資而利之也。使夫資朴之於美，心意之於善，若夫可以見之明不離目，可以聽之聰不離耳，故曰目明而耳聰也。今人之性，飢而欲飽，寒而欲煖，勞而欲休，此人之情性也。今人飢，見長而不敢先食者，將有所讓也；勞而不敢求息者，將有所代也。夫子之讓乎父，弟之讓乎兄，子之代乎父，弟之代乎兄，此二行者，皆反於性而悖於情也。然而孝子之道，禮義之文理也。故順情性則不辭讓矣，辭讓則悖於情性矣。用此觀之，然則人之性惡明矣，其善者偽也。[1]

按照荀子的理論，不但有的人生來性惡，而且所有人都生而如此。不管是君子還是小人，最為崇高的歷史聖王還是最為暴虐的暴君惡棍，都完全始於同一水平。[2] 每個人在能

122

---

1 Dubs, *The Works of Hsüntze*, pp. 301-304.

2 Ibid., p. 310.

力、知識、品質方面起點公平，所有人也都是好榮惡辱、好利惡害的。[1]世間最為平凡的人，也能通過善行修身成為聖王。[2]

不過，除非有師法教導，否則人無從修身。因為，"人之口腹，安知禮義？安知辭讓？安知廉恥、隅積？亦咄咄而噍，鄉鄉而飽已矣。人無師無法，則其心正其口腹也。"[3]

然而，這裏面顯然存在一個難題。如果人不能無師而為善，那麼第一位老師是如何具備資格教人為善的？聖人創立教化及其原則，而荀子卻特地否認聖人起初不同於凡人。意識到這一難題，荀子試圖紓解。

荀子說："問者曰：'禮義積偽者，是人之性，故聖人能生之也。' 應之曰：'是不然。夫陶人埏埴而生瓦，然則瓦埴豈陶人之性也哉？工人斲木而生器，然則器木豈工人之性也哉？夫聖人之於禮義也，辟則陶埏而生之也。然則禮義積偽者，豈人之本性也哉？'"[4]

在此，荀子悄然承認，聖人實際上可以無師自通，依靠自身努力而為善。然而，與此同時，雖然說所有的人都具有如同聖人的相同品質，荀子堅決否認其所處的時代有人能夠做到。[5]

1　Ibid., p. 58.

2　Ibid., pp. 60-61.

3　Ibid., p. 61.

4　Ibid., p. 305.

5　Ibid., pp. 113-114.

至此，我們就觸及荀子思想的根本缺陷。他的論戰對手顯然察覺這一弱點，從而一擊命中。荀子則試圖做出如下回應：

曰：「聖可積而致，然而皆不可積，何也？」曰：「可以而不可使也。故小人可以為君子而不肯為君子，君子可以為小人而不肯為小人。小人君子者，未嘗不可以相為也，然而不相為者，可以而不可使也。

故塗之人可以為禹則然；塗之人能為禹，未必然也。

雖不能為禹，無害可以為禹。足可以徧行天下，然而未嘗有能徧行天下者也。夫工匠農賈，未嘗不可以相為事也，然而未嘗能相為事也。用此觀之，然則可以為，未必能也；雖不能，無害可以為。然則能不能之與可不可，其不同遠矣，其不可以相為明矣。」[1]

這不完全令人信服。誠然，在自我訓練的品質上，人們確實存在不同，因此不管我們是否贊同荀子，都必須承認他所說的近乎聖人的人如鳳毛麟角。然而，荀子指出這種特定的差異，卻在無形中迴避了對方的論點，即人原本在能力與道德上都是一致的。看來，荀子是認為，曾經有人能夠自己發現良善與真理，但這種人在他的時代已經湮沒無聞了。

1　Ibid., pp. 313-314.

荀子生活時代的中國處於一種風雨如晦的氛圍，這能深刻解釋（談不上證成）荀子的悲觀主義。而由於這種信念，結果是，不止民眾而且包括一切人均無力於在根本問題上自我思考，這不僅抑制了道德與智識的發展，甚至還扼窒了道德與智識的空間。畢竟，人類及其心智如果永遠依循他人鋪設的軌道，是無法正常運轉的，而且遲早還會顯露病態。孔子正是意識到這一點，才克制自己不要樹立學說的教條原則。當然，我們不應苛責荀子。時不論古今，地不論中西，真正希望人們應當自己思考，甚至還希望人們不同意自身觀點的哲學家確實為數不多。

鑒於前述荀子賦予儒學之師這一角色的重要分量，還可以折射孔子無師自通的神奇。早在孟子時代，師已然備受尊榮，而恰是荀子對師的頌揚無以復加。他說：

125

> 故人無師無法而知，則必為盜；勇，則必為賊；云能，則必為亂；察，則必為怪；辯，則必為誕。人有師有法而知，則速通；勇，則速威；云能，則速成；察，則速盡；辯，則速論。故有師法者，人之大寶也；無師法者，人之大殃也。人無師法，則隆性矣；有師法，則隆積矣。[1]

進而，學習是自我修身的重要途徑。荀子說，學習乃終

---

1 Ibid., pp. 113-114.

生之事，為了實現目標，不可有須臾捨棄。如此學習才是成人，捨棄便是鳥獸。[1] 驥一日而千里，駑馬十駕，也可以追趕得上。[2] 學習不能只求一知半解，真正君子的學習，應當入乎耳，箸乎心，布乎四體，形乎動靜。[3] 學習還不應止於知識而已，務必身體力行。

然而，學習的領域是被圈定的。這種局限持續地塑造著儒學，對它的某些指責確實得歸咎於孔子本人，即便孔子尚未如後學般畫地為牢。不過，孔子希圖拯救世界，教導那些可能擔任官員而有裨於世的人士。因此，孔子才將自身的教學限定於這一事業，這對所有早期儒者而言亦是同理。荀子對此闡釋頗詳，其言曰：

> 君子之所謂賢者，非能徧能人之所能之謂也；君子之所謂知者，非能徧知人之所知之謂也；君子之所謂辯者，非能徧辯人之所辯之謂也；君子之所謂察者，非能徧察人之所察之謂也；有所止矣。
>
> 相高下，視墝肥，序五種，君子不如農人；通財貨，相美惡，辨貴賤，君子不如賈人；設規矩，陳繩墨，便備用，君子不如工人；不卹是非、然不然之情，以相薦撙，以相恥怍，君子不若惠施、鄧析。若夫謫德而定次，量能而授官，使賢不肖皆得其位，能不能皆得

1　Ibid., p. 36.

2　Ibid., pp. 50-51.

3　Ibid., p. 37.

其官，萬物得其宜，事變得其應，慎、墨不得進其談，惠施、鄧析不敢竄其察，言必當理，事必當務，是然後君子之所長也。[1]

名辯純屬無用之談，即便是聖人也無法窮盡所辯。因此，沒有誰能夠完全解釋所知世界，"將以窮無窮，逐無極與？其折骨絕筋終身不可以相及也"。[2] 但如果能為努力設定合理目標，就會有收穫。那麼，明智之人如何讓自己的研究有所止呢？應當致力於聖王之制。[3] 荀子提醒人們，這些知識尤其可以通過學習經典獲得。

127　這就成為了一則新的教條。孔子只是將書視為教育素材的一部分，孟子甚至直接懷疑其時某些書籍的權威性。而現在，從荀子身上，我們發現賦予特定典籍至高價值從而塑造儒學這一特徵的濫觴。荀子所指的經典究竟包括哪些，固然是一個現今無法完全考定的問題。他提到某些書籍，但有的已經亡佚，有的則與流傳至今的同名書籍存在明顯不同。而當他提到"禮"時，是不是在援引關於禮的某本書籍，也是含糊不清的。

荀子曰："學惡乎始？惡乎終？曰：其數則始乎誦經，

1　Ibid., pp. 96-97.

2　Ibid., pp. 49-50.

3　Ibid., p. 276. 譯注：《荀子·解蔽》："故學者，以聖王為師，案以聖王之制為法，法其法，以求其統類，以務象效其人。"

終乎讀禮。其義則始乎為士，終乎為聖人。"[1] "學也者，固學一之也。……全之盡之，然後學者也。君子，知夫不全、不粹之不足以為美也，故誦數以貫之，思索以通之，為其人以處之，除其害者以持養之，使目非是無欲見也，使耳非是无欲聞也，使口非是無欲言也，使心非是無欲慮也。"[2]

雖然荀子甚至比孔子更旗幟鮮明地反對貴族特權，但他不認為每個人都有能力理解經典，還要專門說經典超出"庸人"[3]的理解。

不管如何，荀子認為只要上道並努力，學習就是賤而貴、愚而智、貧而富的門徑。[4]這在當時有其正確性，畢竟貴族的輓歌已經奏響。而荀子還向人們提供一條超越於獲取財富與權力的康莊大道，澄明只有透過學習本身提升自我修養，才堪稱真正的回報。其言曰：

> 故君子無爵而貴，無祿而富，不言而信，不怒而威，窮處而榮，獨居而樂，豈不至尊、至富、至重、至嚴之情舉積此哉？
>
> 故曰：貴名不可以比周爭也，不可以誇誕有也，不可以埶重脅也，必將誠此然後就也。爭之則失，讓之則至，遵道則積，夸誕則虛。

128

---

1 Ibid., p. 36.

2 Ibid., p. 40.

3 Ibid., p. 65.

4 Ibid., p. 99.

故君子務修其內而讓之於外，務積德於身而處之以
遵道，如是，則貴名起之如日月，天下應之如雷霆。故
曰：君子隱而顯，微而明，辭讓而勝。[1]

最後這番陳述，還有些許類似於《老子》所謂的道家聖
人不學而得。

儘管極力勸學，荀子仍不只是一位知識分子。他認識到
欲求與情感以及以禮節之的重要性。有同於孟子對待欲求的
方式，荀子不旨在禁絕（這等於死亡）甚或削除欲求，而是
引導於合理的軌道上。

荀子有一段絕妙文章，論述指引人們精神欲求而非純粹
物質欲求的重要性。今天，在享有最高物質發達水平的同
時，我們也在刷新著可能是人類歷史以來焦慮與精神疾病的
發生率，故荀子之文辭頗值玩味。

有嘗試深觀其隱而難其察者，志輕理而不重物者，
無之有也；外重物而不內憂者，無之有也。行離理而不
外危者，無之有也；外危而不內恐者，無之有也。

心憂恐則口銜芻豢而不知其味，耳聽鐘鼓而不知其
聲，目視黼黻而不知其狀，輕煖平簟而體不知其安。故
嚮萬物之美而不能嗛也，假而得問而嗛之，則不能離
也。故嚮萬物之美而盛憂，兼萬物之利而盛害。

1　Ibid., pp. 100-101.

129

如此者，其求物也，養生也？粥壽也？故欲養其欲而縱其情，欲養其性而危其形，欲養其樂而攻其心，欲養其名而亂其行。

如此者，雖封侯稱君，其與夫盜無以異；乘軒戴絻，其與無足無以異。夫是之謂以己為物役矣。心平愉，則色不及傭而可以養目，聲不及傭而可以養耳，蔬食菜羹而可以養口，麤布之衣，麤紃之履而可以養體，屋室、盧庾、葭稾蓐、尚机筵而可以養形。

故無萬物之美而可以養樂，無埶列之位而可以養名。如是而加天下焉，其為天下多，其和樂少矣，夫是之謂重己役物。[1]

這與道家不乏通約，耐人尋味。荀子生活於一個如同我們今天的時代，道德淪喪，戰爭頻仍，大禍臨頭。也猶如今日，人們都在尋求排遣恐懼的渠道。道家指明一種方便法門，即讓人們安時處順。荀子也旨在提供一種圓滿之道，但他不認為這是輕而易舉的，而是只能通過禮的教化引導欲求與情感方能實現。[2]

前文已述，禮源於祭祀，繫於宗教。荀子不但從禮論方面，而且從整個思想體系中近乎完全抹除宗教因素。他是一位冷靜的理性主義者，曾說過鬼神不過是愚昧之人的想像，

---

1 Duyvendak, "Hsün-tzu on the Rectification of Names", pp. 252-253; Wang Hsien-ch'ien, *Hsün Tzŭ Chi Chieh* l6.14b-15b.

2 Dubs, *The Works of Hsüntze*, pp. 44-45.

人們從未親眼所見。而打鼓治療風濕病只會把鼓打壞，卻不能把病治好。[1] 荀子曾解釋："雩而雨，何也？曰無何也，猶不雩而雨也。"[2]

我們還記得，墨子曾說，豐收與繁榮是上天支持兼愛之君的表徵，自然災害則是神明對暴王虐政的警告。荀子對這種觀念嗤之以鼻，認為沒有理由為宇宙的自然運行感到畏懼。荀子曰，人祆則可畏，人世存在某些預兆，應當為此去檢討統治行為模式，考察民心向背以及民生富貧。正是這些事項，而非怪星或月蝕出現，才應引起人們的憂患警覺。[3]

荀子不是說人們不應祭祀，相反，他宣稱，祭祀禮儀的適宜得體是至尊高雅的表現。而祭祀具有什麼意義，荀子說，事亡"狀乎無形影"。這些都純粹作為一種禮儀，以一種端莊隆重而大有裨益的方式，思慕著逝者的社會價值。其在百姓，以為鬼事也，其在君子，以為人道也。[4]

---

1   Ibid., pp. 275-276. 譯注：《荀子‧解蔽》："凡人之有鬼也，必以其感忽之間、疑玄之時正之。此人之所以無有而有無之時也，而己以正事，故傷於溼而擊鼓鼓痺，則必有敝鼓喪豚之費矣，而未有俞疾之福也。"

2   Wang Hsien-ch'ien, *Hsün Tzŭ Chi Chieh* 11.18b.

3   Dubs, *The Works of Hsüntze*, pp. 179-181. 譯注：《荀子‧天論》："物之已至者，人祆則可畏也，楛耕傷稼，耘耨失薉，政險失民，田薉稼惡，糴貴民飢，道路有死人，夫是之謂人祆；政令不明，舉錯不時，本事不理，夫是之謂人祆；禮義不修，內外無別，男女淫亂，則父子相疑，上下乖離，寇難並至，夫是之謂人祆。祆是生於亂，三者錯，無安國。其說甚爾，其菑甚慘。勉力不時，則牛馬相生，六畜作祆，可怪也，而不可畏也。傳曰：'萬物之怪，書不說。無用之辯，不急之察，棄而不治。'若夫君臣之義，父子之親，夫婦之別，則日切瑳而不舍也。"

4   Ibid., pp. 244-246.

雖然荀子尚未拋棄天這一最高神的觀念，但著實有正本清源之功。天不過是自然秩序，即如英文以 "N" 開頭的 Nature。然而，正如自然神論的神，荀子的天從不以自身法則干預人事，顯露神跡。[1] 天是自然秩序，人們可以志於天道，使自身行為與之相符。毫不誇張地說，這就是 "自助者，天助之"（Heaven helps those who help themselves）。

進而，回到 "禮" 的問題：孔子 "禮" 的觀念已經大為延展而超越於傳統祭祀含義，荀子似乎還走得更遠。人們在每一情境中的任何行為，不管是做什麼事都應為 "禮" 所支配，否則就是錯的。[2] 按照荀子的說法，禮為聖人所制定，卻不是一個主觀的產物。即便是鳥獸都會悼念同伴，人類又應該比鳥獸做多幾何？[3] 總之，禮賦予華美、志趣、韻律，從而能規範一切人類行為。[4]

在荀子之時，社會的階層甚至結構已經嚴重崩壞。因此，荀子憂慮人們相互覬覦權力與財產，故而提倡將禮奉為一種矯正方式。他寫道：

---

1 Ibid., pp. 173-176.

2 Ibid., pp. 44-45. 譯注：《荀子‧修身》："凡用血氣、志意、知慮，由禮則治通，不由禮則勃亂提僈；食飲、衣服、居處、動靜，由禮則和節，不由禮則觸陷生疾；容貌、態度、進退、趨行，由禮則雅，不由禮則夷固僻違，庸眾而野。故人無禮則不生，事無禮則不成，國家無禮則不寧。詩曰：'禮儀卒度，笑語卒獲。' 此之謂也。"

3 Ibid., p. 240.

4 Ibid., pp. 213-246.

分均則不偏，埶齊則不壹，眾齊則不使。有天有地而上下有差，明王始立而處國有制。

夫兩貴之不能相事，兩賤之不能相使，是天數也。埶位齊而欲惡同，物不能澹則必爭，爭則必亂，亂則窮矣。

先王惡其亂也，故制禮義以分之，使有貧富貴賤之等，足以相兼臨者，是養天下之本也。[1]

在荀子看來，這種社會分化基本不是世襲體制的產物。雖庶人之子孫也，積文學，正身行，能屬禮義，而歸之卿相士大夫。另一方面，王公士大夫之子孫，不能屬禮義，則歸之庶人。[2] 至於"其言有類，其行有禮"的真正大儒，則"王公不能與之爭名"。[3]

荀子的治道理念在本質上趨同於孔子：統治是為了人民，而不是為了君主。[4] 剝削民眾、怠慢士人將會招致禍難。[5] 沒有哪位君主能夠在民眾不擁護歸附的情況下贏得戰爭

---

1 Ibid., p. 124.

2 Ibid., p. 121.

3 Ibid., p. 109.

4 Wang Hsien-ch'ien, *Hsün Tzŭ Chi Chieh* 19.12b. 譯注：《荀子‧大略》："天之生民，非為君也。天之立君，以為民也。"

5 Dubs, *The Works of Hsüntze*, p. 125. 譯注：《荀子‧王制》："選賢良，舉篤敬，興孝弟，收孤寡，補貧窮，如是，則庶人安政矣。庶人安政，然後君子安位。傳曰：'君者，舟也；庶人者，水也。水則載舟，水則覆舟。'此之謂也。故君人者欲安則莫若平政愛民矣，欲榮則莫若隆禮敬士矣，欲立功名則莫若尚賢使能矣，是君人者之大節也。"

勝利。¹ 雖然戰爭是一種邪惡，但為了政治目的，軍隊又不可或缺。² 君主的功能在於選擇有德有能之臣，依其表現提拔任用，而不考慮親疏遠近，絕不偏寵。³ 暴君應當約束，若馭樸

1　Ibid., pp. 157-158. 譯注：《荀子‧議兵》："彼仁義者，所以修政者也，政修則民親其上，樂其君，而輕為之死。故曰：凡在於軍，將率，末事也。秦四世有勝，諰諰然常恐天下之一合而軋己也，此所謂末世之兵，未有本統也。故湯之放桀也，非其逐之鳴條之時也；武王之誅紂也，非以甲子之朝而後勝之也。皆前行素修也，此所謂仁義之兵也。今女不求之於本而索之於末，此世之所以亂也。"

2　Ibid., pp. 167-169. 譯注：《荀子‧強國》："節威反文，案用夫端誠信全之君子治天下焉，因與之參國政，正是非，治曲直，聽咸陽，順者錯之，不順者而後誅之。若是，則兵不復出於塞外而令行天下矣；若是，則雖為之築明堂於塞外而朝諸侯，殆可矣。"

3　Wang Hsien-ch'ien, *Hsün Tzŭ Chi Chieh* 7.8b-9b, 8.9a-11a; Lorraine Creel, *The Concept of Social Order in Early Confucianism*, p. 128. 譯注：《荀子‧王霸》："人主者，以官人為能者也。……論德使能而官施之者，聖王之道也，儒之所謹守也。"《荀子‧君道》："故古之人為之不然。其取人有道，其用人有法。取人之道，參之以禮；用人之法，禁之以等。行義動靜，度之以禮；知慮取舍，稽之以成；日月積久，校之以功。故卑不得以臨尊，輕不得以縣重，愚不得以謀知，是以萬舉不過也。故校之以禮，而觀其能安敬也；與之舉錯遷移，而觀其能應變也；與之安燕，而觀其能無流慆也；接之以聲色、權利、忿怒、患險，而觀其能無離守也。彼誠有之者與誠無之者，若白黑然，可詘邪哉！故伯樂不可欺以馬，而君子不可欺以人。此明王之道也。人主欲得善射，射遠中微者，縣貴爵重賞以招致之，內不可以阿子弟，外不可以隱遠人，能中是者取之，是豈不必得之之道也哉！雖聖人不能易也。欲得善馭速致遠者，一日而千里，縣貴爵重賞以招致之，內不可以阿子弟，外不可以隱遠人，能致是者取之，是豈不必得之之道也哉！雖聖人不能易也。欲治國馭民，調壹上下，將內以固城，外以拒難，治則制人，人不能制也，亂則危辱滅亡可立而待也。然而求卿相輔佐，則獨不若是其公也，案唯便嬖親比己者之用也，豈不過甚矣哉！"

馬，若養赤子。[1] 為了君主有利，違背君主命令也屬忠誠。[2] 有德明君堅不可摧，邪惡暴君理應廢黜。[3]

雖然荀子知曉道家，但未深受其影響。另一股甚囂塵上的思想對荀子影響更大。其時普遍認為，拯救失序關鍵在於"規範"。雖然浸潤於強調統治合乎民心的儒學傳統，但在荀子看來，訴諸更強有力的規範也是將順其美。作為一名行政官員，荀子無疑面臨種種難題，這些促使他確信，總體而言民眾是本性邪惡的群氓，確應嚴加管束。荀子說，明君不談論虛妄的學說，也不用讓民眾知道執政行為的理由。相反，明君"臨之以勢，道之以道，申之以命，章之以論，禁之以刑。故其民之化道也如神"。[4]

不管如何，雖然荀子有時如此論述，但還算不上是極權主義者。一種極權主義的統治正在西陲之秦國不斷醞釀。心嚮往之的思想家乃是法家人物，這將在下一章論述。荀子並不完全認同秦政，實際上也曾譴責其治國的基本原則。但與此同時，他又不免傾慕於秦國政權的某些獨到之處。

荀子曾踏勘秦地，隨即對所見聞之嚴格治理大抒感懷。

1　Wang Hsien-ch'ien, *Hsün Tzŭ Chi Chieh* 9.4b-5a.

2　Ibid., 9.2b. 譯注：《荀子・臣道》："逆命而利君謂之忠。"

3　Dubs, *The Works of Hsüntze*, pp. 190-191. 譯注：《荀子・正論》："湯、武非取天下也，修其道，行其義，興天下之同利，除天下之同害，而天下歸之也。桀、紂非去天下也，反禹、湯之德，亂禮義之分，禽獸之行，積其兇，全其惡，而天下去之也。天下歸之之謂王，天下去之之謂亡。"

4　Duyvendak, "Hsün-tzu on the Rectification of Names", p. 240.

他說，秦國沒人敢做任何偏離國家為他們所規定的事情，民眾"甚畏有司而順"。[1]可是，在孔子的理想國度中，民眾應是完全自願合作的態度，這就與荀子所抒有著天壤之別。

荀子兩位著名弟子都是法家，一個為那套吸引秦政府的思想體系建樹甚多，另一個則成為秦國高官，於公元前221年佐助秦國奠定對中國的極權專制。後來荀子在儒家統序中頗不受待見，與此大有關係。

不過，荀子對儒學的真正損害不在於此。更關鍵的是，荀子背離了——雖然在儒學史上不是首次，卻可能是最具影響的——孔子本人抱持的一種情懷，即總體上對人類智慧與能動的信任感。孔子曾說："人能弘道，非道弘人。"[2]荀子則不相信人能夠為自己所想。他希圖在鑿實的基礎上建構道德體系，盲目地為世世代代確立遵循先師宣顯之經典的義務。荀子說："不是師法而好自用，譬之是猶以盲辯色……舍亂妄無為也。"[3]對此，德效騫評曰："荀子將儒學發展為一個權威系統，其中一切真理均導源於聖人之言。"[4]

由於荀子不相信人，且不願意冒任何風險，相比孔子學說也就黯淡不少。所謂"不入虎穴，焉得虎子"（Nothing ventured, nothing gained），這對思想領域而言也是顛撲不破

1　Wang Hsien-ch'ien, *Hsün Tzŭ Chi Chieh* 11.9b.

2　*Analects* 15.28.

3　Dubs, *The Works of Hsüntze*, p. 52.

4　Dubs, "The Failure of the Chinese To Produce Philosophical Systems", p. 108.

的。荀子,以及其他亦步亦趨者,難免使得儒學在很大程度上漸趨貧瘠。既然為儒學締造了一個權威體系,後儒也就讓儒學暴露於備受侵凌的危險之中,而那些成功讓世人相信其掌握權威的人物,必將得以恣睢其道。

荀子實在太過精湛。恰是因為如此精湛,也就更是流毒匪淺。正如道家所言,過於有為。這,正是中國才智卓絕之人物的一種悲劇。

第八章

法家的極權主義

截至本章之前，我們所提及的思想，從儒家至道家的全部思想家們都有一個共通之處：他們聚焦於深陷貧窮、飽受戰爭壓迫摧殘而處於不幸困境的古代中國勞苦大眾。他們都要批判當權君主，旨在遏止或減緩統治者的苛捐雜稅和殘暴統治，亦試圖非攻寢兵。

　　我們即將論及的這一哲學思想，也會有條件地關注上述議題。然而，他們對此的警覺不是因為民眾備受管制，而是因為民眾有時不服統治；不是因為民眾貧苦無助，而是因為民眾未能勤勉勞作足以奉君；不是因為存在戰爭，而是因為民眾缺乏對戰爭的熱忱。這派學說肆意將上述狀況歸咎於導致民眾亂法犯禁的孔墨思想。

　　這種稱之為法家的哲學思想，在很大程度上是一種反對革命（counterrevolution）、尋求保衛君權的哲學，而壓制一種日益高漲的呼聲，即統治為民而非為君，不合民心之政府應受譴責。

　　諸多學者始終堅持，法家毫無反對革命之意。法家自詡為宣揚新時代之新學說的銳意創新者，同時將儒墨兩家目為固守陳腐、忌視天下現代化之利的極端保守主義理論。

至於哪家真的符合潮流，何派又真的逆流而動，這一問題已由於多重原因而疑雲叢生。雖然儒家以設計根本性變革為綱，但不可否認的是，儒家自身確有某些言論趨於保守主義。後世的儒學流於或被視作儼然真正的保守主義者，只是這種保守主義呈現出一番奇特的面貌。以形形色色的制度和實踐填充往昔的那些傳說彷彿海市蜃樓，其實從未發生，卻形成了儒家思想中理想世界的瑰麗圖景。這些傳說被書面記載並信以為真，其中許多甚至還進入經典篇章。因此，儒家學者其實是提倡全盤改革，卻堅信自己是在祖述聖王。儒家也就認可將他們歸為保守主義者的說法，哪怕這並非真相。

儒家反對力治取代禮治。法家則倡導運用專制的權力施加嚴刑峻法的威儡，以此強化中央集權。這項政策不但針對儒家學說，而且不利於在政策下失去權力甚至地位的附屬封建領主。由於敵人的敵人即是朋友的道理，所以儒家原則上就被視為分封制的擁躉。

而且，許多儒家學者的確依附於各個小封建君主，因此無疑會擁護君主利益。前文已述，孟子對分封制度的緬懷之情溢於言表。儘管如此，也並非像有人所說的那樣，以為儒家全然營衛封建的世卿世祿。恰恰相反，儒家堅稱官員應僅以德行為基礎，顯然就是反對封建世卿世祿。

另一方面，法家自詡為改革者也有道理。法家方略多有出新：他們尋求瓦解古老的宗法家族體制。他們倡導土地的私有產權（但值得注意的是，他們也主張對一切活動進行嚴苛的國家控制，以致私有產權者對其土地的利用幾乎沒有選擇空間），同時，他們還擁護以嚴刑峻法維繫的高度集權的新式政府。

然而，法家的宗旨也不是改頭換面。在民眾逐漸開始諳曉權利和自由等概念，或是說被儒家學說侵蝕之前，法家旨在為統治全國的君王獲致凌駕臣民的專制權力，這有如"往昔好歲月"（good old days）時封建主操持的專制權力。

在這一聯結上，法家理論的實踐主要發生於中國西部邊陲的秦國，就耐人尋味了。據載，直到公元前 361 年，秦國仍普遍被中國人視為蠻夷之國。[1] 亦多有史料記載，儒家禮義之說未聞於秦。

前章已述，在公元前 300 年稍後，荀子曾在訪秦後有所記述，他發現秦國的民眾簡單、淳樸、甚畏有司而順。至於官吏，也是嚴格忠於職守，出於其門，入於公門，出於公門，歸於其家，無有私事。荀子云，民眾屬"古之民"，官吏屬"古之吏"，毫無當時的刁頑品性。[2] 顯然，在極權主義系統化的環境中，不難成長出這樣的人。事實上，這種系統化的嚴密統治古已有之，且從未消除殆盡。

不僅是法家的主張主要實踐於秦國。而且，三位最著名的法家代表人物的出身，以及生平常年所居之國，也皆為偏

1　Chavannes, *Les Mémoires historiques de Se-ma Ts'ien*, 11.62.

2　Wang Hsien-ch'ien, *Hsün Tzŭ Chi Chieh* 11.9b.

遠國家，遠離於通常認為最尚文化、最富儒者的華夏中原。於是，法家看待事情的方式不同於儒家，甚至不同於墨家便不足為奇。

儒家思想與法家思想的另一不同之處在於：儒家學者成長於一種貧寒的環境。孟子據傳為貴族後裔，可畢竟無從稽考。哪怕確實如此，似乎也是家道中落。但是，最具影響的兩位法家代表人物則出身各自時代的衛、韓兩國之公侯家族。因此，他們自然是為君主出謀劃策，絕非為人民大聲疾呼。

幾乎所有的批判者都形成共識：法家實乃君主的利益代表，但我們不能就此認為，法家會標榜其治道是為了建立一套暴政系統。與此相反，法家會告訴我們，唯有他們真正是為人民的利益而奮鬥。[1] 誠然，法家倡導嚴苛之統治，但其嚴苛據說是為了民眾，正如戰士是為了公共利益而犧牲，傷口的腐肉要為了治病而割捨。法家學者申明，君主是為了民眾自身的利益才予以懲罰的。[2]

儘管法家學者直言不諱地諷刺鄙夷儒學，但儒法兩家在某些觀點上仍不乏共通之處。與法家一樣，孔子曾抨擊當世

1　Wang Hsien-shen, *Han Fei Tzŭ Chi Chieh* 17.7a. 譯注：《韓非子‧問田》："竊以為立法術，設度數，所以利民萌，便眾庶之道也。"

2　Ibid., 18.10a, 20.7b. 譯注：《韓非子‧八說》："是以拔千丈之都，敗十萬之眾，死傷者軍之乘，甲兵折挫，士卒死傷，而賀戰勝得地者，出其小害計其大利也。夫沐者有棄髮，除者傷血肉。為人見其難，因釋其業，是無術之事也。"《韓非子‧飭令》："重刑少賞，上愛民，民死賞；多賞輕刑，上不愛民，民不死賞。"

的無序混亂，也曾主張集權，儘管孔子會譴責法家為此目的不擇手段。雖然法家對孔子時有抨擊，卻十分尊崇儒家聲望，以致在其著述中編造趨於法家的孔子，更有甚者，直接藉孔子之口，闡法家之實。[1] 此外，法家思想最終滲透入儒家思想中的部分相當可觀，以至於我們可以在一些儒家經典中發現法家思想的印跡。

甚至，《論語》也包含法家言說，而被歸為孔子言論，從而竄入了這部最為神聖的儒家經典。[2]

荀子構成了儒法兩家之間的一座橋樑。雖說反對法家思想本身，但荀子諸如人之性惡與專制主義的論斷大概存在著法家傾向。他的兩位最負盛名的弟子就皆是法家，其中一位更是堪稱最集大成的法家。

墨子厭惡戰爭，法家則以此為榮。然而，墨子主“尚同”思想，所秉持的“上之所是，必皆是之；上之所非，必

---

1 Ibid., 9.9b-l0a, 11. 譯注：《韓非子‧內儲說上》：“殷之法，刑棄灰於街者。子貢以為重，問之仲尼。仲尼曰：‘知治之道也。夫棄灰於街必掩人，掩人，人必怒，怒則鬥，鬥必三族相殘也，此殘三族之道也，雖刑之可也。且夫重罰者，人之所惡也；而無棄灰，人之所易也。使人行之所易，而無離所惡，此治之道。’”《韓非子‧內儲說上》：“魯人燒積澤。天北風，火南倚，恐燒國。哀公懼，自將眾趣救火。左右無人，盡逐獸而火不救，乃召問仲尼。仲尼曰：‘夫逐獸者樂而無罰，救火者苦而無賞，此火之所以無救也。’哀公曰：‘善。’仲尼曰：‘事急，不及以賞；救人者盡賞之，則國不足以賞於人。請徒行罰。’哀公曰：‘善。’於是仲尼乃下令曰：‘不救火者，比降北之罪；逐獸者，比入禁之罪。’令下未遍而火已救矣。”

2 Creel, *Confucius, the Man and the Myth*, pp. 220-221. 譯注：指《論語‧子路》“正名”一段，顧氏認為絕非孔子思想。

皆非之"已含有明顯的極權主義意蘊。墨子也提倡一種命令民眾將組織內他人之善惡報告上級的系統,這與此後秦國的實踐異曲而同工。

然而,與法家存在最顯而易見之密切關係的,乃是道家。乍看起來,這令人頗感詫異,回顧一下,畢竟道家之基本宗旨乃強調個人自治。而且,道家之士極力譴責戰爭與高壓統治。那麼,道家思想又怎麼會與這種認為戰爭乃人之天性,並提倡絕對專制集權的哲學存在任何瓜葛呢?

我們要記得,道家有著難以調和的兩面,否則,道法關係就難以理解。在道家的第二重面相中,我們發現道家之聖人以巨大權勢承擔統治天下之重任,這種權勢有如"道"本身。我們所知的道家聖人"虛其心,實其腹,弱其志,強其骨"[1]之策略,令法家如此心馳神往,可謂不言而喻。他們將道家思想作為其學術體系的形而上學背景,同時駕輕就熟地排抑或扭曲那些齟齬於法家旨趣的說法。

至於自身成其為一種哲學思想的法家,則還是有些令人捉摸不透。

首先,"Legalism"(由中文"法家"意譯而來)這一名稱便不是十分恰當。法家的確強調法律,但僅作為實現目標的一種方法,且非唯一方法。還有,法家並非主要在法律條文與法律解釋的意義上"重法"(legalistic)。馮友

140

---

1 *Lao Tzŭ*, chap. 3.

163

蘭一針見血地指出："把法家（legalist school）思想與法學（jurisprudence）聯繫起來，是錯誤的。"[1]

基於以上原因，有些學者已將這些法家人士稱為現實主義者（Realists）。如此一說則意味著，法家峻刻無情且頭腦冷靜，故而是現實主義的。但是這一命名也有不妥。法家人物或許會同意他們是現實主義的，我們卻未必認同。他們確實窺見部分現實，可他們看到全部現實了嗎？正如我們即將展現，這正是一個質疑法家作為現實主義者的絕好理由。

描述這些哲學家最為貼切的詞彙，也許是"威權主義者"（authoritarians），或者"極權主義者"（totalitarians）更好。因為法家教導每一個體應當全然為了國家，不顧任何個人欲望與福利地去生活、工作、思考，事君主而致其身。但是，畢竟"極權主義"是一個冗長佶屈的詞語，我們還是節省三個音節並遵從慣例，仍稱之為"法家"（Legalists）。

不過，我們無法恰如其分地闡述這一"Legalist school"（儘管我們的確如此稱呼），因為其中 Legalist 的精神付之闕如。強調權威蓋無出其右的這派學說，卻是唯一沒有公認之創始人的學派。最集大成的法家韓非子師承的是大儒荀子，而非法家人士，這一點頗為顯著。實在是有諸多人物與著作皆以不同方式、在不同程度上構成我們稱為"法家"的這種思想。令人頗為疑惑的是，對於某些哲學家及其著作，有的

1　Fung Yu-lan, *A Short History of Chinese Philosophy*, p. 157.

學者歸之為法家，有的學者則不然。而且，被稱為法家著作的某些書籍極其駁雜，含有一些毫不闡發法家哲理的部分。

大部分被稱為法家的人士，屬行使實際行政權的官員，這值得注意。應當記得，孔子或孟子皆非如此。在擔任官職時，孔孟似乎僅扮演"顧問"角色。在儒家代表人物中，荀子是唯一擔任實職的，而他就在某些方面趨於法家思想。

或許，最早被稱為法家的人物，是公元前七世紀的名相管仲。然而，他並非總是被歸入法家，而且這個標籤的確切性本身便令人生疑。雖然我們對管仲思想了解不多，但其中一些聽起來更接近儒家思想。有一本被稱為《管子》的書託名於管仲，其實卻是後來作者的文章合集。他們中有些人具有法家格調，另一些則不是。

於公元前337年逝世的申不害，曾經擔任韓國之相達15年。相韓期間，據說韓國治理良好，軍隊強大。一本託名申子的書在韓國擁有廣泛的影響力，可惜已經亡佚。申子著重強調的是行政方法的"術"對於統治的重要性。

慎到出生於約公元前300年，與孟子大約同時。他出生於趙國，而任職於齊國，可似乎不是一名真正的行政官吏。慎到既是法家，也是道家，強調"勢"即權力、地位，這一點我們稍後詳述。託名於慎到的著作則被視為偽作。

法家及號稱法家的名單還可以擴充許多，但意義不大。也許早期法家中最重要且無疑最富意義的還是商鞅（又稱衛鞅或公孫鞅，於公元前338年去世）。商鞅與衛國公室關係密切，卻在魏相手下任職。據說，這位魏相公叔痤自知病入膏肓，懇求魏王任命商鞅繼任相位。如若不然，就又奉勸魏王務必殺掉商鞅，一旦任由商鞅為他國效力，將會成為危險的敵人。但是，根據這則逸聞，魏王兩者均未採納，也便釀成後來之殤。

此後不久，商鞅聞知西方的秦國國君正在招募賢才，助其富國強兵。入秦未久，商鞅便得到秦孝公賞識，並被授予官職。商鞅提議進行全面改革，這一動議遭到其他大臣的反對，但最終還是開展。漢代的《史記》告訴我們：

令民為什伍，而相牧司連坐。不告姦者腰斬，告姦者與斬敵首同賞，匿姦者與降敵同罰。民有二男以上不分異者，倍其賦。有軍功者，各以率受上爵；為私鬥者，各以輕重被刑大小。僇力本業，耕織致粟帛多者復其身。事末利及怠而貧者，舉以為收孥。宗室非有軍功論，不得為屬籍。明尊卑爵秩等級，各以差次名田宅，臣妾衣服以家次。有功者顯榮，無功者雖富無所芬華。

令既具，未布，恐民之不信，已乃立三丈之木於國都市南門，募民有能徙置北門者予十金。民怪之，莫敢徙。復曰 "能徙者予五十金"。有一人徙之，輒予五十金，以明不欺。卒下令。[1]

---

[1] Duyvendak, *The Book of Lord Shang*, pp. 14-16; Takigawa Kametaro, *Shih Chi Hui Chu K'ao Chêng* 68.7-9.

按軍功授爵的記述，實際上揭示了這場變法的首要目的。我們注意到，為了統治整個中國，列國鏖戰正如火如荼。儒家說，通過仁德就可以統治天下。法家則予以駁斥，認為斯說簡直猶如癡人說夢，佔據國家之方略無非征服而已；矢志於此，首先就是讓國家富足，法度嚴明，全民皆兵。

秦人感到新法頗為嚴厲，便加以非議。正好，當時太子犯法。為了以儆效尤，商鞅便刑其傅公子虔，黥其師公孫賈。此後，新法得以遵守。後來又有一些人稱頌新法，商鞅遷之於邊城，因為他們竟敢妄議法律。至此，秦國就變得秩序井然。

如果我們所見記載不妄，商鞅變法含有若干目的：將秦國從一堆封建的小領地，糅合成一個具備官僚機構的中央集權國家；大力削減貴族家庭的權力，進而創造一個按軍功授爵的新的等級體系；同時，嚴厲懲罰盜賊與私鬥（即力量不為國家所用）；既強迫家庭成員在增加稅收的威脅下分居，又讓家庭成員相互監視告發，試圖瓦解大族；獎勵耕織，取締貿易（被認為是非生產性的）；改革稅制，規範度量衡。[1]

144

1　Duyvendak, *The Book of Lord Shang*, pp. 39-40. 譯注：《史記·商君列傳》："令行於民朞年，秦民之國都言初令之不便者以千數。於是太子犯法。衛鞅曰：'法之不行，自上犯之。'將法太子。太子，君嗣也，不可施刑，刑其傅公子虔，黥其師公孫賈。明日，秦人皆趨令。行之十年，秦民大說，道不拾遺，山無盜賊，家給人足。民勇於公戰，怯於私鬥，鄉邑大治。秦民初言令不便者有來言令便者，衛鞅曰'此皆亂化之民也'，盡遷之於邊城。其後民莫敢議令。……而令民父子兄弟同室內息者為禁。而集小鄉邑聚為縣，置令、丞，凡三十一縣。為田開阡陌封疆，而賦稅平。平斗桶權衡丈尺。"

167

還有一種說法，商鞅實行土地私有制，是為了反對封建社會的狀況：在這種狀況下，耕種者依附於領主，該領主進而依附其上級領主。這種封建的崩壞確實可能發生於秦，但最近有學者認為，這是封建制度崩潰後，中國多點開花、逐步發展起來的。

　　商鞅確實使秦國富兵強。在秦國東陲，某些領土長期以來一直在秦魏之間爭奪不休。公元前341年，魏國被另一國家擊敗之後，商鞅率領一支秦軍入侵魏國。應該還記得，魏國是商鞅最初從政的國家，因此商鞅與敵方統率魏軍的公子曾有私交。商鞅向魏公子提議會盟罷兵。魏公子欣然前往，隨即陷入商鞅謀劃之伏擊。魏公子卬被俘，魏軍大潰，秦國就此佔領河西之地。

　　於是商鞅封君，被授予一大片封地。儘管如此，商鞅在秦國仍不受歡迎，據說嚴苛法律使他備遭怨恨，要是沒有一小隊親兵護衛，他都不敢出門。當秦孝公死後，其師曾受商鞅之刑的太子繼承君位，商鞅不得不逃亡。據說，他最終還是被車裂而死。

　　有一本流傳至今託名於商鞅的著作，名為《商君書》。然而，研究並翻譯該書的戴聞達並不相信其中有商君親撰的部分。這是一本由諸多法家學者撰成的綱要，儘管難以確考成書年代，仍深具意義價值。[1]

1　Ibid., pp. 131-159.

　　若從智識的角度評判，所有法家中最重要的人物，則是卒於公元前 233 年的韓非子。他是韓國（位於秦國之東）的公子。口吃的言說障礙使他轉而把著書作為一種敘說渠道。韓非子終究成為一名尤為關注並傾心於法令與統治之學的學者。在法家理論的發展上，韓非子與法家先驅們淵源頗深，卻學於儒家荀子。荀子門下的同學李斯，則與韓非年齡相仿，在南方楚國步入仕途。據說李斯感到自身才能遜於韓非；這是很有可能的，因為他們之間實際上不可同日而語。

　　韓非子十分憂慮祖國的衰弱，屢屢敦促韓王增強國力。韓非之方略雖似於商鞅，卻不無孤詣，絕非不加批判而因仍諸說。可是韓王絲毫未予留意，孤憤的韓非只得在幾篇長文中傾瀉其學。其中兩篇落入秦王之手，觀後長嘆道："嗟乎，寡人得見此人，與之遊，死不恨矣。"這一機會便在公元前 233 年到來，當時韓非子作為韓國使者被派往秦國。秦王賞識韓非本人及其著述，並考慮任之以事。

　　而韓非曾經的同學李斯在秦已有 14 年，身為秦國大臣之一。李斯很可能是對才華橫溢的韓非成為潛在對手而如坐針氈，也可能真的擔心韓非不會效忠秦國。於是李斯告曰，無論如何不能指望韓非順從征韓軍略，那就不如入獄治之。韓非剛一入獄，李斯就設計令其自盡。[1]

　　《韓非子》一書為我們展現最完整、最成熟的法家哲學

1　Takigawa Kametaro, *Shih Chi Hui Chu K'ao Chêng* 63.14-28.

圖景。它起碼收錄了韓非子的一些文章，有些部分的文字近乎原作。不過，這些部分不構成全書，而混雜於法家其他各式著述，以及一些甚至非法家的文本。因此，對於《韓非子》一書須審慎引用。

與其他哲學的倡導者一樣，法家也有自己的歷史敘事版本，但在許多方面，甚至與其主要對手儒家的歷史敘事版本非常相似。法家並未否認（他們本來可以否認）聖王堯舜曾經存在，也未否認他們禪讓王位的事跡，抑或統治期間民德歸厚的狀況。然而，法家對這些事情有著不同的解讀。韓非子寫道：

> 古者丈夫不耕，草木之實足食也；婦人不織，禽獸之皮足衣也。不事力而養足，人民少而財有餘，故民不爭。是以厚賞不行，重罰不用，而民自治。今人有五子不為多，子又有五子，大父未死而有二十五孫。是以人民眾而貨財寡，事力勞而供養薄，故民爭，雖倍賞累罰而不免於亂。

> 堯之王天下也，茅茨不剪，採椽不斲；糲粢之食，藜藿之羹；冬日麑裘，夏日葛衣；雖監門之服養，不虧於此矣。禹之王天下也，身執耒臿以為民先，股無胈，脛不生毛，雖臣虜之勞，不苦於此矣。

> 以是言之，夫古之讓天子者，是去監門之養，而離臣虜之勞也，古傳天下而不足多也。今之縣令，一日身

死，子孫累世絜駕，故人重之。是以人之於讓也，輕辭古之天子，難去今之縣令者，薄厚之實異也。[1]

韓非子告訴我們，上古之民可以仁愛禮讓，那是因為人口不多。因此，上古聖王才能夠以仁慈禮義而王天下。[2]

在這一問題上，韓非子還嚴屬地批判儒家崇拜的聖王，斥責其腐化天下。堯舜以王位讓予平民，是反以臣民為君主。而儒家所稱頌的完成解民倒懸神聖使命之商湯周武，實乃弒君者。因此，他們都破壞對已然建立之權威的尊重。[3]於此，身為公子的韓非是在為其權貴階級所遭受的侵蝕敲響警鐘，這真可謂昭然若揭。

韓非子言，即使上古的不同時期也有適宜其時的方略，而世殊時異，又有什麼是顛撲不破的呢？韓非講述一個農夫的故事，農夫曾看到一隻野兔撞樹而死，餘生便一直守株待兔。他說，這個農夫就彷彿那些期盼回到古代的儒家。[4]

世界混亂有其罪魁禍首，韓非大多歸咎於這樣的"無用學者"：他們以古非今，溺於無用之談。[5]

遊學者越多，就越少有人供給糧食，強國富君。韓非子

1　Wang Hsien-shen, *Han Fei Tzŭ Chi Chieh* 19.1b-2b.

2　Ibid., 19.3a.

3　Ibid., 20.1. 譯注：《韓非子·忠孝》："堯、舜、湯、武或反君臣之義，亂後世之教者也。堯為人君而君其臣，舜為人臣而臣其君，湯、武為人臣而弒其主、刑其尸，而天下譽之，此天下所以至今不治者也。"

4　Ibid., 19.1.

5　Ibid., 19.17a, 20.3.

認為，即使研究兵法也是有害的。學習兵法的人越多，能投入前綫戰鬥的士兵就越少。[1]

因此，韓非宣稱應懲罰學者，使之放棄有害的職業，從事有益的工作。但他慨嘆說，君主並未如此，而是爭相禮遇，這樣自然就會導致其他人爭相效仿。如果僅憑學問就能富而有勢，不必經歷辛勞險阻，那麼誰不願成為一名學者呢？因而，越來越多的人放棄了對物質生產的追求，這就削弱了國家的整體實力和經濟水平，導致普遍的貧乏。而且，韓非子還警告說，君主尊隆那些甚至出身平民的博學仁義之士，實乃貶損自身統治階級的威望，進而危及自身權位。[2]韓非甚至公然譴責一切文學，言曰："明主之國，無書簡之文，以法為教；無先王之語，以吏為師。"[3]

韓非子往往合儒墨而斥之，他所譴責的當時蠹蟲，包括了籍仁義飾辯說之學者、帶劍聚徒之遊俠、侔農夫之利的商工之民，以及遺社稷之利以成其私的政客。[4]

法家人性觀與儒家人性觀截然不同。眾所周知，孟子曰人之性善，荀子則云人之性惡。可是，儘管認為所有人生來都是"自私、邪惡和不義的"，荀子仍然相信可以通過教化讓人們善良信義。在我們對荀子的論述中，曾注意到這一轉

1　Ibid., 19.8b. 譯注：《韓非子・五蠹》："境內皆言兵，藏孫、吳之書者家有之，而兵愈弱，言戰者多，被甲者少也。"

2　Ibid., 18.1, 19.7a-9a.

3　Ibid., 19.9a.

4　Ibid., 19.1a-12a.

變頗為難解，既然師者本身也是人，則本性為惡，可荀子顯然已經排除任何非人為因素的介入。

正如大多數法家，荀子實任行政官員，有著一段擔任類似某種高級警官（譯注：蘭陵令）的生涯。世間不乏警察對人性抱持樂觀看法，但畢竟為數極少；他們的經歷使其對人普遍帶有懷疑態度。荀子恰是如此，但作為儒家學者，荀子還是找到舒緩這一難題、以犧牲邏輯為代價的辦法。在這方面，其弟子韓非則是一位矢志不渝的邏輯主義者。與其他法家一樣，韓非認同人性自私自利這一觀點，且從未想要左右逢源。其言曰：

> 凡治天下，必因人情。人情者，有好惡，故賞罰可用；賞罰可用，則禁令可立而治道具矣。君執柄以處勢……柄者，殺生之制也；勢者，勝眾之資也。[1]

韓非子認為，即使在家庭內部，自私自利也是一種定律（rule）。他寫道：“父母之於子也，產男則相賀，產女則殺之。……慮其後便，計之長利也。故父母之於子也，猶用計算之心以相待也，而況無父子之澤乎？”[2]

如果說人性如此，那麼在政治行動中依賴諸如感恩和忠誠這樣的道德，顯然是愚劣而危險的。韓非子認為，人臣其實無一例外、毫無兩樣：如果能夠不受懲罰地行為，他們都

1　Ibid., 18.12b-13a.

2　Ibid., 18.2.

會弒君，攫取其權力和財富。於是韓非子宣稱，即使是最為信賴的心腹也不免於此，唯有君主實行密切監視與嚴格壓制，方有可能保住身家性命。[1]

法家的這種心理學，聽起來很像獅子和老虎的馴獸師對其指令所做的分析。據說（筆者沒有訓練獅子的一手知識），大型獸類不能真正被馴服，但必須始終警惕並以獎懲手段控制。這正是法家的馭人之術。可是，這樣的分析和技術真的有效嗎？

當然，如果最為廣義地理解私利，那麼每個人的行為都出於私利。我曾經認識一位女士，說她從不做任何不誠實的事情，是因為她希望死後升入天堂。另一些人避免行不道德之事，則是因為相比可能由此獲得的利益，他們更看重身邊人們的尊重。還有，即使沒人知道，有些人還是會做他們認為正確的事情，這是因為珍視自尊；這些人有時會這麼說："如果那樣做的話，我晚上就睡不著覺了。"

所有這些倫理動機均可以從自身利益的角度來解釋，只是，上述情形中自身利益的算計方式，就不免顯得特殊而複雜。那些動物心理學研究者已認識到，條件反射和替代刺激等因素對動物心理過程的作用絕不簡單。人類的情況，畢竟複雜得多。

因此，法家心理學對儒家的批判就太過簡單了。法家沒

1　Ibid., 16.10b-11a.

有考慮到每一位儒者所強調的：教育對人的改變以及社會化的巨大作用。他們也沒有意識到，雖說人們的確因由欲望所激勵，但或許渴求的東西是各式各樣的。例如，人們可能渴望得到信任，甚至比貪圖金錢還要強烈。因此，儒家會說，一位讓下屬感到真心信任的領導者，可能比只以厚賞許諾、酷刑威懾達到目的而精明得多的領導者更能深孚人心。

法家理論列舉了君主恰當統治天下的三件法寶。一者為勢，意味著權力和地位。二者為術，即方法。三者為法，即法律。法家人物對這三者各有偏重。

作為權力和地位的"勢"，其重要性的論述在於，即便聖王在南面而王之前也無法支使他人，而即使暴君也能以號令天下。由此得出結論，賢智與勢位無法相提並論。

法家還堅稱，統治需要作為行政技術的"術"，在這一點上，法家奠定其最為堅實的非儒立場。雖然堅持認為僅僅學習意義不大，除非能學以致用變為適當的統治行為，但孔子主要還是強調，仁德是賢能的首要條件。儒者們流傳孔子的字面教義，而忘卻其精神宗旨，最終認為官員所需具備的無非是道德與經典的知識。而隨著國家越來越大，越來越集權，經濟活動越來越複雜，政府的管理就愈發需要特定的技術知識與技能。法家深察於此，這或許正是在作為一種進化哲學的法家已韶華不再許久後，中國政府仍持續深受法家主義影響的主要原因。

從法家的第三個方面"法"來看，也與儒家判若雲泥。

在這一點上，儒家立場的生成無疑以封建制度仍然存續為背景，土地所有者對其封地農民行使著幾乎不受限制的法律權力。如果領主暴虐無道，顯然就希望他們的權威應當受到明確法律規範的限制。但是，如果領主賢良聰慧，能夠肩負為這一撮民眾謀求福利的職責，並且熟悉每一個人，那麼，只要他在遵從習慣的前提下，周全地考慮所有特殊情境，並憑自己良心做出判決，就能夠更好地司法。這是儒家通常秉持的法律程序觀。因此，儒家主張把司法工作交給善良明智的人士來管理，而非通過法令去限制司法工作。

其實，隨著政治組織愈發龐大，官員們無法事必躬親地熟識轄下的所有人，法令就變得不可或缺。雖然勉強接受這一事實，但儒家仍將焦點放在人治而非法治上。

直到滿清末期，中國法院的運轉方式仍與我們西方大相徑庭。審判不是控辯雙方律師之間的較量，最終由法官根據法典作出的裁決。相反，理論上它是法庭對包含每一個減輕或加重情節的案件事實的調查，進而根據法律、習俗以及所有情況而作出的裁決。要說這一制度看起來與我們完全不同，可我們應該知道，晚近西方的許多法院增設了緩刑官員，其職能正是審查案件的所有情況，並由此提供行動建議方案。這還被譽為偉大的現代進步。

人們往往斥責中國傳統法院的無能和腐敗。不過，法國著名法學家讓·艾斯卡拉（Jean Escarra）花費數年心血研究中國法律體系後，對這一指摘提出質疑。他說，在某些情況

153

下，中國法院將公平合理和社會正義置於法律條文之上。艾斯卡拉還意識到，中國傳統的司法制度（基本上是儒家制度）值得"更多讚賞而非批判"。[1]

正如我們所預期，荀子對法令有著比早期儒家更為積極的敘述。然而，即使荀子也闡明有治人、無治法之義。而且，荀子還說，若未認真考慮具體情況，則"法之所不至者必廢"。[2]

在某些方面，法家的法律觀念相比儒家更接近西方，但法家旨趣與我們通常認為的法之目的截然不同。在我們看來，"法律保障"是指保護個人免受政府的無限苛求。然而，法家認為，法律是政府完全控制一切個人的工具。法家希望制定出精確的法律，並公佈於民眾。實際上，這構成了一份公開、明確的獎懲安排表，以便民眾知曉其行為會造成怎樣後果。韓非子寫道："賞莫如厚而信，使民利之；罰莫如重而必，使民畏之；法莫如一而固，使民知之。故主施賞不遷，行誅無赦。"[3]

154

據說，商君之法刑棄灰於道者。有人援引其言："行刑重其輕者，輕者不至，重者不來，是謂以刑去刑也。"[4]如果說這對無意失手的人來說有點苛責，我們也要記得，韓非告

---

1 Escarra, *Le Droit chinois*, p. 79.

2 Wang Hsien-ch'ien, *Hsün Tzǔ Chi Chieh* 5.3a, 8.1a.

3 Wang Hsien-shen, *Han Fei Tzǔ Chi Chieh* 19.5b.

4 Ibid., 9.10b.

訴我們，賞刑並非主要針對所施加之個人，而重在對全體人民的範導。[1]

通過法律和其他法家舉措，明智的君主就可以迫使人們按其意願行事；韓非子說，君主根本不應珍視個人的自發美德，這是偶然且靠不住的。明君也不以學者所稱"仁義"之道行事，去善待人民，行慈惠之賜。徵斂於富人以佈施於貧家，只會是懲罰勤儉節約，慫恿奢侈懶惰。[2] 韓非子有言：

> 夫嚴家無悍虜，而慈母有敗子。吾以此知威勢之可以禁暴，而德厚之不足以止亂也。夫聖人之治國，不恃人之為吾善也，而用其不得為非也。恃人之為吾善也，境內不什數；用人不得為非，一國可使齊。為治者用眾而舍寡，故不務德而務法。[3]

---

1 Ibid., 18.4b. 譯注：《韓非子‧六反》："且夫重刑者，非為罪人也。明主之法，揆也。治賊，非治所揆也，所揆也者，是治死人也。刑盜，非治所刑也，治所刑也者，是治胥靡也。故曰：重一姦之罪而止境內之邪，此所以為治也。重罰者，盜賊也；而悼懼者，良民也。欲治者奚疑於重刑！若夫厚賞者，非獨賞功也，又勸一國。受賞者甘利，未賞者慕業，是報一人之功而勸境內之眾，欲治者何疑於厚賞！"

2 Ibid., 18.5b-6a, 10b-11a, 19.13b-14a. 譯注：《韓非子‧六反》："故明主之治國也，適其時事以致財物，論其稅賦以均貧富，厚其爵祿以盡賢能，重其刑罰以禁姦邪，使民以力得富，以事致貴，以過受罪，以功致賞，而不念慈惠之賜，此帝王之政也。"《韓非子‧八說》："故存國者，非仁義也。仁者，慈惠而輕財者也；……慈惠，則不忍，輕財，則好與。……不忍，則罰多宥赦；好與，則賞多無功。"《韓非子‧顯學》："今上徵斂於富人以布施於貧家，是奪力儉而與侈惰也，而欲索民之疾作而節用，不可得也。"

3 Ibid., 19.16a.

於是，把君主比作父親實有不妥；君主對民眾是沒有（或者至少不應該有）感情的。有位秦國國君（譯注：昭襄王）的故事發人深省：這位國君疾病後康復，聽聞有些民眾買牛為之祈禱。於是，國君對這些人進行懲罰，因為君民之間的愛會破壞統治，所以必須扼殺於萌芽。[1]

　　君主也不應沉溺於任何愚蠢的寵倖，甚至是最為親近的大臣。大臣越有才能，就越有可能謀弒。大臣必須能以勝任，也應享高官厚祿，但絕不可給予大權與勢力，對他們的諫言也無須過於留意。[2] 大臣不應辯智，否則會蒙蔽君王；也不應修潔，因為修潔之人往往愚陋。完全沒有必要尋求貞信之士任之以官，何況也無法找到足夠的貞信之士。如果君主只是一其法而固其術，臣下就不敢作奸犯科，不管他們多麼蠢蠢欲動。[3]

---

1 Ibid., 14.5a-6a, 18.2.

2 Ibid., 12.5b, 14.3b-4a, 18.12b. 譯注：《韓非子‧外儲說左下》："若知能謀天下，斷敢行大事，君因專屬之國柄焉；以管仲之能，乘公之勢以治齊國，得無危乎？"《韓非子‧外儲說右下》："夫以王良、造父之巧，共轡而御，不能使馬，人主安能與其臣共權以為治？以田連、成竅之巧，共琴而不能成曲，人主又安能與其臣共勢以成功乎？"《韓非子‧八經》："明主不懷愛而聽，不留說而計。"

3 Ibid., 18.7b, 19.7b-8a. 譯注：《韓非子‧八說》："人君之所任，非辯智則修潔也。任人者，使有勢也。智士者未必信也，為多其智，因惑其信。以智士之計，處乘勢之資而為其私急，則君必欺矣。為智者之不可信也，故任修士者，使斷事也。修士者未必智，為潔其身、因惑其智。以愚人之所惽，處治事之官而為所然，則事必亂矣。"《韓非子‧五蠹》："且世之所謂賢者，貞信之行也……人主處制人之勢，有一國之厚，重賞嚴誅，得操其柄，以修明術之所燭，雖有田常、子罕之臣，不敢欺也，奚待於不欺之士！今貞信之士不盈於十，而境內之官以百數，必任貞信之士，則人不足官，人不足官，則治者寡而亂者眾矣。故明主之道，一法而不求智，固術而不慕信，故法不敗，而群官無姦詐矣。"

韓非子申明：權與勢是唯一重要的東西。[1]他關心的是君富兵強。《商君書》已經不滿於人民厭惡戰爭的狀況，從而提出一個切實可行的補救辦法：使人民的日常生活變得艱苦，從而以崇尚戰爭作為一種解脫方式。[2]如果我們審視歷史，可以隨處發現，戰爭與極權主義是如此的相伴相隨，二者的聯繫絕非偶然。如果不處在戰爭期間以及戰局之際，極權主義似乎就會偃旗息鼓。而如果不存在戰爭條件，極權主義國家往往會人為製造，以圖存續。

在秦國，李斯在逼死韓非子後，卻不斷地利用這位以前同學的思想。長期以來，秦國實力與日俱增，中國其他地區對其崛起充滿了迷戀和恐懼。在一系列讓人聯想到我們身處的二十世紀的事件中，東方六國結成了一度牢固的聯盟，秦卻用各種手段成功予以瓦解。

據《史記》載，秦國君主遵照李斯之謀："陰遣謀士齎持金玉以游說諸侯。諸侯名士可下以財者，厚遺結之；不肯者，利劍刺之。離其君臣之計，秦王乃使其良將隨其後。"[3]

通過一系列的征服，秦國取得對中國的統治權，即使以現代標準審視，這些征服似乎也是腥風血雨。據稱，某次有四十萬名投降士卒遭到坑殺。毫無疑問，這個數字有所誇大；但即便隨意除減，數字依然龐大。戰爭使得生靈塗炭，

---

1 Ibid., 19.3b.

2 Duyvendak, *The Book of Lord Shang*, p. 83.

3 Takigawa Kametaro, *Shih Chi Hui Chu K'ao Chêng* 87.5.

最終是在公元前 221 年，所有中國人都臣服於擁有皇帝頭銜的秦國君主。

全國人民也是長出了一口氣。歷經幾個世紀，終於誕生一介雄主控制整個中國而實現和平。皇帝純以"始皇"而稱，命其繼任者應稱為"二世"、"三世"等，直至萬世。正如刻石所述，皇帝開創了一個新的紀元。

與其法家丞相李斯一起，秦始皇開創了一個勇於創新的世界。史載："一法度衡石丈尺，車同軌，書同文字。"[1] 為了維護和平，帝國各地都收繳武器。十二萬個富有而顯赫的家族被遷居於京畿附近，以便避免叛亂。秦廢除舊的封建制度，劃分中國為多個行政區，每一行政區由皇帝指派的官員領導，從而形成了一個中央集權的政府。

要是沒有專制政府的法家制度，以及對反對君主法令或違法者的嚴厲懲罰，這番變革就不可能一蹴而就。統治固然刻薄，最終卻大功告成。然而，至少還是存在兩個難題。

極權國家通常遭遇這種狀況，既然除了獨裁者，其他任何人都不具有充分的主動權，那麼所有事務就有待乾綱獨斷。始皇夜以繼日，還是無法處理完所有需要他批閱的文件。至於五十歲駕崩，可能正是操勞過度。

此外，並非每個人都讚許新政權的優越。許多諳曉歷史知識的學者並不認同統治集團拋卻一切傳統。其中有人因涉嫌私下非議始皇而被殺。當然還有其他人士非議政治，故而

1　Chavannes, *Les Memoires historiques de Se-ma Ts'ien*, II.135.

李斯指控他們 "惑亂黔首"。法令規定，除了醫學、占卜和農業以外，一切公開發行的書籍必須焚毀，所有膽敢引用儒家經典來批判統治的人，都將被處決。

刑罰的加重並不總是能帶來法家希冀的效果。人們因脅從偶有犯事，也極易陷於死刑。既然按照法家原則絕不寬宥，那麼，不管多麼情有可原，罪犯自然都會逃逸深山。所有那些不願生活在極權專政之下的人們就都加入行列，敢於嘯聚山林。於是，一群聲勢浩大的團夥就處於法外之地。雖然始皇大發雷霆，但在追捕這些飄忽不定的敵人方面，秦朝軍隊似乎捉襟見肘。

在鞏固中國統治十一年後，始皇駕崩。李斯與宦官趙高勾結，除掉始皇的長子扶蘇（據說崇尚儒家學說），扶立了一個懦弱的皇帝胡亥。兩年後，宦官趙高又設計處死李斯。

與此同時，希圖傳之萬世的王朝，已如一座紙牌屋般轟然坍塌了。有兩個農民舉起了反抗的旗幟。儒士、墨者以及各路厭惡秦政的人士都雲集響應。幾個月後，這個起義的農民被殺，同時赴義的還有其最親密的謀士之一、孔子的第八代直系玄孫孔鮒。然而，這未能平息戰事，畢竟起義已成燎原之火。

到公元前 207 年，嬴秦不免成為了一段口誅筆伐的記憶。一個無意間違反秦律而亡命的農民子弟，後來成為起義將領，繼而建立漢朝。曾獨寵於中國官方的法家學說，蓋已成為前音絕響。

第九章 漢代的綜合思想

159　　在西方，人們通常認為，政治和哲學並不密切關聯。而在中國，二者卻如形影相依。前述大多數中國哲學家都曾擔任某種政府官員，至於那些未曾出仕者，也頗為熱衷於為政之道。以迄公元前一世紀，政治與哲學的聯繫愈發顯著。

　　公元前 213 年，短祚之秦朝幾乎禁絕一切哲學著作，討論尤為流行於儒生群體中的詩書經典，更是遭到明令禁止。法家之學於是得以獨寵專房。若干年後，漢朝建立其官方哲學的境況則可謂一波三折。直到漢武帝（公元前 140 — 前 87 年）時期，治法家之學的賢良皆被罷黜，習儒家經典的太學得以建立，考試制度的發展也取得長足進步。從那時起，很大一部分中國官員通常以儒家經典考試（明經）而躋身仕途。

　　因此，在不足百年的時間裏，中國完成了秦時法家作為官方哲學，到漢武帝時所謂"獨尊儒術"（the triumph of Confucianism）的完全轉變。

　　儒家正統思想的性質，及其過去兩千年來在中國所佔據的地位，正是漢朝那所謂的"獨尊"帶來的深遠影響。許多

160

人試圖解釋這一史事：一些學者試圖解釋為時代政治和經濟環境的純粹結果，沿著無可避免的道路通往一個意料之中的結局；另一些學者則走向另一個極端，試圖解釋為僅僅是某些君主及其親信的偏好使然；還有其他許多人直言，武帝尊奉儒學為政府官學，是因為儒家倡導臣民應當忠於君主，這增強了皇帝和統治階級的權力與威信。

不管他們對錯與否，所有這些概括都失之簡單。如果真正洞明史實，我們就應試著忘記這些先入為主的理論，進而詳細考察實際發生的史事。誠然，我們必須將政治和經濟環境納入考慮範疇，因為這是論據的重要組成部分。然而，還需要特別注意三個主體因素：君主、學者，以及最後卻同等重要的民眾。

在古代，貴族們可以幾近忽視無知的民眾，但是民眾已不再如原先那般無知。漢朝的締造者年輕時頗為貧窮，甚至他的妻子呂后（哪怕她日後成為一位至高無上且令人生畏的太后）也得親自在田間勞作。而與此同時，高祖之弟則有求學於荀子弟子的條件與經歷。[1] 我們已注意到，早在孔孟之時，中國東部的百姓就已舉足輕重，某些世家大族邀買民心，並發現這對他們政治抱負的實現大有裨益。

---

1 Dubs, *The History of the Former Han Dynasty*, I.19, 32. 譯注：《史記‧高祖本紀》："呂后與兩子居田中耨，有一老父過請飲，呂后因餔之。"《漢書‧儒林傳》："楚元王交，字遊，高祖同父少弟也，好書，多材藝。少時常與魯穆生、白生、申公俱受詩於浮丘伯。"

在相對澆薄的秦國，民眾的情形就大為不同。我們有一些證據表明，秦國人民並非樂意被政府嚴厲壓制，亦如馬匹尚且不樂於受鞭笞。而也正如馬匹，秦民只是習以為常，無以抗議罷了。秦始皇犯下的最大錯誤之一，就是以為全體中國民眾都可以長期容忍其刻薄寡恩之政，一如之前秦人那般逆來順受。

不消幾年，一個農民在東方揭竿而起，包括儒士和墨者在內的各色人等均雲集響應。這位農民起義領袖擁有孔子八代嫡孫（譯注：孔鮒）作為主要智囊。似乎，他是認為儒家思想能在宣傳方面搏聚民眾。幾個月後，他和孔鮒一同被殺，但這未能阻止已成燎原之勢的起義。由於皇宮內部陰謀頻仍，秦朝實已轟然倒塌，不過亡秦之後，仍要確定由誰來改朝換代。這場鹿死誰手之戰在兩個最具才幹的起義將領之間持續數年。

一方名為項羽，出身典型的世家貴族。項羽的先祖們曾擁有封地，歷代為將而聲名卓著。戰場上的項羽可謂所向披靡，甚至據說其親自指揮之戰從未失利。他威風凜凜，據說人們會本能地屈膝拜倒在他面前，甚至當他以犀利目光俯視敵軍戰馬時，馬兒都會嘶鳴著驚恐逃竄。如此天賦異稟的項羽，卻又屢屢罔顧人道，甚至以烹燒被俘之敵，或命令士兵在攻佔地區屠殺男女與幼童為樂趣。

由於項羽百戰百勝，結局兵敗似乎有點意外。雖然率領部下連戰連捷，軍隊卻逐漸離心離德，直至最終被迫自刎，實在令項羽飲恨。

項羽的對手、漢朝的締造者劉邦，卻是中國歷史上第一位平民皇帝。為了方便，我們沿用歷史給予他的稱號：漢高祖。高祖是農民之子，因偶然違反秦律而被迫亡命，聚嘯山林而成為草寇頭子，在起義風起雲湧之際成為一名主要將領。高祖談不上是一位出色的戰略家，然而作為一個領導者，他能慧眼識珠，廣納英才，並使徒屬各安其位，各盡其才。

高祖之臨危不亂，眾人皆驚嘆稱奇。有一次，他率軍與敵方項羽軍對壘談判。項羽暗箭射中其胸。高祖負傷嚴重。要是在場軍隊得知，想必士氣大挫。毫無片刻猶豫，漢高祖便捫足曰："虜中吾指！"[1]

高祖也是冷酷殘忍的。為確保勝利，他不擇手段，無論公平與否。他對諾言的遵守或背棄，均是為了遂己所願。只要能挽救自己的性命，劉邦就不惜犧牲成千上萬人，甚至是親身骨肉的生命。

若僅止於此，劉邦也不過是又一個聰明而冷酷的野心家。但這位漢高祖更是深諳心理學的高手，知道不能表現得殘酷無情。因此，無論何時，只要不危及大業，他就不失雍容雅量。劉邦將自己的一切成就歸功於群臣，自稱唯一的優點只是賞識、運用他們的才能。當一些臣屬謀劃叛亂之時，

1　Ibid., I.91.

他先是逮捕，後來赦免，還恢復爵位。甚至對於普通士兵的善待，可謂前所未聞。

高祖甫一稱帝，一個證明他是傳說堯帝後裔的家族譜系就應運而生。我們或許會設想，即使不予鏟除，高祖也將會與所有知曉其普通出身的舊識斷交。事實恰恰相反，他給一些故人封官，並免除家鄉稅賦。而且，有一次回到家鄉，高祖悉召故人父老子弟聚會數日，還親自歌舞，與人同樂。[1]

高祖絕非附庸風雅之徒，而可謂質樸無華，但這同時也屬一種政治策略。德效騫寫道："高祖對民眾的寬厚仁慈，使其贏得民眾的親切感（fellow-feeling）。民眾感到，高祖親民無間。民眾首領不止一次向他呈獻重要建言。即使是首屈一指的臣屬，高祖亦不講禮數，語言粗鄙，這也可能增進了民眾的親附。高祖的勝利正因操縱輿論利於自身；兩個世紀後這種親切感仍然那麼強烈，以至於其王朝衰亡之際，只能由另一同姓劉漢王朝尊臨天下。"[2]

高祖不僅僅是通過大赦天下、減免稅款、釋放奴隸等方式來贏取民眾的親附。早在權力鬥爭過程中，通過安排其官員定期與民眾代表協商，明確百姓意願，高祖也讓百姓在政府中享有一種頗為有限的發言權。被擁戴為皇帝之時，他說

---

1 Ibid., I.136-138. 譯注：《史記·高祖本紀》："高祖還歸，過沛，留。置酒沛宮，悉召故人父老子弟縱酒，發沛中兒得百二十人，教之歌。酒酣，高祖擊筑，自為歌詩曰……"

2 Ibid., I.24.

只是"便於天下之民"而尊號。[1] 即使是成為皇帝後，高祖不但沒有獨斷專行，反倒是察納雅言，從善如流。

這種做法逐漸產生不成文法的效力，故而其儲君之決定，如若未曾得到大臣認可，也有非法之嫌。德效騫說："高祖即位標誌著儒家思想的勝利：皇權是有限的；皇權應以利民的方式運用；皇權應建立於正義之上，超越於獨裁和絕對君權的法律觀念。雖然高祖及其繼承人在嚴格的法術層面上享有絕對君權，但實際上他們的權力受到慣例的約束。"[2]

164

在此，我們述及的是這樣一個政府，它在理論上有所契合於孔子關於政府應然狀態的看法：一個為民服務、由君主選擇並委以行政權能之官員運轉的政府。當然，這與儒家的理想相去尚遠，不過，高祖這樣的痞子皇帝竟然曾經趨近於此，還是令人嘖嘖稱奇。

高祖並不是儒家的擁躉。他將儒生視為浮華的書呆子，最喜歡用粗俗的惡作劇羞辱他們。儘管如此，高祖親信中不乏儒士，包括其弟本人。儒生竭盡全力使高祖儒化，甚至為此撰書。高祖也愈發厭惡那幫鄙陋舊臣在朝堂上的粗暴舉止，便召一位儒生設計了一套簡要的朝堂禮儀。然而，毋庸置疑的是，使這位精明政治家轉而青睞儒學的，主要還是民眾的崇尚。

---

1   Ibid., I.16, 75, 99-102.

2   Ibid., I.15.

人們常常認為，漢代儒學主要是貴族和富裕地主豪強的學說。其實不然。甚至到公元前一世紀，諸多儒生在官方資助風雲際會之後，其論敵仍將之描述為一個褐衣皮冠、窮居陋巷的階層。[1] 作為一個群體，有漢一代的儒生似乎一直處於經濟貧困的狀態。然而，正是這一事實使得他們貼近民眾，從而影響民眾。

漢高祖亦深察於此，並利用儒學來宣傳價值觀。在權力鬥爭中，他運用儒家語言 "討伐" 對手項羽，成效顯著。後來我們發現，儒家語言常見於詔書中。公元前 196 年，高祖下令全國官吏應推舉賢者智能出仕，從而得以尊顯。[2] 這一做法為其繼承者闡揚光大，發展成我們所熟知的典型儒家式制度，即中國的考試制度。

然而，高祖的朝廷既非一家獨尊，也不是以儒為主。以其宏大的理念以及包羅萬象之道，道家自然而然地吸引開創者。它逐漸與流行的迷信相互交融，也讓大眾喜聞樂見。由於高祖的許多追隨者都是出身平民的開創者，他們傾慕道家便不足為奇。

法家思想肯定也未消亡。儒生堅信自己應在政府中擔任要職，但對禮儀、玄學、文學等問題的過分關注，卻在另一方面妨礙著維繫帝國運轉的世俗問題，他們認為，這類問題不值得君子留意。

1　Gale, *Discourses on Salt and Iron*, pp. 77, 103, 121.

2　Dubs, *The History of the Former Han Dynasty*, I.75-77, 99-102, 130-132.

然而，漢朝的國家已是一個龐大的政治和經濟組織，迫切需要複雜的行政技術以及能夠操持這些技術的官員。只有秦帝國遺留的官員才掌握有這些技能，漢朝皇帝不得不予以沿用。在觀念方面，這些人員本質上仍屬法家。

公元前 179 年至 157 年間統治的第四位漢帝——漢文帝，在諸多方面吻合儒家對理想君主的要求。在他看來，帝制政府是一種為民眾福祉而建立的管理機構。文帝把稅收降到最低，釋放官家奴婢，遏制官員腐敗，減輕法律的嚴酷性直至少有刑殺，還設立了養老金。他也廢除誹謗妖言之法，以圖來諫者，聞過失。他提議，遵循儒家原則，不應傳位於子，而應尋訪帝國最賢德之人來繼承皇位；不過大臣勸諫道，這麼做非但不利社稷，反受其亂，這才作罷。文帝生活儉樸，臨死前秉求喪禮極簡，以免給民眾帶來不必要的麻煩。

166

這些著實不虛，漢文帝堪稱儒家美德的真正典範，也是歷史上最仁慈的君主之一。儘管他頗為迷信，一再受方士蠱惑。其時朝堂官家學者中，各派學說都有其代表人物，起初僅有一名儒生（譯注：賈誼）。此外，當漢文帝為太子擇師時，他又選擇了一位法家（譯注：晁錯）。[1]

儘管如此，在公元前 140 年的第六位皇帝漢武帝即位之時，儒家再次於朝堂佔據主導。一般認為，漢武帝是一位真

1　Wang Hsien-ch'ien, *ChHen Han Shu Pu Chu* 49.8a-9a.

誠的儒學恩主，儘管或許誤入歧途，武帝一朝仍使儒學興盛，從而“獨尊”。

然而，如果我們仔細審視歷史封存的事實，就難免得出如下結論：首先，當漢武帝作為一個十五歲的少年登基時，很可能被歸屬為儒家，但這一階段轉瞬即逝；在漫長的成年統治時代，武帝實際上是一個出於政策原因精心裝扮成儒家的法家。第二，在制定政策上真正具有分量的臣僚，皆直言法家，反對儒家。那些在武帝朝廷中名義上身居高位的儒家官員並非博學大儒，而且，他們在真正重要事情上的建議，武帝總是不屑一顧。最後，如果說我們同意儒學在武帝統治下得以“獨尊”，也只具有非常局限的意義。事實上，在這一過程中，儒學被異化扭曲的方式，到了足使孔、孟、荀觸目驚心的地步，一如實際上武帝時代那些真正儒者的惶惶不安。

常有人說，如果我們審視武帝的公然行徑，顯然極其符合韓非子這類法家所開出的治世藥方。儒家學者抱怨說，武帝使用的人口登記方法這種極權主義手段屬商鞅發明。秦朝的嚴苛法律從未完全廢除，在武帝之時已擴展成一套繁密而嚴格實施的法典。對於微不足道的罪行，人們被迫支付高額贖金，為軍隊服役，或入官為奴，因此商人和中產階級都被摧毀。法家親信力主取締暴利行業；武帝言聽計從，鹽鐵生產與釀酒經營皆壟斷於官府。僅是為了這些壟斷行業提供勞力，似乎就有十餘萬人沒為奴婢。為了支撐軍事冒險，武帝徵收重稅，貶值貨幣。懲罰如此頻繁而嚴厲，以至於人們害怕擔任政府職務；於是一項計劃應運而生，讓那些任官者可以贖免所謂的"榮譽"，這又充實了國家財政。[1]

法家鼓動戰爭，武帝亦是如此。在統治初期，中國確實受到周邊夷狄的威脅；但威脅解除之後，他對征服的興趣就變得無邊無際了。他開始派軍深入中亞：有一次派遣十幾萬人遠征大宛（Ferghana），只為獲得一種稀有馬匹。在這些持續不斷的開拓中，我們無法計算究竟有多少人喪生，只知道這從經濟上摧毀了這個國家。不過，武帝為中國開疆拓土，這一事實無疑有助於消淡其鎮壓措施給民眾帶來的不快。

漢興以後，將政府權力委以大臣早已成為儒家的建議與實踐，可是武帝不再因循這一傳統。相反，他獨攬朝政，從未真正將實權交由任何大臣或親信，遵行的完全是韓非子之術。而與文帝時期不同，批評皇帝已經不合法了，冒犯就會遭到嚴厲懲罰。然而，批評之聲甚囂塵上，尤其是在儒學界，公元前99年爆發了一場叛亂（譯注：徐勃起義）。值得注意的是，這場叛亂的發源地正是孔子里籍的周邊地區。鎮壓過後，有萬餘人被處決。[2]

武帝不但好似一位法家，而且以法士充當最具影響的親信。正如不止一位學者指出，有諸多理由相信，武帝有心效仿秦始皇。在詔書中，他偶爾引用包括《韓非子》在內的法

---

1 Chavannes, *Les Memoires historiques de Se-ma Ts'ien*, III.557-559, 568-569.

2 Dubs, *The History of the Former Han Dynasty*, II.16, 106.

家著作，顯露出對法家之學了然於心，儘管他十分謹慎而不曾言明。[1] 那麼，這位皇帝究竟是如何以一種弔詭的方式，收穫一個真誠的尊隆儒學（或許是將儒家引向歧路）者的名聲呢？

武帝十五歲時登基為帝，朝廷由某些儒家大臣把持。幼年學業使這位少年皇帝趨於儒學，故儒臣們不難讓其簽署一份詔令：罷免研習包括《商君書》和《韓非子》在內的某些法家著作的賢良。這一詔令顯然從未正式廢止，不過這位年輕皇帝對儒學的真正熱情轉瞬即逝。其大權在握的祖母太后崇尚道家，迅速扼制武帝儒生親信的勢力。

皇帝也旋即感到儒生並不討喜，儒生對其皇威尊位不夠尊重，不時犯顏直諫。此外，他怨責（此處皇帝的怨言不無道理）儒生盡是坐而論道者。他們不僅反對無謂的戰爭，甚至不屑對夷狄遊牧部落入侵邊界進行任何適當備戰。儒家主張，只要皇帝以德行相待，夷狄就會自願投降。他們還說，為政之道唯有仁德與經義不可或缺。在他們看來，算術和管理方法等粗俗瑣事絕不值得由君子為之。

這些儒生不可能順利地管理武帝那龐大而複雜的帝國。然而，他們卻自信捨我其誰，況且他們確實深受百姓擁護。秦朝之命運已經警示，觸怒民眾是何等的危險。畢竟武帝是以儒學之友的名聲開啟統治的，勢必慎之又慎，絕不會

---

1 Creel, *Confucius, the Man and the Myth*, pp. 239-240.

輕易疏離儒學。他在詔書中經常引用儒家經典。他授予孔子兩個後代崇高的榮譽（並無實權）。他一邊倍增法律，刑罰日深，一邊宣稱："夫刑罰所以防奸也，內長文所以見愛也。以百姓之未洽於教化，朕嘉與士大夫日新厥業，祗而不解。"他一邊榨取民眾的最後一滴血汗，一邊再三昭告天下悲憫民生疾苦。而對於其椎膚剝體之計劃，武帝竟巧言飾為仁行義立之舉。[1]

一段時間以來，地方舉薦的學者須入朝受皇帝策試，這已經成為慣例。武帝早期，一位著名的儒家學者董仲舒就參加策試。其策論直截了當地指責皇帝運用秦朝法家手段，並痛陳官員對民眾的壓迫。

要是秦始皇就會讓董仲舒殉道，但武帝卻明智得多。他任命董仲舒為一位驕勇諸侯王（譯注：江都易王劉非）的高級大臣，這位諸侯王厭惡學究，習於殺害觸怒他的大臣。然而，武帝的合理預期卻落空了，董仲舒深受這位諸侯王的敬重。皇帝再試一次，把他送到一個更為縱恣的諸侯王（譯

170

1　Dubs, *The History of the Former Han Dynasty*, II.51, 58-60. 譯注：《漢書・武帝紀》元狩六年詔："日者有司以幣輕多姦，農傷而末眾，又禁兼并之塗，故改幣以約之。稽諸往古，制宜於今。廢期有月，而山澤之民未諭。夫仁行而從善，義立則俗易，意奉憲者所以導之未明與？將百姓所安殊路，而撟虔吏因乘勢以侵蒸庶邪？何紛然其擾也！今遣博士大等六人分循行天下，存問鰥、寡、廢、疾，無以自振業者貸與之。諭三老、孝弟以為民師，舉獨行之君子，徵詣行在所。朕嘉賢者，樂知其人。廣宣厥道，士有特招，使者之任也。詳問隱處亡位及冤失職、姦猾為害、野荒治苛者，舉奏。郡國有所以為便者，上丞相、御史以聞。"

注：膠西于王劉端）處為相。這一次，董仲舒"病"免，並在致仕之後安度餘生。晚年，皇帝屢派一位朝臣（譯注：張湯）到董仲舒住處"問之"。通過這種方式，武帝博得成為大儒董仲舒恩主的一番聲譽，並享譽至今。[1]

比董仲舒策試稍晚，在另一場策試百餘名學子中，還有一位公孫弘。他少時曾為獄吏，這也許使其日後展露出法家志趣。後來因罪免而牧豕，晚年潛心鑽研儒家經典。60餘歲參加考試，著文上呈。公孫弘之策對雖不乏必要的儒家門面，實則顯然屬法家主義。他說，皇帝必須著力制定法律，並使用術，即"方法"（應該記得這是法家術語）。此外，皇帝必須"擅殺生之柄"（這轉述了《韓非子》中的一段話），並保持對政府強有力的個人專制。

這為評閱策對的學者所不齒，在百餘人中，公孫弘的策對居下。當文章呈交武帝時，他卻將此文擢為第一名。[2]這裏，終於出現了他所需要的"儒家"。武帝讓公孫弘榮譽滿身，不久就任命為丞相，直到其年老逝世。政府實際上是由皇帝和一撮法家氣質的親信所掌控的。正如另一朝廷官員所

---

1 Wang Hsien-ch'ien, *ChHen Han Shu Pu Chu* 56, 53.4b-5a. 譯注：《漢書・董仲舒傳》："對既畢，天子以仲舒為江都相，事易王。易王，帝兄，素驕，好勇。仲舒以禮誼匡正，王敬重焉。……仲舒以弘為從諛，弘嫉之。膠西王亦上兄也，尤縱恣，數害吏二千石。弘乃言於上曰：'獨董仲舒可使相膠西王。'膠西王聞仲舒大儒，善待之，仲舒恐久獲罪，病免。……仲舒在家，朝廷如有大議，使使者及廷尉張湯就其家而問之，其對皆有明法。"《漢書・景十三王傳》："非好氣力，治宮館，招四方豪桀，驕奢甚。"

2 Ibid. 58.1-4a.

言，丞相為政府的法家運作提供了一個方便的儒家門面。[1]

縱觀史上對公孫弘的幾乎所有描述，你都會讀到他是一位儒家學者，一個豬倌出身者竟然能夠因為深通經典而備受武帝尊隆，封侯拜相。我們可以確信，武帝正是計劃令歷史按照這種方式被後人解讀。

武帝獎勵那些歌功頌德的所謂儒家，而懲罰批判人士。思想管控頗為嚴格；董仲舒就曾因撰寫"大愚"之書而論罪當死，只是被皇帝赦免。武帝還創辦太學，五十名儒學弟子在此得到官方支持，這就使得與官方合作很是令人嚮往。在政府中，越來越多的官職授予在儒家經典的官方考試中表現優越的考生；這些考試給了武帝一個絕佳機會，去影響儒家及其研究方向。

由於許多文獻毀於秦代，因此學者們對古書尤其是經典的復原意興盎然。皇帝鼓勵這種對於文本的興趣，在他看來，這總好過孔孟強調批判社會與政治實踐。

大約在這一時期，浩然開啟了一個注釋古書的經學時代。在這些注釋中，漢人對所有經典文獻均按照自己時代的思想來解釋。儘管漢人思想與經典撰就時代已迥然不同，但在很大程度上，經學不啻經典在二十世紀仍被研習注譯的緣由。

欲以至簡之道行事，素為人之本性。當一台加法計算機

---

1 Takigawa Kametaro, *Shih Chi Hui Chu K'ao Chêng* 112.4. 譯注：《史記·平津侯列傳》："（公孫弘）習文法吏事，而又緣飾以儒術，上大說之。"

在手時，我們很少有人會手動求和一列數字；或者說當一條令人滿意的捷徑浮現眼前時，對困難問題的周全考慮就變得不再必要。我們可以看到，孔子認為每個人都應當為自身周全而考慮事情，但孔子死後，儒家幾乎立即開始愈發依賴權威，並尋求解決問題的方便法門。

其中一種方法——占卜，從遠古開始就在中國使用。儘管孔子和所有偉大的早期儒家都蔑視占卜，漢代卻將一本古老的占卜手冊《周易》奉為儒家經典之一。易傳十篇也已撰就，提出了一種通過神秘的數字知識來理解甚至控制事情的方法。這些易傳可能是深受道家思想影響的儒家人士所寫。然而，易傳卻假藉引用孔子的話，甚至還將作者歸於孔子。

另一種理念可能勃興於公元前四世紀：萬物可分為陰或消極原則與陽或積極原則。萬物均可歸入這些類別。陰為女，陽為男。天、日、火屬陽，地、月、水屬陰。如若你需要證明，我們可以看到凸透鏡可從陽光引火，而鏡子則可在夜裏採集月露。不過，應指出的是，這並非西方那種例如善與惡、靈與體之間的二元論。相反，陰陽相得益彰，維持宇宙和諧，並可相互轉化，因此冬季轉為夏季，即是陰轉為陽。

還有一種重要概念似乎生發於同一時間，即所謂"五種元素"。按中國術語最好譯為"五行"（Five Forces）：木、火、土、金、水。與之相關的是五大方位，即在四大基本方向加上"中"。在夏秋之交增加一個中心季節（譯注：長夏）屬"土"，即中心力量的名稱，由此便有與之相應的五個季節。還有五色、五味、五臭、五數、五臟等等，幾乎無窮無盡。

在哲學上，五行的順序非常重要。木生火（即可以助燃）；火生土（即化為灰燼）；土生金；金生水（即在金屬鏡子上凝華露水）；水生木（即水能使樹木生長）。它們的相剋關係是：水剋火；火剋金；金剋木；木剋土（通過樹根或木材製犁）；土剋水；如此往復，循環一周。

藉助《周易》的占卜技術，運用命理、陰陽、五行等理論，由此形成了一個龐大而複雜的現象分析與控制系統。如若這些理論經過初步論述和實驗檢驗，它們很可能已經發展成真正的科學。然而，由於這種理論幾乎完全是教條主義和非實證性的，故而從未超乎其精心設計的偽科學水平。

我們已經注意到，道教較早取代了許多流行的迷信。這些偽科學觀念也在道教界得到吸收和發揮。秦始皇給派去尋找長生不老藥的方士大量資助。漢武帝把長女下嫁一名方士，就是因為能幫自己尋得靈丹妙藥；可他未能交出藥方，武帝就將其腰斬。

在武帝時期，有一位研究各類哲學但主要偏向道家的親王，握有一部由其資助門客的哲學家們所編纂的著作，名為《淮南子》，流傳至今。總體而言，該書本質上是道家，但體現出強烈的綜合主義傾向，這也是漢朝思想的特點。第一篇言："舒之幠於六合，卷之不盈於一握！……橫四維而含陰陽，紘宇宙而章三光。"[1] 後篇云：

> 天有四時、五行、九解、三百六十六日，人亦有四支、五藏、九竅、三百六十六節。天有風雨寒暑，人亦有取與喜怒。故膽為雲，肺為氣，肝為風，腎為雨，脾為雷，以與天地相參也，而心為之主。是故耳目者，日月也；血氣者，風雨也。日中有踆烏，而月中有蟾蜍。日月失其行，薄蝕無光；風雨非其時，毀折生災；五星失其行，州國受殃。[2]

第十三篇開頭言，古者聖王不務文飾，不施刑罰，也不徵取於民。

相反，聖王善待民眾，賜予福祉。"當此之時，陰陽和平，風雨時節，萬物蕃息。烏鵲之巢可俯而探也，禽獸可羈而從也。"這段話顯然屬道家思想，卻又頗有幾分儒家意味。該篇接著闡述，實踐已經發生改變，確實應當因時而變的觀點。它將夏商王朝的衰落歸因於一種"不變法"的故步自封。這當然又是徹頭徹尾的法家。

接下來是一番兼有道、法兩家的長篇論述，其中點名批評了儒、墨二家。但與此同時，秦始皇的高壓政策與軍國主義也受到譴責。同篇還包括一些頗為儒家的思想，無論是法

---

1 *Huai Nan Tzŭ* 1.2b-3a.

2 Ibid. 7.2a.

家，還是早期意義上的道家，都不可能贊同這些思想。例如：“故亂國之君，務廣其地而不務仁義，務高其位而不務道德。是釋其所以存，而造其所以亡也。”

《淮南子》包含百家思想，這當然不能證明其作者必定含混不清。相反，他們有時盡顯洞明辨識，尋求法家面相之軍國主義、專制主義與儒家面相之和平主義、純任德行之間的平衡。

儒家也不乏折衷。其實，漢代已經難以找到堪稱 “純” 儒者。所謂儒家經典中最長篇、最重要的一部《禮記》，是在公元前一世紀根據不同年代的文獻撰成的。儘管它在儒家學說中享有崇高殊榮，卻包含許多明顯的法家、道家思想，以及陰陽五行的學說。該書有很長篇章解釋一年中每個月必須進行的活動（尤其是皇帝），必須使用什麼顏色等等，若不依禮行事，將會有何可怕災異。例如死刑，應於秋天行刑；若於春天行刑，則 “其國大水”，“國多盜賊”。[1] 在《禮記》面世百餘年後，依循皇帝詔令，今後這些刑罰通常在秋天執行。[2]

該書還偽託孔子，進行關於數字神秘意義的各種闡發，以及提出真正的聖王應能預測未來的說法。[3] 這部神聖的儒家

1　Legge, *The Li Ki*, I.261-262, 288. 譯注：《禮記‧月令》原文作：“季秋行夏令，則其國大水，冬藏殃敗，民多鼽嚏。行冬令，則國多盜賊，邊竟不寧，土地分裂。行春令，則煖風來至，民氣解惰，師興不居。”

2　Escarra, *Le Droit chinois*, pp. 11-12, 256-257.

3　Legge, *The Li Ki*, II.278-281.

著作中某些部分所引用的孔子之言，卻像是一名完全的道家，並攻訐儒家的基本原則。[1] 書中各部分也不相吻合；在某一處，我們發現它以儒家之道規定，一個人應純粹學習古之道，而在其他地方，我們卻發現以法家之道譴責這一原則。[2] 可見，法家的影響也是不小。儒家往往悲嘆嚴刑，但在該書中，我們發現傳說上古理想時代無情處決的諸多罪行，包括淫聲、虛偽、異端、奇服。[3] 如果仔細研究《禮記》，就要得出這樣的結論：漢代儒家一定頗為駁雜。

董仲舒常被稱為漢代最偉大的儒家。其思想的大量例證流傳至今，最主要的是一部名為《春秋繁露》的著作。以下段落取自該書第四十二篇，展現出董仲舒運用道家思想及其他理念發展自身道德與政治哲學的樣式：

> 天有五行：一曰木，二曰火，三曰土，四曰金，五曰水。木，五行之始也，水，五行之終也，土，五行之中也，此其天次之序也。木生火，火生土，土生金，金生水，水生木，此其父子也。木居左，金居右，火居前，水居後，土居中央，此其父子之序，相受而布。是故木受水而火受木，土受火，金受土，水受金也。諸授

---

1 Ibid., I.364-367.

2 Ibid., I.75; II.324.

3 Ibid., I.237. 譯注：《禮記‧王制》："析言破律，亂名改作，執左道以亂政，殺。作淫聲、異服、奇技、奇器以疑眾，殺。行偽而堅，言偽而辯，學非而博，順非而澤，以疑眾，殺。假於鬼神、時日、卜筮以疑眾，殺。"

之者，皆其父也；受之者，皆其子也；常因其父以使其子，天之道也。是故木已生而火（此處之 "火" 可能意味著太陽的溫暖）養之，金已死而水藏之，火樂木而養以陽，水剋金而喪以陰，土之事火竭其忠。故五行者，乃孝子忠臣之行也。……

聖人知之，故多其愛而少嚴，厚養生而謹送終，就天之制也。以子而迎成養，如火之樂木也；喪父，如水之剋（這種 "剋" 可能是指新老交替）金也；事君，若土之敬天也；可謂有行（當中有一個不可譯的雙關語，因為 "五行" 中的 "行" 也有 "行為" 的含義）人矣。五行之隨，各如其序，五行之官，各致其能。[1]

在此三百年前，墨子曾宣稱，自然災害是上天不滿天子不義行為的徵兆。正如我們所見，同樣的理念出現在《禮記》中。董仲舒將其簡化為一門學科。其學說體系立足於《春秋》，這是公元前 722 年至前 481 年孔子故國的一部體系化編年史籍，而偽託孔子所作。[2] 董仲舒對該書中出現的自然現象以及之前的政治事件作了詳盡的分析。在此基礎上，董仲舒說，在其所處的時代，每當發生大火災、大洪水、大饑荒或任何此類現象，只要翻閱春秋，即可找到原因和補救之法。

178

1　　Tung Chung-shu, *Ch'un Ch'iu Fan Lu* 11.2b-3a.

2　　See Creel, *Confucius, the Man and the Myth*, pp. 103-104.

於是，有漢一代，儒家思想中嫁接了大量的偽科學甚至是怪力亂神。正如胡適所言：“這種新儒教必然是一種人為合成的宗教，裏面融入了眾多民間流行的迷信和國家崇尚的因素。為了稍微顯得合理一點，除去了少數最站不住腳的成分，並薄薄地塗上一層儒家以前和儒家的經籍作為偽裝，以便使它以文雅和權威的姿態出現。從這方面來說，漢代的新儒教確實是中國的國教。”[1] 在一些漢代著作中，我們發現孔子被奉為神明，係神話中的某位黑帝之子。據傳，孔子降生之時，神明和神龍在其降生之地的上空盤旋。

這一切都與這位魯國學者的教誨大相徑庭。倘若孔子泉下有知，漢代儒學還有另一方面會讓他深感不安。我們可以看到，在荀子的儒家威權主義中，已經堅持社會分層，雖然當時階層不再世襲不變。無論是儒家還是其他學派的學者，都有一種強烈的傾向認為：自身是由遠勝於凡夫俗子之品質構成的精英人士。於是，董仲舒在反對孟子人性本善的觀點時說：“民之號，取之瞑也，使性而已善，則何故以瞑為號？以霣者言，弗扶將，則顛陷猖狂，安能善？”[2] 又云：“天生民性有善質而未能善，於是為之立王以善之，此天意也。……王承天意以成民之性為任者也。”[3] “受命之

---

1 Hu Shih, "The Establishment of Confucianism as a State Religion during the Han Dynasty", pp. 34-35. 譯注：中文據胡適：《儒教在漢代被確立為國教考》，載《胡適全集》（第 8 卷），安徽教育出版社 2003 年版，第 25 頁。

2 Tung Chung-shu, *Ch'un Ch'iu Fan Lu* 10.46.

3 Ibid. 10.56.

君，天意之所予也。故號為天子者，宜視天如父，事天以孝道也。"[1]

幾乎無法避免的是，漢代的讖緯之學成為一種為集權帝國量身定制的意識形態：因此應給予皇帝之皇位以超凡支持，而孔子對此是謹慎克制而不曾賦予的。同樣不可避免的是，這也勢必淪為帝王專制的法寶。於是，我們發現武帝朝中有一位非儒家的官員宣稱，儒家學說秉持的是主倡而臣和。[2] 因此，自然就有學者認為，武帝之所以偏愛儒學，是因為儒學實屬一種有利於專制統治的貴族學說。

當然，從此時起，儒學經常被專制君王利用，諂媚大臣附和其間，推動遂己之私的計略。但這既非故事全篇，也不構成主要橋段。專制者總是發掘、歪曲或創造某種意識形態以逞其暴。而儘管以這種形式備受誤用，儒學總體效果仍更多在於消除或矯正專制。董仲舒倡導《春秋》類推之義，這種方法是為檢視皇帝專制而設，後世儒家亦依此運用。董仲舒還主張減輕稅收，限制私人土地數量，廢除奴隸制度。

其實，我們確實能夠看到，漢代即便是高級貴族也會因虐待奴隸而被懲罰，毋庸置疑，這種情況很大程度上是儒家人道主義的結果。自漢代始，儒學便被拖拽到專制這駕滾滾向前的馬車上，但很難說是心甘情願淪為奴僕。最卓越的儒

1　Ibid., 10.16.

2　Takigawa Kametaro, *Shih Chi Hut Chu K'ao Chêng* 130.9. 譯注：《史記・太史公自序》："儒者則不然。以為人主天下之儀表也，主倡而臣和，主先而臣隨。"

者仍然總是義無反顧地吶喊發自肺腑之言，而無論代價會是流放、囚禁，還是死亡。

有漢一代，每種主要學派所特有的思想都可謂各擅勝場。毋庸置疑，漢帝國在很大程度上是哲學的產物，或說是各派哲學的產物。只是在這種狀況中，這些學派不免彷徨，彷彿一個終成大功者，卻已忘卻了自己當初為何那麼汲汲以求。

當然，法家也可謂戰果輝煌，因為國家的實際管理採取法家主義。只是名義上並非如此，而且武帝之後，也有許多皇帝大抵在名實上均屬儒家。至少，在理論上他們仍依循儒家原則，根據學識與美德選拔大臣。最令法家忌憚的是，這些官員大權在握。確實，東西兩漢都是由於僭君之權臣取代而終結。

道家也確實已經醞釀日久。實際上，漢代所謂的儒學有很大成分屬道家。道家本身風靡於貴族圈子，在宮廷中也備受尊奉。不過，武帝對軍事征伐的倚重，對民眾的壓迫，以及漢代愚昧至極的所謂道教，都不會令《老子》和《莊子》的作者感到欣慰。

墨家似乎已趨式微。然而，漢代已有相當可觀的政治層級意識，這勢必會令墨子倍感愜意。而且，由董仲舒闡揚的理念，即自然現象是上蒼警示，皇帝是上天在地上人間的代理已逐漸為人所知，這兩點恰是墨子所宣揚的。不過，顯而易見的是，亦如道家，天下的狀況也不能說令墨子瞑目。

最後是儒學。它終成正果，只是以這種蛻化作為代價，這也令人們不禁懷疑，仍稱之為儒學是否恰當。漢代的政治制度被稱為儒家式的，這一事實使儒學對其名下的專制統治負有責任。來自（人數眾多）敵對者的批評，都清楚地反映，儒學愈發被認為是一種守舊的傳統主義、毫無意義的儀式主義以及媚於專制權威的體系。

　　如果我們總結公元前 100 年左右到公元 220 年漢朝末年這段時期的思想：它似乎紊亂無常，亦常寡淡無趣，而鮮有高瞻遠矚、獨出心裁的活力。論及武帝時期的儒家，胡適曾說："他們在黑暗中尋求一種方法，怎麼才能在一個剛剛合併成立起來的帝國裏，去抑制那無法避免的統治者的專制主義。"[1] 白樂日（Etienne Balázs）將公元二世紀的思想描述為"卓越心智中的遊移不定、猶豫不決、變動不居"。他分析道，這是因為中國哲學，不管看來有多麼地形而上，都還是以社會哲學甚至政治哲學作為基礎的，所以中國的思想家很難在一個明顯抽離的世界裏自娛自樂。[2]

　　尤其是儒家深感無法罔顧天下疾苦，部分原因是他們大多數人身陷貧窮，同擔苦難。最終，公元二世紀後半葉，已被貴族和宦官逐出權力場的儒生，愈發公然地抨擊貴族與宦

1　Hu Shih, "The Establishment of Confucianism as a State Religion during the Han Dynasty", p. 40. 譯注：中文據胡適：《儒教在漢代被確立為國教考》，載《胡適全集》（第 8 卷），安徽教育出版社 2003 年版，第 31 頁。

2　Balázs, "La Crise sociale et la philosophic politique à la fin des Han", p. 92.

官，以致許多儒生死於敵手。然而，儒家雖然拾得糾正人們錯誤的棍棒，卻已經幾乎與苛政同流合污，無法毅然決絕地去贏求大眾支持。

從某種意義來講，哲學家的夢想已然實現。完成中國統一的，是一個以民利為名，並複述學者念茲在茲口號的政權。但這個夢想被證明是一場噩夢，最是風雨如晦之時，聖賢皇帝卻竟是一個弗蘭肯斯坦式（Frankenstein's）的狂人。那麼，究竟路在何方？除非有人在朝堂之上力挽狂瀾，那實在太少了。在孔子、孟子、韓非子的時代，如果人們不喜一邦，還能轉投他國，可現今已無處可去。在往昔的時日中，哲學家哪怕責難君主也不會遭受責罰，但如今，要是一個人只是冒犯皇帝那些毫無價值的志趣，都有可能身受刑戮。於是我們就無需感到詫異，人們的思想不再具有非凡的創造才力，抑或人們耽於一種精妙玄奧清談的玄學消遣，遁於一種白樂日所謂的“虛無主義”（nihilism），從而逃避現實。

我們已注意到，長久以來，人們一直傾向於尋找愈發簡單的公式來解決問題。這在董仲舒等人構建的讖緯之學時達致高潮。人們對其意識形態萌生了各式反應，其中一些頗為精妙。然而，總體而言，批評家們也並未能另出機杼，他們自己也訴諸簡易公式。

儒家會借用聽起來仿佛孟子的話語說道，唯有復古之道，重塑禮義才是必要。道家則主張人皆本真，萬事皆安；他們有時即默誦《老子》和《莊子》。有些思想家轉向法家，

183

希冀尋找出路，但相比韓非子之思，他們把法家實踐想得簡單許多；有些人則相信"法"幾乎是一種抽象原則，一旦擁護就如施法般令所有問題迎刃而解。這些後世的法家堅持認為，癥結在於，人們回首過往，未認識到新時代需要新舉措；可言至於此，他們似乎常止於對韓非子一字不差地鸚鵡學舌。

要總結歸納，總會有例外。一個典型例外就是生活在公元 27 年到 97 年的王充。與當時大多數學者不同，他不只是學習記誦一本或幾部經典，而是博覽群書。家貧無書，王充常到市肆閱書，據說能夠過目不忘。他曾當過微不足道的小官，這麼一個聰慧青年屢屢爭諫於同僚上級，旋即不合而辭官。他著書若干本，其中一本名為《論衡》的長篇著作流傳於世。

這些著述無疑富於批判性。如果我們考慮其所產生的環境，人類歷史上任何其他著作是否能表現出更為獨立之精神，值得懷疑。王充抨擊了古典主義的整個研究模式，斥之過於狹隘。他說，撰述不應只是注釋經典，也不應因循舊作，而應以清晰易懂的語言表達自身見解。儘管認為歷史重要，王充還是堅稱現代與古代同樣值得研究，並宣稱許多被視為歷史的事物肯定是錯的。[1]

雖然王充顯然以儒家自居，但甚至不懼批評孔子本人，

---

1 Wang Ch'ung, *Lun Hêng* 3.23a-27; 18.16a-22; 19.1a-11b; 20.1a-11a; 30.4a-8a.

指責其言含糊不清，觀點搖擺不定，自相矛盾，甚至行為不當。他說，諸多問題皆因孔子弟子未能充分予以質疑批判。王充還說，所有的學生都應與老師爭辯，不接受老師缺乏證明的知識。[1]

王充對成千上萬的迷信予以細緻的辯駁，這些迷信甚至本來為知識分子所信奉。時至今日，無知的人仍然相信，錢塘江之所以潮湧，是因為公元前五世紀一位被處死投江的大臣（譯注：伍子胥）的靈魂作祟。王充對此嘲諷之餘，正確解釋湧浪是由於潮水進入狹窄河道所致。他還提到，潮汐與月球的相位有關。[2]

在很大程度上，王充是一位意志堅定的機械論者，因而也是決定論者。天地生人皆非有意，而是偶然。上天無智慧與意志，無法懲惡揚善。自然現象恰是如此，而非上蒼之警告。占卜未來及延年益壽的丹藥根本沒有效果。人類死亡乃環境使然；死亡便是人生的終點，並不存在鬼魂一說。[3]

---

1 Ibid., 9. 譯注：《論衡·問孔》："世儒學者，好信師而是古，以為賢聖所言皆無非，專精講習，不知難問。……案賢聖之言，上下多相違；其文，前後多相伐者。

……聖人之言，不能盡解；說道陳義，不能輒形。不能輒形，宜問以發之；不能盡解，宜難以極之。……

凡學問之法，不為無才，難於距師，核道實義，證定是非也。"

2 Ibid., 4.56-76. 譯注：《論衡·書虛》："子胥之生，不能從生人營衛其身，自令身死，筋力消絕，精魂飛散，安能為濤？……殆小淺狹，水激沸起，故騰為濤。……濤之起也，隨月盛衰，小大滿損不齊同。"

3 Ibid., 3.19b-20b; 4.15a-16a; 18.1a-8a; 20.11-19b.

所有這些聽起來都頗為現代。但是，王充畢竟不是超人，所以未能完全超離那個時代的信仰。儘管駁斥許多迷信，他仍鄭重斷言，傳統所載的各種妖象確曾發生。[1] 他的批判往往與對方持論一樣迂腐虛妄，而且往往前後矛盾。另外，正如馮友蘭所說，《論衡》一書，對於當時迷信之空氣，有催陷廓清之功；但其書中所說，多攻擊破壞，而少建樹，故其書之價值，實不如近人所想像之大也。[2]

　　王充對漢代思想有何影響？當今不少學者認為，他強烈影響了公元二世紀對傳統儒學的反動。但這一點似乎頗成問題。王充的許多思想在我們看來是如此合理，這一事實恰好表明，當時的人們看這種思想，即便不感到高深莫測，也會覺得荒誕不經。似乎也無證據表明，王充逝世日久後《論衡》在學術界已廣為人知。大約百年後，該書被一位學者（譯注：蔡邕）在位於東南沿海的王充家鄉發現，但他並未出版該書，而是暗自研習，並藉由該書修飾言談，將從中借鑒的思想冒為己有。據說，在公元三世紀，一位官員（譯注：王朗）在王充故里再次發現該書，他也對該書故伎重

1　Ibid., 22.12a. 譯注：《論衡・紀妖》："夫非實則象，象則妖也，妖則所見之物皆非物也，非物則氣也。高祖所殺之蛇非蛇也，則夫鄭厲公將入鄭之時，邑中之蛇與邑外之蛇鬥者非蛇也，厲公將入鄭，妖氣象蛇而鬥也。鄭國鬥蛇非蛇，則知夏庭二龍為龍象。為龍象，則知鄭子產之時龍戰非龍也。天道難知，使非，妖也；使是，亦妖也。"

2　Fung Yu-lan, *Chung Kuo Chê Hsüeh Shih* 588. 譯注：所採版本為馮友蘭：《中國哲學史》（下），華東師範大學出版社 2000 年版，第 65 頁。

施，但終究還是公之於眾。[1] 這些聽起來不像是王充之書早已聲名遠播。

對中國思想產生新的重大影響的，應是佛教，這種影響在漢代開始浮出水面。它所指引的方向，幾乎與王充的思想截然相反。

---

1 Huang Hui, *Lun Hêng Chiao Shih* 1236-1237. 譯注：《論衡校釋·附編六》："既作之後，中土未有傳者，蔡邕入吳會始得之，常秘玩以為談助。故時人嫌伯喈得異書。或搜求其帳中隱處，果得《論衡》數卷持去。邕丁寧之曰：'惟我與爾共之，勿廣也。'其後王郎（天啟本作'朗'）來守會稽，又得其書。及還許下，時人稱其才進。或曰：'不見異人，當得異書。'問之，果以論衡之益。繇是遂見傳焉。"

第十章

佛教與理學

CHAPTER 10

BUDDHISM AND

NEO-CONFUCIANISM

大概在公元紀年以前，相比其他任何偉大文明，中國文明可能更顯孤立。儘管浩瀚海洋、高聳山脈、貧瘠小島環繞，卻也不是說外部世界對中國不存在任何影響。確實是有，有些影響還非常重要，重要到什麼程度，則只能由以後的研究去揭示。

不管如何，總體而言，我們可以說中國思想在公元以前鐫刻著獨特的中國標記。研習西方哲學者在學習印度思想時，不免會發現很多新奇之處，當然不是說全都聞所未聞。只是說，他們本已熟習的形而上學，在印度思想中甚至還更為精微玄妙。而當西方哲學家學習早期中國思想時，他們會傾向於認為，這根本不屬哲學。只是人們不得不承認，中國哲學是一種截然不同的哲學，一種頗為貼近於人類日常生活與問題的哲學。

現在，我們來到一個情況即將發生轉變的歷史時點。在大約公元紀年的開端，佛教從印度傳入中國。這件事情的意義，不只是出現了一個外來宗教的問題。對部分中國人而言，這意味著一種嶄新的生活方式。而對所有中國人而言，不管接受或拒斥佛教，都意味著從此以後要以新的眼光看待世界，宇宙將迥然不同於往昔的認識。在某種程度上，整個中國思想的風貌也將發生轉變，這種演變如此日漸月染而無所不在，以至於很少有人知道發生什麼。畢竟，大概一千年以來，中國人的觀念已然深受佛教支配。

如果說佛教的世界觀念不同於中國，那也不同於我們。為了能夠理解，我們必須先簡要回顧佛教如何產生，以及佛教創始者的歷史。

我們關於早期印度史的知識源於合稱為吠陀（Vedas）的史詩。這些史詩的作者是當時印度的雅利安人（Indo-Aryans），他們近於伊朗人種。他們的語言稱為"吠陀梵語"（Vedic Sanskrit），歸屬於印歐語系，因而近於歐洲所有主要語言。據說，可能大約在公元前 2000 年，這些雅利安人從西北部毗鄰地區遷徙到印度。來到印度時，這些看起來高大白皙的人就接觸到本土矮小黝黑的達羅毗荼人（Dravidian）。我們從吠陀看到的早期文化，呈現出人們生活熱情奔放的景象，而無稍後佔據印度教的那種生命消沉。不過，即便在這一早期，我們也能感受到某些印度教特徵的淵源。這些印度人極其執著於他們的宗教。甚至在最早的吠陀中，他們就思索始於有還是始於無的問題。[1]

隨著印度教的發展，一些文化特徵漸趨顯著。其中最為

1　Eliot, *Hinduism and Buddhism*, 1.64.

基礎的理念，或許便是輪迴。印度人普遍相信（至今仍是如此），人現在擁有的生命只是遙遠過去以來一系列生命的其中一個。人有往生，也有來世，可能變成動物，甚或可能成為天人或半神人。

既然人可能以多種形式與狀態輪迴，那背後就應當存在這些差異性的原因。印度人非常公平且富有邏輯地說，那是過往行為（deed）的總和。因為 deed 這個詞在梵文中作 karma，這就被稱為"業"的理念。

現在是什麼，是動物，是天人，還是凡人，是高的種姓還是低的種姓，皆取決於蓄積的業，是其先前存在的所有善行與惡行合併累計的一簿總賬。

印度教中拯救的辦法不勝枚舉，但至少對更高級的存在而言，目標只有一個。我們可能會以為，這種目標是讓存在本身投胎，來世躋身最高級的種姓，或是成為天人。但並非如此。該目標可以有多種稱謂，多種譯法，佛教稱之為"涅槃"（nirvana），本質上是一種脫離輪迴（one is not born again at all）的狀態。

這是為何？因為，即便是最優越的生命，也被宗教賦予受苦受難的特徵，而且，這種無休止的輪迴讓人們處於一種變化無常的虛幻狀態，而無從滿足至少對印度人而言必不可少的永恆追求。那麼，這種輪迴解脫是歸於消滅（extinction）嗎？他們往往不是這麼理解。有時會解釋為進入永恆的極樂世界，成為宇宙最高級的靈魂。然而，這終究不同於我們所識的任何狀態，而是一種我們所知一切狀態的寂滅，即便可以說這又只是以另一種狀態延續。

印度人何以有如此追求？這一聽起來就感到高深莫測、悲天憫人，甚至有些病態壓抑（morbid）。為什麼人不能希望繼續生活呢？可是，我們要記住印度人的信念，如果不這樣，那便是無休止的生死輪迴。也有印度哲學家採取一種相對樂觀主義的觀念，即所有智愚皆會歷經八百四十萬次化身之後得到解脫。[1]這番圖景有點難以置信。不過，單單這一生，我們又有多少人會願意重新過年少時的艱辛歲月？以此類推，我們就會易於理解印度人的這種觀念。

雖說不是全部，大凡印度思想都宣稱，唯一真實的只有至高無上的存在，而唯有意識於此，個體靈魂的 "我" 實際上才得以親證（identified）。進而，我們所知曉的世界都只是一個幻象。不管是否認同這一理念，印度教總體上帶有一種強烈傾向，即以現世生活為不重要之存在，正如有位學者形容為 "一場甚至沒有情節的皮影戲"（a shadow play without even a plot）。[2]

在吠陀時代，拯救、獻祭、典禮的儀式舉足輕重。禁欲主義、自我苦行在早期詩歌中就已經提到，也從此延綿為一種重要門徑。苦行被奉作一種內含積極價值的修行方式，而這不只是一個為過往罪惡而苦行的問題。通過苦行能夠獲得

1　Ibid., 1.99.

2　Ibid., 1.45.

力量，甚至某位神明也是以苦行的方式創造世界。不過，拯救的最高門徑是知識。但這種知識不是大學裏教授的知識，而是關於最高終極的知識。它不僅源於學習，還尤為仰賴冥想。經由這種靜默冥想，據說能讓你感悟到自我與宇宙的最高實體合而為一。這就是《奧義書》（*Upanishads*）中的一個著名命題："那就是你"（That art Thou）。

想要全面描述印度教極其困難，因為其主要特徵正在於各式各樣、歧異共存。如果這番對印度教些許特徵的潦草勾勒顯得雜蕪或幼稚，那是我描述的欠妥。印度形而上學是如此深奧精微而讓人頭暈腦脹，它似乎已經遍及每種可能的理論姿態，從泛神論到完全的無神論與唯物主義。印度的不可知論者不會滿足於簡單說我們不具有確定知識。如果考慮善與惡的行為是否引致後果時，他們不說這個會那個不會，兩個都會或都不會，也不說不都會或不都不會。[1]

189眾所周知，作為個體的 "佛陀" 曾是一個真實存在的人，儘管學者們就其生平的某些史實存在很多不同觀點。南傳佛教傳統認為佛陀生於公元前 623 年，但大多數學者認為，他大約生活於公元前 560 年至公元前 480 年。若是如此，佛陀就與孔子同時而略長，只是他們肯定素不相識。學者們就佛陀教義之真諦也眾說紛紜。我們所能做的，就是審慎地從學者普遍認同的佛經部分中萃取其義。為此，佛經本

---

1 Ibid., 1.98.

身的本質就尤為重要。

佛陀的姓氏即一般的稱謂：喬達摩。他是古印度北方小國的王子，但據說在 29 歲那年放棄世俗生活，出家尋求宗教生活。在當時的印度，這談不上是一件罕見的事。許多上流社會成員都出家成為宗教修行者。佛陀先後向兩位老師學習，修行冥想與苦行，卻未能圓滿，兩者自然都不是解脫的正道。於是佛陀便繼續遊歷，尋求正道。他曾苦行近乎死亡，卻毫無意義。最後，當坐在著名的"菩提樹"（tree of enlightenment）下時，他經歷若干階段的靜坐禪定，最終說："Rebirth has been destroyed. ... I have no more to do with this world."（重生已毀……我已不再與這個世界有關。）他就成"佛"了，也就成為"開悟者"（the Enlightened One）了，此生實現涅槃，超越輪迴。

起初，佛祖感到難以向世人弘法，但最終還是確信自己負有責任，從而試圖點化他人。

正如在諸多佛經中闡釋的教義，佛學建立在因果的基礎上。存在（existence）乃是應被滅除的惡。那麼，又是什麼導致存在？欲望、貪婪以及感官。滅除這些欲望貪婪，人就能夠遁入空門解脫。進而，走向人生終點，人只要修行獨處、行善、沉思，就會在死亡時進入涅槃。那些過著這種生活並成為佛門弟子的人，就成為佛僧。儘管不太願意，喬達摩後來也允許女性成為尼姑。俗人雖然不是佛門弟子，但能通過佈施僧侶獲得善報。施主的行為規則便簡單得多，不能殺生、飲酒、說謊、盜竊、淫亂。雖然凡夫俗子也可能期盼涅槃，但對他們來說，只求來世重生於天國也是對的。

應該說，佛教自始至終沒有褪去那些從不或缺宗教元素的神話色彩。佛陀本身也很早，或者可能從一開始就被視為神奇的存在。不管如何，如果人們接受輪迴的基本原理，早期佛教就是一種相對簡單而理性的教義。這種佛教往往被稱為 "小乘佛教"（Hina-yana Buddhism），其原因我們隨即將會考察。有理由相信，這是最早傳入中國的佛教宗派。

佛教於何時以何種途徑傳入中國不得而知，但可以確知的是，傳統認定的這一史實記載有誤。人們往往會指出，《老子》、《莊子》的道家思想與印度著作中發現的理念頗為類似。同時，也可以從佛教經書中援引極其相似的經文。確實，很可能佛教觀念傳入中國很早，從而能夠影響這些道家著作，但要詳細考定其真相，我們只能期待未來的研究。不過，我們可以考證的是，佛教大約在公元紀年開端時傳入中國。

192　　　　有一本趣味盎然的著作稱為《牟子》，以其作者命名，可能撰於約公元 200 年。[伯希和（Paul Pelliot）對該書有所簡介，並以 "牟子考" 為題翻譯，刊載於《通報》第 19 卷（萊頓，1920 年），第 255—433 頁。關於該書成書時間存在不同觀點（參見伯希和書第 258—266、429—433 頁）。伯希和雖然認同該書偽造的可能性，但仍視之為可能成於公元二世紀的著作。] 牟子是一位深諳儒家經典的中國思想家。

他也研習道家，最後卻成為佛教徒。不過，牟子自己說，佛教在當時的中國不受世人與士大夫的重視，自己被視為異端。因此他才撰成該書，以對話形式闡釋佛學，為之辯護。

牟子列出當時中國人的反對觀念：佛教屬蠻夷之說。輪迴絕不可能。孝道要求保全身體髮膚、生育後嗣，而佛僧卻要求剃度，至少應該獨身（牟子承認並非所有僧人都如此）。如果佛陀確實是至聖，為什麼堯、舜與孔子沒有遵循？牟子巧妙地躲避這些問題以及其他諸多反對觀念，而為自身宗旨引經據典，展現其對儒家經典的熟稔。牟子強調，他成為佛教徒之餘並未否棄儒學。儒家經典是花，而佛教是果。

最為顯著的是牟子頻頻引用《老子》來支持佛教。他用 "無為"，即前述道家意為 nonaction 的表述來解釋佛教的 "涅槃"。如此引用道家術語來闡述佛教，不一而足。實際上，牟子似乎只是將佛教視為道家學說的一種更古老、更充分的形式。

道教與佛教常常聯繫於中國觀念中。許多道家術語被用於翻譯佛教經文，不少中國人同時修行道教與佛教。佛教對道教往往很是包容，甚至有時還在佛寺中供奉著道教神明。

中國的道教，在晚周與漢代已然涵攝大量神仙修行與流行宗教，也開始模彷佛教，在道觀、道士、道姑、經文、學說諸多方面與佛教如出一轍。然而，道教對於佛教，則不像佛教對於道教那麼包容，或許是因為對佛教的廣泛攝取使得他們良心不安。於是，道教就認為，是老子西行到印度而教導佛陀，所以佛教不過是道家的旁支而已。此外，佛教與道家還時常競逐於中國朝堂，而且，道教往往充當政權抑制佛教在中國傳播的挑撥者。

前文已述，早期佛教有時被稱為“小乘佛教”。這是因為後來佛教發展，衍生出一種稱為“大乘佛教”的宗派，其教徒就把之前的稱為“小乘佛教”。大乘，意為“大的車乘”，他們居高臨下，蔑稱之前教義為“小乘”，即小的車乘，以示區別。或許大約在公元紀年開端之時，大乘佛教繁榮發展於印度。二者最根本的不同在於，大乘賦予菩薩（bodhisattva，字面上即“求道求大覺者”之義）的地位。菩薩是有資格進於涅槃而成佛，卻自願繼續留在人間普度眾生而尚未成佛的弟子。菩薩擁有英雄品質，以其救苦救難、大慈大悲而備受尊敬甚至崇拜。大乘佛教認為，尋求個人進入涅槃使得小乘佛教顯得自私。

一般而言，大乘佛教迎合大眾口味，將佛教發展到一種迷信與神話元素的最高程度，這是早期佛教所無法企及的。

194

在大乘佛教中，我們也能發現諸多形而上學的思考，旨在思索佛陀認為無益而拒絕探討的主題。這兩種教義存在歧異的窘迫問題，在一部最為著名的大乘佛教經典中得以公開緩解。其引用佛陀本身的說法，聲稱起初只教小乘教義，是因為人們還未足以接受大乘教義的這番更高真諦。[1]

第一部翻譯到中國的佛經似乎屬小乘佛教，然而早在公元二世紀，就已經開始翻譯一些大乘佛教的文本，公元五世紀之後，譯介的絕大多數屬大乘佛教。

雖然佛教在公元紀年開端便傳入中國，甚至可能更早，卻在數百年間對中國思想界少有影響。在中國著述中，佛教在公元三世紀以前似乎鮮有提及。然而，佛教已在民眾中廣為傳播。為這種傳播帶來更寬廣空間的契機，乃是西北方遊牧民族入侵中原，以征服者的身份建立新的國家。有些君主虔誠皈依佛教，據說到了公元 381 年，中國西北有九成民眾成為佛教徒。[2] 著名印度高僧鳩摩羅什（Kumarajiva）在公元 400 年後不久便抵達長安，組建了規模宏大的譯場，聚集成百上千的僧徒，在其主持下共同完成 94 部佛教經律論傳的翻譯。大約與此同時，有位統治區域不止於中國南方的皇帝（譯注：東晉恭帝）也皈依了佛教。

百年之後，梁朝的建立者梁武帝（502—549 年在位）曾作為一介儒者開啟統治，但數年之後就轉向佛教。梁武帝公開講解佛教經典，搜集中國最早的佛教教規，親撰佛教研究著述，三次到寺廟為僧。此外，他還下令禁止犧牲祭祀，畢竟這有悖佛教不得殺生之說。

在中國後期的歷史中，許多皇帝皇后都成為了佛教徒。

195

1 Soothill, *The Lotus of the Wonderful Law*, pp. 85-94.

2 Eliot, *Hinduism and Buddhism*, III.250.

寺廟僧人成倍增長，風靡的信仰讓成片土地變成寺廟。大量戶籍與大片土地流失於稅收體系之外，引發了官員集團的深切憂慮。公元 845 年，一位信奉道教的皇帝下詔，拆毀超過 4 萬座佛寺，26 萬僧尼還俗，解放奴隸 15 萬。大量原屬寺廟的田畝歸公。（譯注：《資治通鑒》卷第二百四十八唐紀六十四："祠部奏括天下寺四千六百，蘭若四萬，僧尼二十六萬五百。…… 收良田數千萬頃，奴婢十五萬人。" 史稱 "會昌毀佛"。）這些數目或許有所誇大，但確實反映了佛教在中國佔據的巨大比重。不過，這種浩劫或其他毀佛事件均未能摧毀佛教。非惟普羅大眾，亦不乏皇帝成為佛教徒。隨著佛教傳播愈演愈烈，在公元紀年後的一千年間，中國卓絕智識的精英士夫也愈發趨於佛學。公元十一世紀，著名的改革家王安石（其死後配享孔廟，次於孟子）曾悲嘆學人轉向佛教與道教的狀況，連他的兒子也都撰有道教與佛教的研究著述。[1] 公元十二世紀，被視為當時儒學道統權威的朱熹曾聲稱，士子已經感到不得不在宗教與倫理觀念上轉向道教與佛教。[2]

或許最能顯著反映佛教影響的事實在於，雖然有些儒家學者繼續反對佛教，視之為外來異端，但從八世紀到十六世紀，孔廟以一種尤為近乎佛寺畫像的排列模式，涵括孔子、孔門弟子以及其他配享人物。約翰 · K. 施賴奧克（John K.

1　Williamson, *Wang An Shih*, 11.56, 251, 363-364.

2　Ibid., 11.201.

Shryock）說，這種相似性"不能說只是一種巧合"。[1]

如此燎原之勢，被世之澤，佛教在中國的拓展實在令人稱奇。

佛教中不乏諸多被目為引發中國人士拒斥的內容。確實如此，即便佛教學者牟子所著之書也已然揭示。然而，佛教中還是有著更為無法抗拒的吸引力。個中三昧，自然不無昭然卓著之義。

中國佛教呈現發展壯大的時代，正是中國天下擾攘之時，這絕非偶然。前文已述，在漢代晚期的公元二世紀，中原可謂板蕩不安。知識分子只得遁於虛無主義或道家的神秘主義。遭受官員壓迫與地主剝削的普通民眾，則越來越多地成為無地農民，即便不是淪為奴隸。這些悲慘的民眾被一股道教運動所席捲，其宣傳佈道，指引著他們去追尋繁榮而平等的世界。他們以公共餐食與公開懺悔為方式組織成為農民團體，並且籌備軍事起義。公元 184 年，這股所謂的"黃巾軍"發動起義，控制了中國大部分區域。僅僅一年，據說就有五十萬人被殺。雖然起義遭到鎮壓，卻讓國家陷入內戰，持續了數十年，使得中國滿目瘡痍，正如有位學者說，"從強大的帝國淪為廣袤的墳場"。[2] 中國進入三國時代，百年之後又遭遇五胡亂華。從公元 220 年到 589 年，其間只有短暫的 24 年中國處於統一狀態，而時常分崩離析，列國對峙，

1　Shryock, *The Origin and Development of the State Cult of Confucius,* p.139.

2　Balázs, "La Crise sociale et la philosophie politique à la fin des Han", p. 91.

割據戰亂。

處於如此天下時局，世人遁入佛門之渴求，也就不言而喻。我們視為中國較早佛教學者的牟子就曾說過，在漢末時代黃巾起義之後，能夠避居於相對安寧的南方的人們，很多都浸於道教。牟子本人正是這類避居者，且坦然轉向佛教，就是為了逃離這個世界的邪惡。

在這種時代，佛寺恰儼然成為一個神聖的避難所。在那裏，人們無須憂慮凡俗無法解決的問題，只須誦讀佛經，踐行佛規，坐禪沉思。人們甚至還不用勞作，因為會有施主提供支持。如果是一位虔誠教徒，就能夠心神安寧，希求佛家寺廟成為紛飛戰火中的孤島。

雖然只有一部分人能成為僧尼，但人人皆可為佛門弟子，這是一個相當新穎的現象。若欲從儒學中獲致諸多完滿，人們需要相當充分的閱讀能力。至於道教修行的目標則不是道德，但只有個別超凡神魂能夠修仙得道。然而，在佛教中，尤其是按照大乘佛教的教旨，每個人都完全可以獲得極其圓滿程度的解脫。只是，人們得等待身後，而傳統中國思想幾乎完全不言來世。佛教至少展現一種希望，當人們處於水深火熱的世界，就更要憧憬死後的天國。不管如何，這還是使得即便最為卑微的個人，也可以希求贏回自我。

法力無邊的菩薩已經準備就位，甚至急不可待地要去救助世人。其中有一位在印度身為男性的菩薩，在佛教傳入中國後就變成女性形象，何樂益（Lewis Hodous）稱之為

"中國最為流行的神"。他說，這位觀音菩薩（通常稱為 the Goddess of Mercy）的 "形象幾乎可以在每家每戶中看到，觀音廟遍佈中國每個地方"。[1]（我也坦言，一些以木材、象牙或瓷器精製而成的觀音菩薩形象，是那麼的精美絕倫、璀璨奪目，讓我近乎皈依佛教。）

還有諸佛之一的阿彌陀佛（Amitabha），是如此的悲天憫人，若不能以其無量廣度無邊眾生，便誓不成佛。那些信仰修行阿彌陀佛教義，甚或只是唸誦 "阿彌陀佛" 的人，就會在死後去往阿彌陀佛的天國，稱為 "極樂世界" 或 "極樂淨土"（the Land of Pure Delight）。[2]

當然，這不是涅槃，只是通往涅槃的一個階段。然而，佛教中的時間跨度之長難以想像，這使得人們無須為涅槃而焦慮。還有一個饒有趣味的形象是未來佛，他攜帶著囊括一切未來之福的布袋。這位彌勒佛喜笑顏開，是因為他知道不管事情現在看起來多麼糟糕，只要到了後福無量的未來，一切都會美妙無比。

在中國，佛教不僅為善行與信徒提供拯救解脫，還以畫像形式描繪各式各樣邪惡者即將進入佛教地獄的圖景，以此警戒世人。不過，佛教再次鋪設一條出路。這些折磨不是永久的，只是一系列地獄苦難，只要運作一系列繁複的超度儀式，就可以幫助人們快速通關。從遠古開始，中國的喪事禮

---

1 Hodos, *Buddhism and Buddhists in China*, pp. 29, 31.

2 Ibid., p. 52; Eliot, *Hinduism and Buddhism*, 11.28-31.

儀就非常重要，佛教卻終能在這種古老事務的操辦中成功佔得廣闊領地。

佛教不僅牽引著人們的心志，還博取著人們的眼球。高聳的佛塔、典雅的佛寺給那些即便是非佛教徒的人士也留下深刻印象。我們傾向於認為，"偶像"一詞只是對應於崇拜者的總稱，而藝術史的學者向我們揭示，完美的中國佛教塑像遠不止此。J. 勒羅伊·戴維斯（J. LeRoy Davidson）寫道："恰是在中國公元五世紀，風俗限制與宗教熱情合而產生一種人物形象化與佛教理想化的完美協調，這樣的佛教理想化幾乎令人欲罷不能，最大程度地傳達其深奧教義觀念的普遍精神……偶像作為人，一如其應被大眾所認知。而他們又一再地非人格化，從而讓崇拜者轉向於其所表現出來的抽象。"[1]

中國文化的確善於包容。參與佛寺儀式的同時，又參與道觀、孔廟的儀式在他們看來並無不妥。佛教也善於包容。我們已經看到佛教對待道教的態度。他們還說，佛教有一位菩薩是孔子的化身。按照何樂益的說法，山東曾有"佛寺祭拜孔子"的情形。[2] 作為中國神的"天"，也在某些佛教儀式中得到尊奉。[3] 孝道美德在印度佛教中不是完全沒有[4]，但

---

1 經許可引用自一份尚未公開出版的手稿。

2 Hodous, *Buddhism and Buddhists in China*, p. 18.

3 Reichelt, *Truth and Tradition in Chinese Buddhism*, p. 238.

4 Eliot, *Hinduism and Buddhism*, 1.216-217, 251.

在中國佛教則予以專門強調，使之符合國家風俗。佛寺的建造還遵循著中國的神秘觀念體系，包括五行等等，即所謂"風水"。

至此，如果以為所有中國佛教徒都是陷於怪力亂神或蒙昧迷信的無知民眾，那就大錯特錯了。我曾有幸頗為私下地與一位中國學者交遊，他皈依佛教而極富智慧。他從未談論自己的宗教信仰，卻能感受到這種信仰賦予他的安寧與溫和，既令人感佩，又不至光彩奪目。

佛教倫理到處都能得到道德人士的支持，少有例外。有如其舉世矚目的成就，這套佛教倫理也贏得中國人的支持而愈發重要。

即使是基督教的諸多不同宗派中，也都存在著各式各樣的紛繁教義。就佛教而言，更是如此。在印度佛教思想中有一門宗派，於公元七世紀由著名高僧玄奘傳入中國。克拉倫斯·H. 漢密爾頓（Clarence H. Hamilton）如此解釋唯識宗，"宇宙只是心識的影像"，而尋求"證明貌似外化而堅實的世界只不過是我們自身意識的虛構，從而將我們從對世界的畏懼與依附解脫出來"。[1] 至少作為一部分，唯識宗之門徑便在於冥想。

這種形而上學玄之又玄，對中國人似乎感染有限。另一種思想宗派也倡導禪修，就不僅對佛教，還對中國思想更具

1　Hamilton, "Hsüan Chuang and the Wei Shih Philosophy", pp. 292, 307.

影響。其名稱源於梵文中意為"冥想"（meditation）之詞，隨後翻譯為中文，進而進入日文。在西方，則是通過日本術語"Zen Buddhism"而廣為人知。

要恰當地解釋"禪"，即便只是入門，也要耗費整一本書的篇幅，更是本書作者智慧所不能及。中國禪宗的歷史聚訟紛紜，毋庸贅述。其勃興背景似乎緣於一位活躍於約公元400年的中國高僧道生的教義，他宣稱佛的世界不是某種遙遠的"淨土"，而就在心中。一切有感覺能力的存在，即便是佛之反面，一闡提人，皆具佛性，只要即自見性，就能頓悟成佛。

在"禪"學的發展史上，曾認為應通過諸如源於印度面壁靜坐的冥想達致開悟。後來，出現了一種深富影響的宗派，倡導不拘修行程式，常行直心與智慧。要是弟子問禪師佛教三寶之含義，禪師就可以回答"禾、麥、豆"（譯注：《五燈會元》卷三："潭州三角山總印禪師，僧問：'如何是三寶？'師曰：'禾、麥、豆。'"），抑或打一記耳光，讓弟子自己去領悟禪機。個中存在一種放棄一切外物，甚至佛經的傾向。此外，禪僧還從事佛寺的體力勞動。胡適說："公元9—10世紀，禪院堪稱哲學思考與討論的偉大陣地。直到禪宗實際上取代各派之後，禪寺的僧人們才操持禮懺、拜佛之事，使其成為一種由施主供奉的機構，如今天所司空

201

見慣。"¹

　　當時，這還醞釀出一股偶像破壞的潮流，以呵佛罵祖而揚名。據說，有位行者在佛寺中對佛像吐痰，被人責問時，他卻說道："請給我一個沒有佛的吐痰地方。"［譯注：《五燈會元》卷五："有一行者，隨法師入佛殿。行者向佛而唾。師曰：'行者少去就，何以唾佛？'者曰：'將無佛處來與某甲唾。'師無對。"］還有一位禪師，在寒冷冬夜竟然用木製佛像燒火取暖。［譯注：《五燈會元》卷五："（丹霞天然禪師）唐元和中至洛京龍門香山，與伏牛和尚為友。後於慧林寺遇天大寒，取木佛燒火向，院主訶曰：'何得燒我木佛？'師以杖子撥灰曰：'吾燒取舍利。'主曰：'木佛何有舍利？'師曰：'既無舍利，更取兩尊燒。'"］以下是九世紀一位著名高僧德山宣鑒的一番呵佛罵祖，胡適曾予英譯：

"The wise seek not the Buddha. The Buddha is the great murderer who has seduced so many people into the pitfall of the prostituting Devil." "The old Barbarian rascal [the Buddha] claims that he had survived the destruction of three worlds. Where is he now? Did he not also die after 80 years of age? Was he in any way different from you?" "O ye wise men, disengage your body and your mind! Give up all and free

---

1　Hu Shih, "Development of Zen Buddhism in China", pp. 499-500. 譯注：胡適該文無完整中譯版，該處主要論及百丈懷海首創禪院清規之事。

yourself from all bondages."

"Here in my place, there is not a single truth for you to take home. I myself don't know what Zen is. I am no teacher, knowing nothing at all. I am only an old beggar who begs his food and clothing and daily moves his bowels. What else have I to do? But allow me to tell you: Have nothing to do; go and take an early rest!"

"仁者，莫要求佛，佛是大殺人賊，賺多少人入淫魔坑。你且不聞道：老胡（按指佛爺 —— 譯者）經三大阿僧卻只修行，即今何在？80 年後死去，與你何別？""仁者，莫用身心！一時放卻，頓脫羈鎖！"[1]

艾香德（Karl L. Reichelt）說，中國禪宗最著名宗派的宗師們"始終秉持人本身具備成佛的力量，能夠自己創造幸福，克服困難，只須正確認識自身人性的真正本質"。[2]

顯而易見，所有這些都極其近似於早期道家哲學，正如我們從《老子》與《莊子》所見示例。或許，有些還與漢末道教如出一轍。至少在一定程度上，存在一種共識，即道家對禪的影響顯而易見。還有人聲稱，禪宗根本不是真正的佛教，而是佛教的革命。那麼，我們能不能說，是中國對佛教挑戰的回應，使之演變為這種極具影響的佛教宗派本身？這

---

1 Ibid., p. 502. 譯注：中文據胡適：《禪宗在中國：它的歷史與方法》，載《胡適全集》（第 9 卷），安徽教育出版社 2003 年版，第 323 頁。

2 Reichelt, *Truth and Tradition in Chinese Buddhism*, p. 308.

麼一說不乏正確成分，不過，同樣正確的是，在禪宗褪去大乘外衣之餘，其所剩之義也大多近乎早期印度佛教。確實，如此看來或許正是喬達摩的原教旨，每個人都應自己尋求涅槃，這在很多方面與禪宗無有二致。

前文已述，到漢代晚期，道家玄學已經完全注入儒學，儒學愈發高倡經典與古禮，儘管尚未完全消淡為普通民眾而呼籲的歷史角色。可是，儒學是如此的無能為力，以至於飽受壓迫的大眾不如去投靠宣揚道教的黃巾軍尋求慰藉，他們畢竟承諾一個聞所未聞的和平幸福的新紀元。當這種"黃天當立"的夢想在人間墜於虛幻，那麼在此後動亂的數百年間，中國人就只好接納佛教來世的承諾了。這也是無可厚非的。從公元三世紀到六世紀，佛教在中國成為一種佔據優勢的智識力量，中國的模仿者道教只得亦步亦趨。即便那些繼續鑽研儒家經典的學者，似乎也浸染於道教與佛教。

當然，儒家經典的研習仍薪火相傳。當中國再次統一，繼而進入唐代（618—906 年），官僚系統便為科舉取士機制提供了廣闊空間，這種科舉考試主要立足於儒家經典。在這一時代，雖然佛教之影響登峰造極，深受官方支持，但儒學又開啟了一番顯著的復興運動，在智識影響方面終令外來的教義黯然失色。

通過這番屢屢奏效的代價程序（compensatory process），佛教得以興盛，而這種興盛也開始滋生如同政治與經濟領域的弊病。權勢煊赫的高僧們享有著對大量財產的控制，有時遠超佛法道德規範的限制。這些狀況著實讓佛教蒙受惡名。與此同時，聲望消淡、影響式微的儒學無法再能擁有漢代獨尊的特徵。儒家思想逐漸進入一種尋求蛻變的學說發展狀態，不止於哲理方面，還涉及政事領域。

不管佛教在中國取得多大成功，它終究還是在一定程度上異質於中國觀念，即一種講求實用而少有懷疑的顯著的現世觀念。前文已述，禪宗，甚至是中國化的佛教都已褪去大乘外衣，而近於中國早期道家。可是，無論如何，致身求禪者都得先出家為僧，雖然有些難以從哲理基礎上理解原因，但現實就是如此。

在唐代，我們看到一位著名的儒家學者聲稱，通過這種諸如坐禪的方式，人可以獲得開悟而成聖，但絕非成佛。在開悟成聖的同時，人仍要完全參與家庭、政治以及身為道德君子的日常活動，不可尋求遁世。在此，我們就可以看到禪宗融合於中國觀念邏輯的終局。它不是要達致涅槃之境界，而是一種涅槃解脫於輪迴的本有之義，畢竟傳統中國思想原本就從不信輪迴。

假設佛陀喬達摩曾翻山越嶺，佈道於孔子，孔子可能會如此回應：「善哉，蓋有之矣。然則輪迴之說不足徵，吾不知也。汝言雖有志於仁，然也不及，無以一貫，則豈從政為邦養民之正道歟？苟習此道，斯害也已。」（What you say is interesting, and may be true. But your doctrine of reincarnation would require a great deal of proof, which I do not see how you can provide. A part of your ethics is admirable, but taken as a whole your program offers little or nothing to remedy the grave political, social, and economic problems by which men are oppressed. On the contrary, it would probably make them worse.）孔子時代的中國人,想必會遵從於此。然而,到了唐代,人們已經如此習慣於佛教(以及道教)宇宙論的複雜性,從而這種單調而現實的中國哲學總歸有所缺失。除非能迎來整一套形而上學系統的有力衝擊,否則,就無法寄望人們斷卻對於佛道的念想。我們即將看到,到理學家醞釀這股衝擊之際,這一時代便將來臨,現在還沒到時候。

在持續於 960—1279 年的宋代,出現一種常被稱為"理學"的學說。其源頭顯然可以追溯到唐代。理學旨在展現儒學可以提供佛教所提供的任何令人滿意的學說,甚至更多。首先,它尤為貼合於佛教宇宙論。其次,它力圖在形而上學意義上解釋世界與儒家倫理。最後,在此之餘,理學要證成社會與政治活動,維護人們通過道德生活的日常追求達致幸福的權利。

宇宙論與形而上學不易於從《論語》的儒家闡述中挖掘。個別理學家甚至說,經典權威不是至關重要的,有如禪僧對佛教的態度。然而,總體上理學家們發現,可以通過義理闡釋,從儒家話語中詮釋出所有需要的東西。

在論述孟子哲學時,我們注意到,孟子的有些理念頗為偏離於孔子的現實態度,而具有一種趨向道家思想的近乎神秘的元素。理學家恰好尤為尊奉孟子，以及展現其思想重要性的著作《孟子》。這種趨勢在唐代已有顯露，及至宋代，則表現為確立對理學尤為神聖之經典的所謂"四書"，包括《論語》、《孟子》、《大學》、《中庸》。在此之前，後兩本只是《禮記》這部經典中的兩章。我們無法得知這些文本何時撰成，但這似乎表明，任何一本都至少有部分內容曾受孟子理念的影響。正如佛教禪宗主張其教義是佛陀的教外別傳，未曾透露予凡夫俗子，理學家當然就堅稱，《大學》蘊含著孔子的教外別傳。

為了迫使自身提供一套可與佛教競爭的宇宙論，理學家們深切體察對手的某些理念。於是我們發現，理學家重述了宇宙不斷毀滅重生的佛教理念。當然，這藉由中國的術語表達，衍為陰陽、五行以及《易經》神秘數理與卦象的運轉功能。

我們已經看到，這本卜筮指南的旨趣迥異於孔子思想與早期儒學，可能最早由一些與道家思想緊密相關的學者創議並闡揚光大。然而，隨著儒學注入一種複雜的形而上學思維，越來越多的儒者研究《易經》，且孔子於漢代甚至被奉為易傳作者。這樣一本著作，曾依託於儒學之尊隆而成為經典、神乎其神，自然也不啻理學之法寶，對很多儒者而言，儼然奉為聖經。

後來的道教，尤其是受佛教影響的道教，已經基於《易經》發展出一套複雜精微的宇宙論，毋庸置疑，這也影響著那些理學家，讓他們同樣基於該書而發展出一套極其相似的宇宙論。實際上，馮友蘭已經澄明，正是被接納成為所有宋代理學家宇宙論之基本圖式（儘管他們就其含義理解各異）的太極圖，幾乎如同道藏中的太極先天之圖。[1]有一位理學家（陸象山）曾質責其主要對手（朱熹）取於道家，朱熹則反唇相譏，認為陸學近於禪宗而非儒學。其實，兩家都已沾染道教與佛教的影響。

宋代理學紛繁複雜，但有兩個學派佔主導。其中一個學派的領袖，堪稱最負盛名的理學家，亦是過去一千年最具影響的中國哲學家，他正是生活於 1130 年至 1200 年的朱熹。

朱熹出生於儒學世家，甚至孩提之時就是一個嚴肅認真的弟子。年少之時，朱熹便研習道教與佛教，據說還曾經為僧修禪，儘管史實存疑。不管如何，朱熹很早就成為一名堅定的儒家，在仕途上身居要職，為官時多專注於學校教育的宣講。朱熹之弟子可謂眾多，他與弟子的交談每每展露出智識卓絕、多才多藝、富有魅力的人格。朱熹撰著頗為廣泛，他對一些最重要經典的注釋為官方所認可，成為科舉考試的標準答案，這從 1313 年持續到廢除科舉的 1905 年。

朱熹彙集了理學發展史上諸多前輩大師的觀點，以其天

1　Fung Yu-lan, *Chung Kuo Che Hsüeh Shih* 820-822. 譯注：馮友蘭說："周敦頤之太極圖……故此太極圖之來源，頗有研究之價值。道藏中之《上方大洞真元妙經品圖》中有太極先天之圖。此與周濂溪之太極圖略同。"馮友蘭：《中國哲學史》（下冊），中華書局 1947 年版，第 820-822 頁。

才予以綜合、闡釋，從而形成一個哲學體系。

其中最核心的概念大概就是"理"（principle）。雖然在現代中文"理"與意為 ceremony 的"禮"同音，但二者頗有不同，不應混淆。意為 principle 的"理"乃是源於《易經》的概念。

朱熹認為，所有存在的事物都是由"理"加"氣"組成。"氣"的概念無法確切翻譯，但有些類似於我們"物質"（substance）的概念。因此，樹葉與花朵之所以不同，是因為各自的"氣"是由不同的"理"所支配。所有事物（甚至磚）都包括"氣"以及賦予其形態的"理"，而在一定意義上，"理"佔據主導，這是因為"理"先於任何物體實然。諸如父子的關係，也存在其中之"理"。

朱熹說，"理"是"無先後之可言的"。其永恆不變，皆是至高終極（Supreme Ultimate）之"理"的真實部分，有時，朱熹也將這種至高終極等同於"道"。朱熹認為，"理"本身包含一個"淨潔空闊、無形跡、不會造作"（pure, empty, vast, without form ... and unable to create anything）的世界。[1]西方思想往往設想物質之不活躍屬性，但朱熹認為，"氣"（最近乎我們關於物質的概念）單獨作為造成存在之事物產生與變化的原因。在此，朱熹無疑受到印度觀念的影響，即在最終極的意義上，唯有永恆不變，才歸於善。

---

[1] Chu Hsi, *Chu Tzŭ Yü Lei* 1.3a.

根據朱熹的思想，人的本性存於其“理”之中，乃至高終極的部分。於是，所有人的“理”皆為同一，可惜，人們的“氣”（substance）則不然。如果氣不純淨，這個人就是愚昧、墮落的，彷彿一顆寶珠（人的“理”）沉於混水（不純淨之“氣”）之中。人們必須勘落這種習氣的阻滯，重新喚起含有仁、義、禮、智四端（正如孟子所言）的固有本性。對猶如被遮蔽之寶珠的人類本性，朱熹曰：“自家若得知是人欲蔽了，便是明處。”[1] 在某些方面，這極其類似於喬達摩與佛教禪宗的教義。

讀者們可能還會注意到，朱熹“理”或 principle 的觀念與柏拉圖對話語錄中的“理念”（ideals）或“形式”（forms）不謀而合。這在某些要義上更是如出一轍，例如，《斐多篇》（*Phaedo*）中引用蘇格拉底（Socrates）說，理解絕對真理的智識的最好狀態在於“脫離於肉體，儘可能與之無涉，沒有肉體感官或欲望，卻唯存留探尋真實存在的心志”。[2]

在《大學》中，有一段著名的表述，自唐代以後就一直被奉若圭臬，闡幽抉微，於流傳至今的理學體系中也一再重申。其文曰：

> 古之欲明明德於天下者，先治其國。欲治其國者，先齊其家。欲齊其家者，先脩其身。欲脩其身者，先正

1　Ibid, 12.8a.

2　Plato, *Phaedo* 65.

其心。欲正其心者，先誠其意。欲誠其意者，先致其知。致知在格物。[1]

朱熹極其注重"格物"作為獲致道德理解的方式，曰："至於用力之久，而一旦豁然貫通焉，則眾物之表裏精粗無不到，而吾心之全體大用無不明矣。此謂物格，此謂知之至也。"[2] 禪宗與其類似性可謂不言而喻。

朱熹還說，在政治領域也有一種"理"或 principle，確立政治行為的理想類型。這就是"道"。現實統治行為符合這種理想治道時，就是善的；反之亦然。然而，儘管這個"道"非人所能預，自是亙古亙今常在不滅之物，朱熹仍然認為，這個道已經有一千五百年不行於世，這便是指從孔子時代以來。君主應當格物致知，直到成為聖王。終究其實，朱熹說道，存在一番上古聖賢惟精惟一的功夫流傳下來，解釋如何成為聖賢之君，可惜的是，諸多近世君王都出於人欲之私而未得其旨。[3]

這套哲學是如此地迥異於早期中國思想，似乎很容易斷言理學已經全盤佛教化，只是存留名義。但真的如此嗎？輪迴的觀念在哪？佛教天國與地獄的觀念在哪？所謂現世生活即便不是幻象，也只是無足輕重的事情，這種觀念又在哪

1　Legge, *The Great Learning*, pp. 357-358.

2　Chu Hsi, *Ssü Shu Chi Chu, Ta Hsüeh* 5a.

3　Fung Yu-lan, *Chung Kuo Che Hsüeh Shih* 920-923; translated by Derk Bodde in Fung Yu-lan, "The Philosophy of Chu Hsi", pp. 41-45.

裏？所有這些如此根本的佛教觀念，在理學中全無一席之地。朱學格調不是苦行與悲觀，而是中庸與樂感。它從未超乎生命與現世事務宣講佈道，而是義無反顧地參與其中。

不像道家，理學不求長生，不畏死亡。對他們而言，死亡只是一種正常現象，當充實完滿的生命走到盡頭，死亡來臨之時，人就意識到是時候休息了。他們也不像佛教般認為，現世生活無非邪惡之事。如孔子本人，理學認為，生活是或者理應是所有人的幸福之事。

朱熹的最強對手則是宋代理學另一學派的領袖，他只小朱熹幾歲。朱熹為強調思考客觀世界的理學潮流建構了系統形式。陸象山（1139 — 1193）則要擁護一種著重於沉思與直覺的觀念。雖然這種倚重有如佛教禪宗，但在儒學史上源遠流長。孔子曾以其獨特的中庸之道，告誡人們不要一味偏向學或思，其言曰：“學而不思則罔，思而不學則殆。”（ Study without thought is a waste of time. But thought without study is dangerous.）[1] 孔子還說，自己曾終日而思，卻發現毫無所得。相反，孔子提倡廣泛考察與經驗積累，並對這些經驗事實予以理性的檢驗與安排。[2]

---

[1]　*Analects* 2.15.

[2]　Ibid., 15.30, 2.18, 7.27. 後兩篇的翻譯見 Creel, *Confucius, the Man and the Myth*, p. 135, lines 27-32, and p.135, last line, to p. 136, line 2; see also p. 311, n. 24. 譯注：《論語・衛靈公》：“吾嘗終日不食，終夜不寢，以思，無益，不如學也。”《論語・為政》：“多聞闕疑，慎言其餘，則寡尤。多見闕殆，慎行其餘，則寡悔。言寡尤，行寡悔，祿在其中矣。”《論語・述而》：“蓋有不知而作之者，我無是也。多聞，擇其善者而從之，多見而識之，知之次也。”

不過，孟子則較少強調學習與經驗。他斷言人之本性為善，如果人欲為善，只須挖掘其原始善端。孟子說，即便關於是非對錯的知識也是固有的。[1] 在《孟子》中可以讀到：「萬物皆備於我矣。」人只要盡其心，就可以知其性。[《孟子·盡心上》7(1)4.1, 7(1)1.1.。即如前述所示，我不太確定該書第七篇的上部分是否真正代表孟子的思想。但不管怎樣，一般還是認可並引用作為孟子的真實思想。]

顯然，這種理念對於希圖建立正統儒學根基者頗為有利，一如佛教禪宗的思想體系。早在唐代，韓愈就聲稱，純粹的儒學道統中絕於孟子[2]，這當然也排擠了漢代儒生更為尊崇的荀子。之後，強調正思之旨就出於唐代著名儒家李翱，他引用《易經》論證，人可以通過弗思弗慮、寂然不動的方式獲得復性啟發。[3] 其學部分基於孟子的理念，而與佛教禪宗存在顯著相似。

延續這一思想趨向的陸象山生於 1139 年，晚朱熹 9 歲。34 歲時，陸象山參加科舉考試，考中進士。之後，他曾擔任縣主簿，歷國子正。於為官任上，陸象山因清正廉明、治績卓著獲得提拔，卻志於講學。去官歸里後，他在學

---

1 *Mencius* 2(1)6. 譯注：《孟子·公孫丑上》：「是非之心，智之端也。」

2 Han Yü, *Chu Wên Kung Chiao Han Ch'ang-li Hsien Shêng* Chi 11.3b. 譯注：韓愈《原道》：「堯以是傳之舜，舜以是傳之禹，禹以是傳之湯，湯以是傳之文、武、周公，文、武、周公傳之孔子，孔子傳之孟軻，軻之死，不得其傳焉。荀與揚也，擇焉而不精，語焉而不詳。」

3 Fung Yu-lan, *Chung Kuo Chê Hsüeh Shih* 809-810.

宮內設講席，貴賤老少都遠道而來。據說，即便朱熹也承認，絕大多數中國東方的學子皆為陸象山弟子。這兩位卓越的哲學家曾有見面及書信往來，試圖解決理念歧異，然而最終只得各持己見，互不妥協。陸象山素有舊疾，1193 年 1 月 3 日，其謂家人曰："吾將死矣。"當家人悲愁之時，又告之曰，死亡終究只是"自然"，一周後便溘然長逝。[1]

或許，朱熹與陸象山分歧的核心在於形而上學方面。前文已述，朱熹認為，所有事物皆含有"理"與"氣"（多少類似於我們"物質"的概念）。但是陸象山認為，所有存在都只有"理"。因而，陸象山實為一元論者，這種一元論思想相比朱熹的二元論而言，當然更近於早期中國思想。另一方面，陸學所傳的這種一元論在很多方面接近印度思想的某些趨向，以及禪宗之旨，正是基於這一點，朱熹後學深加攻訐。

朱熹說，我們要通過格物致知，不止於理。我們的最終目標是理解"理"，但為了理解這麼一個抽象存在，必須考察其具體表徵。而陸象山說，我們要做的只是探究一個"理"。這就堪稱一種簡易工夫了，畢竟，一切理皆為真實，而人之心智是宇宙之一理。陸象山說，其實，"宇宙便是吾心，吾心即是宇宙"。[2] 這就如同孟子說"萬物皆備於我"，真正知本心的人，就會知萬物。

212

1　Huang Siu-chi, *Lu Hsiang-shan*, pp. 12-16.

2　Ibid., p. 36; Lu Hsiang-shan, *Hsiang-shan Hsien Shêng Ch'üan Chi* 36.5b.

心學，正是陸象山所異於朱熹的學說。朱熹說，人的本性是"理"，而心是由"理"與"氣"組成的。陸象山認為，必須是如此，因為心通過感覺與情緒活動並表現其特徵，但理是潔淨的，無意識的，永恆不變的。然而，陸象山正如孟子，對倫理學比形而上學更感興趣，於是就說本性、心智、感覺皆為同一事物的不同方面。這也就彷彿孟子，他認為道德教化的過程包括發明本心，即良善的真正本性。

　　在關於惡的學說方面，陸學也類似孟學。按朱熹的解釋，惡源於人們"氣"（這也類似孟子的"氣"論）的不同。陸象山則說，這是人原有之善性為外物所障蔽，因此心也被欲望腐蝕。

　　陸象山提倡的是發明"本心"的實踐工夫。他說："人莫先於自知。"[1]人還應當塑造自身的獨立品格，成為自己的老師，應將所學付諸道德實踐。為求致知，陸象山提倡靜坐瞑目之法，在方式上類似於佛教禪宗。他說，所有這些能夠勤勉修行，就會有頓悟，心與萬物同一。這真是像極了《奧義書》中的命題："那就是你。"在其他方面，陸學也與佛教禪宗頓悟之說同符合契。陸象山認為，切己自反，改過遷善，就能發明本心。[2]（譯注：該句是直接引用，原文為 If one plumbs, investigates into, sharpens, and refines himself, a morning

213

1　Huang Siu-chi, *Lu Hsiang-shan*, p. 60; Lu Hsiang-shan, *Hsiang-shan Hsien Shêng Ch'üan Chi* 353b.

2　Huang Siu-chi, *Lu Hsiang-shan*, p. 72.

will come when he will gain self-enlightenment。出處未詳，取其意譯。另據《象山先生全集》卷三十五載弟子詹阜民曰："先生謂曰：'學者能常閉目亦佳。' 某因此無事則安坐瞑目，用力操存，夜以繼日，如此者半月，一日下樓忽覺此心已復澄瑩，中立竊異之。遂見先生。先生目逆而視之曰：'此理已顯也'。"）

　　陸象山所深受佛教禪宗影響者，還在於相對淡漠經典文本之權威，且自身著述較少。這對其陸學在身後的傳揚，無疑成為一種不利的因素，正如相比著述頗豐的朱熹而言。宋代理學家總體上經歷諸多政治坎坷，即便朱熹，晚年也曾一度蒙受政治恥辱。但到了 1313 年，朱子對一系列經典的注解得到官方認可，從此之後就成為科舉考試的標準。

　　這種官方的支持給予朱熹哲學以極大的有利條件，但與此同時，它也就帶有一種排抑活泛思想與獨立智識的傾向。不管怎麼說，堪稱明代最傑出哲學家的王陽明，繼承發展的幾乎都是陸象山而非朱熹的學說。在為陸象山文集撰寫的序言中，王陽明為這套被詆諆為禪的陸學進行辯護，讚頌有加。[1]

　　1472 年，王陽明生於顯赫的書香門第官宦世家。雖然在 21 歲那年參加科舉考試中舉，卻在會試中一再落第，直到 28 歲中進士。在此期間，身處國家邊境備受侵擾之時

1　Wang Yang-ming, *Wang Wên-ch'êng Kung Ch'üan Shu* 7.28b-30b.

局，王陽明曾習軍事技藝。他似乎還研習道家與佛教，但終究還是成為一位堅定的儒者。他曾任諸多官職，教授眾多弟子。在 35 歲那年，他敢於得罪權宦劉瑾，那可是明朝的一顆災星。因此，王陽明被杖四十，謫貶至南方荒蕪之地的貴州龍場。正是在這次孤獨的貶謫中，王陽明得以悟道，或許便不足為奇。晚年，王陽明曾授意弟子的這番心路歷程，如下所述：

> 眾人只說 "格物" 要依晦翁，何曾把他的說去用？我著實曾用來。初年與錢友同論做聖賢，要格天下之物，如今安得這等大的力量？
>
> 因指亭前竹子令去格看。錢子早夜去窮格竹子的道理，竭其心思，至於三日，便致勞神成疾。當初說他這是精力不足，某因自去窮格，早夜不得其理，到七日，亦以勞思致疾。遂相與嘆聖賢是做不得的，無他大力量去格物了。及在夷中三年，頗見得此意思。乃知天下之物本無可格者；其格物之功，只在身心上做。[1]

此外，王陽明年譜中描述其居於龍場蠻荒之地而悟道的經歷：

> 而從者皆病，自析薪取水作糜飼之，又恐其懷抑鬱，則與歌詩……因念："聖人處此，更有何道？" 忽

1　Ibid. 3.50b-51a; Henke, *The Philosophy of Wang Yang-ming*, pp. 177-178.

中夜大悟格物致知之旨，寤寐中若有人語者，不覺呼躍，從者皆驚。始知聖人之旨，吾性自足，向之求理於事物者誤也。乃以默記五經文言證之，莫不脗合。[1]

在此，王陽明實則重述了陸象山之學，即說人本不應格物，而是求諸全然存乎本心者。

大約四年之後，王陽明復官得到重用，進而開始穩步上升。他所擔任官位有些屬軍事職務，最大的成就便是平定朱宸濠之亂。50 歲之時，王陽明升任兵部尚書並得以封爵。之後，他還曾總督中國南方的兩廣。自始至終，這段時期，陽明先生都得以廣納門徒，廣泛講學。1529 年，當 57 歲的王陽明去世之時，很多人士指斥王學為異端，結果便是皇帝禁止其學。然而，過了 55 年，王陽明的牌位就又移入孔廟。

究王陽明之哲學，與其心學前輩蓋無根本差異，然而，以其充沛心智、魅力人格以及厚重筆墨而論，還是陽明先生將心學建構完備，闡揚光大。或許他最具特色之學說（至少已為陸象山所倡）便是知行合一。其言曰：

> 未有知而不行者。知而不行，只是未知。聖賢教人知行，正是要復那本體，不是著你只恁的便罷。故《大學》指個真知行與人看，說 "如好好色，如惡惡臭"。[2]

---

1 Wang Yang-ming, *Wang Wên-ch'êng Kung Ch'üan Shu* 32.14a; Henke, *The Philosophy of Wang Yang-ming*, p. 13.

2 Legge, *The Great Learning*, p. 366.

見好色屬知，好好色屬行。只見那好色時已自好
了，不是見了後又立個心去好。聞惡臭屬知，惡惡臭屬
行。只聞那惡臭時已自惡了……如鼻塞人雖見惡臭在
前，鼻中不曾聞得，便亦不甚惡，亦只是不曾知臭。就
如稱某人知孝、某人知弟，必是其人已曾行孝行弟，方
可稱他知孝知弟，不成只是曉得說些孝弟的話，便可稱
為知孝弟。[1]

禪宗對理學之王學分支的影響可謂顯而易見，而且，王
陽明對佛教與道教皆尚能包容。儘管如此，王陽明仍以二教
居於儒學之下，宣稱佛教未能尋求解決天下問題，只圖一味
避世。但是，對中國最富思想的學人而言，即將到來的時代
不只是要回擊佛道，還包括反叛理學本身。

---

1 Wang Yang-ming, *Wang Wên-ch'êng Kung Ch'üan Shu* 1.5b-6b; Henke, *The Philosophy of Wang Yang-ming*, pp. 53-54.

第
十
一
章

理
學
的
逆
反

217 　　佛教仍持續席捲著中國，尤其是對於普通民眾。作為一種智識力量，佛教發光發熱，甚至與推翻滿清王朝的革命也有所關聯。儘管事實如此，毫無疑問的是，最近數百年佛教在知識界的影響已然不復當年。

　　在晚近四百年，出現了兩股嶄新力量，在中國思想的發展史上扮演著重要角色。一股是理學的反叛，另一股則是西學的東漸。後者起初影響甚微，如今已聲勢浩大，有人預言，未來西方觀念幾乎將完全取代中國傳統思想。至於理學的反叛，情形則正好相反。這種思潮在很大程度上也屬抵制佛教影響的反應，尋求回歸真正的孔孟之道，從而與之抗衡。

　　前文已述，在漢代尤其是武帝時期，為使儒術成為一種政治與社會改革的力量，淪為皇權專制的附庸，儒學也已遭嚴重扭曲、面目全非。雖然這番儒學術化從未能完全實現，卻是延綿於後續的歷朝歷代。祭拜孔子由國家法令正式確立，始於公元 59 年。饒有趣味的是，恰是蒙古人與滿人的朝代，特別能繁文縟禮、挖空心思地崇拜這位中原聖人，可謂無以復加。通過這種表態，這些入主中原者希望至少能夠贏得被征服族群中的士人群體的擁護。

然而，早期儒學與生俱來的民主（democratic）精神時常閃現，這彷彿一個幽靈，始終糾纏著儼然成為儒學主顧的皇帝。它是如此揮之不去，以致滿清第二位皇帝（康熙）認為，有必要讓一幫編纂人員著手來刪訂儒家春秋三傳。這套皇帝欽定的版本，斥責的便是其中那些宣稱不應忠於暴君的錯誤文段。[1]

具有獨立精神的個體學者屢屢批判科舉考試系統，他們以官方認可的特定 "儒家經典" 知識作為考核內容，根據考生作答所能符合國家意識形態的程度評定次第。在諸多學人抵觸政府的時代，這種批判自然愈發突出。此種情形，在晚明時代尤為尖銳。正如前一章我們曾講到，王陽明當年遭受權傾朝野的宦官劉瑾的打壓。後來內憂外患的明朝給滿人入關提供契機，後者於 1644 年建立新的朝代。

滿人在維繫中原政權方面困難重重，但他們通過各種方式化解。在軍事與政治舉措上，鎮壓任何反叛傾向。滿清大興一種處心積慮、瓜藤蔓延的文字獄，去摧毀他們視為眼中釘、肉中刺的著述，有所得逞。[2] 而通過佔據儒家正統，資助學術，變得 "比漢人更漢化"（某人說法），滿人又企圖拉攏學者這一最有文化、最具影響的階層。對於最富智識與獨立

---

1 See Creel, *Confucius, the Man and the Myth*, p. 250.

2 See Goodrich, *The Literary Inquisition of Ch'ien-lung*.

精神的學者而言，則能夠抵制這種收買。在滿清入主中原之後，一些學者隱居山林，至死不渝拒為清朝效命。

於是，明末清初時期，諸多學者都反抗政府。其中很多也控訴政府對民眾的壓榨，且以最合儒家傳統的意義為此殉節。自然而然，也就有部分學者轉而反對那種為官方所支持的名為理學的正統儒學。胡適已注意到，"理學在絕對君主統治的統一王朝時期發展壯大，而作為一種政治哲學未能把持古典儒學的民本精神，從而趨於強化君主專制"。[1]

要知道，恰是在蒙元統治下，朱熹對儒家經典的注釋開始成為官方科舉考試的標準。

或許當時西方影響的因素才處於萌芽時期，卻也以一種頗為奇特的方式扮演對理學的反動角色。在1600年前不久，就有一些傳教士去往中國，憑藉淵博學識，有些傳教士擔任了中國政府頗為重要的官職。其實，他們最關心的是讓中國人皈依基督教。為此，以其智慧與審慎之品格，他們率先全面學習中國文學與哲學。結果是，有些人對孔子哲學印象深刻，認為與基督教道德同符合契。與此同時，他們也聲稱理學的形而上學並非源於孔子，而是出於佛教。

據聞，這些耶穌傳教士與一些反理學的中國學者至少存在間接往來。這種狀況帶來的結果，很可能是中國思想運動也在一定程度上受這種來自友邦旁觀者的影響。而且，這也

1　Hu Shih, "Confucianism", p. 200.

反映出，中國思想家從耶穌教士習得這些領域的科學技術，一如其章句訓詁之術。這對思想運動也有一定意義。

不過，在歐洲影響中國哲學發展進程的可能性上，西方人恐怕有些自吹自擂，我們還應注意到鮮有提及的另一方面。傳教士寫信回歐洲所透露的中國思想與制度的知識，也影響了萊布尼茨（Leibniz）、伏爾泰（Voltaire）、魁奈（Quesnay）、奧利弗‧哥爾斯密（Oliver Goldsmith），以及其他諸多人物。對於法國大革命所展現的特定意識形態，諸如平等主義理念，我們不應誇大中國思想扮演的角色，但無疑確實存在作用，即便只是一種催化劑。[1]

湧現於清代初期的改革思想家學派，被人們視為漢學的流派，其原因我們稍後論述。最早的代表人物，亦稱為視為開創者，就是顧炎武（亦稱其號顧亭林）。1613 年，顧炎武生於明代的名門望族。幼年時期的顧炎武特立耿介，卻善於讀書，後來聲名鵲起成為一名學者。相比同時代的思想家，顧炎武的思想最富批判性，而且他涉獵廣泛，甚至覽及諸如經濟與兵法的非學術（對中國而言）領域。

當顧炎武投身抗清活動，協助指揮家鄉城市保衛戰時，這種兵法造詣就派得上用場了。但城破之際，顧炎武已不在城中。他所感恩、敬愛的嗣母，不願苟活於滿清政權下，絕食殉國，且以此寄望兒子不為滿清效力。顧炎武始終抵抗清

---

1 See Creel, *Confucius, the Man and the Myth*, pp. 254-278.

軍，直至清政府穩固建立。從此以後，顧炎武奔走活動，結社抗清，展現其身為運動領袖的天賦。

生意自然不是顧炎武的真正志向，但據說他曾為了抗清而籌集經費。後來，他也曾一度入獄，但之後滿清政權召其為官。顧炎武答復："果有此舉，不為介推之逃，則為屈原之死。"1679年，顧炎武定居於小城，研究學問，教書講學，直至1682年去世。

作為一位學者，顧炎武可謂包羅宏富。於其廣闊的遊歷與廣泛的閱讀生涯中，顧炎武得以搜羅校訂各式各樣的書籍。這對當時相對狹隘的經典儒學不啻一種匡正。或許，顧炎武的最大貢獻在於音韻學，將前輩學人的研究發揚光大。他所推廣的音韻應用成為文獻學與歷史學研究的重要工具。同時，顧炎武還是一位歷史地理學家、編纂古代銘文石刻的大師。

作為思想家的顧炎武，竭力批判在其看來近於禪宗的陸王心學。顧炎武察覺到，當時浸淫於理學研究的同時代學人，對明朝腐化、欺壓百姓的現實罪惡置若罔聞。這些腐儒也無力於抵禦滿清。更糟糕的是，顧炎武察覺，很多儒者已經準備變節求榮，臣服於外來政權。其云：

> 竊歎夫百餘年以來之為學者，往往言心言性，而茫乎不得其解也。命與仁，夫子之所罕言也。性與天道，

子貢之所未得聞也，[1]……今之君子則不然，……而一
皆與之言心言性。舍多學而識，以求一貫之方，[2] 置四海
之困窮不言，而終日講"危微精一"之說。

是必其道之高於夫子，而其門人弟子之賢於子
貢，……我弗敢知也。

愚所謂聖人之道者如之何？曰："博學於文"，曰：
"行己有恥"。[3] 自一身以至於天下國家，皆學之事也；自
子臣弟友以至出入、往來、辭受、取與之間，皆有恥之
事也。恥之於人大矣！不恥惡衣惡食[4]，而恥匹夫匹婦之
不被其澤。[5]

鑒於當時儒者們對專制政治卑躬屈膝、與世俯仰，顧炎
武批判陸象山與王陽明的哲學。不過，當時同樣敢於淋漓盡
致地表達一種批判理念，兩百多年後被譽為早期革命家的，
還有另一人物（儘管以陽明弟子自居，仍頗受顧炎武尊重）。

這位學者就是黃宗羲（1610 — 1695），其父（黃尊素）
是一名敢於彈劾宦官集團把持朝政的明代官員。因此，他在
黃宗羲 17 歲之時被處刑至死。兩年之後，黃宗羲入京以一

---

1 *Analects* 9.1 and 5.12.

2 Ibid., 15.2.3.

3 Ibid., 6.25, 13.20.

4 Ibid., 4.9.

5 Ku Yen-wu, *Ting-lin Hsien Shêng I Shu Hui Chi, Wen Chi* 3.1a-2b. 這段話的翻譯與我所
給的版本有些不同，摘自 Freeman, "The Ch'ing Dynasty Criticism of Sung Politico-
Philosophy", pp. 89-90.

己之力為父報仇。[1] 這些早年經歷，無疑讓黃宗羲對自身所在的明朝政府深感失望。可不管如何，在滿清入主中原之後，黃宗羲仍輾轉跋涉，擔任職官，致力於南明的徒勞保衛戰中。及至清朝建立，黃宗羲便隱居治學，著書教學，始終拒不仕清。

1662 年，黃宗羲撰有一篇名為《原君》的文章。他說，遠古時期的聖王都是大公無私的人，不顧自身利益而為天下服務，謀求福利。但後來的君主則不同。其描述如下：

> 以為天下利害之權皆出於我，我以天下之利盡歸於己，以天下之害盡歸於人，亦無不可；使天下之人，不敢自私，不敢自利，以我之大私為天下之大公。始而慚焉，久而安焉。

> 視天下為莫大之產業，傳之子孫，受享無窮；漢高帝所謂"某業所就，孰與仲多"者，其逐利之情，不覺溢之於辭矣。此無他，古者以天下為主，君為客，凡君之所畢世而經營者，為天下也。今也以君為主，天下為客，凡天下之無地而得安寧者，為君也。

> 是以其未得之也，屠毒天下之肝腦，離散天下之子女，以博我一人之產業，曾不慘然。曰："我固為子孫創業也。" 其既得之也，敲剝天下之骨髓，離散天下之

---

1 Hummel, *Eminent Chinese of the Ch'ing Period*, pp. 351-352; Chiang Wei-ch'iao, *Chin San Pai Nien Chung Kuo Che Hsüeh Shih* 23.

子女，以奉我一人之淫樂，視為當然。曰："此我產業之花息也。"

然則，為天下之大害者，君而已矣。向使無君，人各得自私也，人各得自利也。嗚呼！豈設君之道固如是乎？

古者天下之人愛戴其君，比之如父，擬之如天，誠不為過也。今也天下之人怨惡其君，視之如寇仇，名之為獨夫，固其所也。[1]

在這番重提古代以描繪今世的言說中，就特地祖述孔子了，畢竟孔子是被奉為實際改革者的先師，而不是那些純粹坐而論道者。當時有一位儒者（陸世儀）寫道："《論語》曰君子欲訥於言而敏於行，又曰敏於事而慎於言，又曰君子先行其言而後從之，又曰君子恥其言而過其行。"[2]

強調實踐，構成顏元（1635—1704，亦稱其號顏習齋）哲學的基礎。童年之時顏元即行耕作，之後以行醫教學為生。在非常年輕之時，顏元曾熱衷於道教。之後又開始浸染於理學，修行其所喜好的靜坐之法尋求開悟。到中年之際，顏元對這些理念變得完全不抱幻想，漸而意識到理學深受佛教與道教的浸淫。

顏元批判朱熹的學說，即宇宙萬物均由"理"與"氣"

1　Huang Tsung-hsi, *Ming I Tai Fang Lu* (Ssŭ Pu Pei Yao ed.) 1b-2b.

2　這些引自 *Analects* 4.24, 1.14, 2.13, and 14.29 by Lu Shih-i (1611-1672) are quoted in Chiang Wei-ch'iao, *Chin San Pai Nien Chung Kuo Che Hsüeh Shih* 12.

兩方面構成。顏元認為，人的本性只有一個，而不能一分為二，猶如眼睛不能分為若干方面，有些是只能看到良善現象的道德方面，有些則是只能看到錯誤現象的物理方面：

> 眶、皰、睛，氣質也；其中光明能見物者，性也。將謂光明之理專視正色，眶、皰、睛乃視邪色乎？余謂光明之理固是天命，眶、皰、睛皆是天命，更不必分何者是天命之性，何者是氣質之性；只宜言天命人以目之性，光明能視即目之性善，其視之也則情之善，其視之詳略遠近則才之強弱，皆不可以惡言。
>
> 蓋詳且遠者固善，即略且近亦第善不精耳，惡於何加！惟因有邪色引動，障蔽其明，然後有淫視而惡始名焉。然其為之引動者，性之咎乎，氣質之咎乎？若歸咎於氣質，是必無此目而後可全目之性矣。[1]

究顏元之意，乃為嘲諷書生。他如此描述學者，"兀坐書齋人，無一不脆弱，為武士、農夫所笑者，此豈男子態乎"。[2] 顏元宣稱，除非能學以致用，否則讀書無用。他質問，比如人要學琴，能否只通過熟爛琴譜，而甚至不用實際手彈就可以學會？同理，人們應當將經典所學付諸實踐，否

---

1 *Yen Li Ts'ung Shu, Ts'un Hsing* 1.1. 在 Freeman, "The Ch'ing Dynasty Criticism of Sung Politico-Philosophy", pp. 107-108. 中，這段話的部分翻譯有些不同。

2 *Yen Li Ts'ung Shu, Ts'un Hsüeh* 3.2a.

則就無意義。[1]

顏元言曰，古之聖人，包括周公與孔子，"皆教天下以動之聖人也，皆以動造成世道之聖人也。五霸之假，正假其動也，漢唐襲其動之一二以造其世也。晉宋之苟安，佛之空，老之無，周、程、朱、邵之靜坐，徒事口筆，總之皆不動也。"[2]

顏元的藥方就是以實際行動救時之弊。他說，當時的儒家學者應當在繼續學習的同時，從事某些諸如農圃醫卜的工作。[3]由此發出一番醒世恆言："天下事皆吾儒分內事；儒者不費力，誰費力乎！試觀吾夫子！"[4]

大體上，儒者往往賤視軍伍。顏元卻譽之為"天下之至榮"，他聲稱孔子早已率弟子躬習弓矢射禦，而且古代皆教童子荷戈參軍，保衛社稷。[5]

顏元還對貧富不均的世道大加撻伐，富者連阡陌之田，貧者無立錐之地。顏元寫道："天地間田宜天地間人共

1　Ibid., 3.6b-7a.

2　*Yen Li Ts'ung Shu, Yen Hsi-chai Hsien Shêng Yen Hsing Lu* 2.8b.

3　Ibid., 2.27b.

4　*Yen Li Ts'ung Shu, Ts'un Hsüeh* 2.13a.

5　Ibid.; *Yen Li Ts'ung Shu, Yen Hsi-chai Hsien Shêng Yen Hsing Lu* 2.22b. 譯注：《顏李叢書·存學》："試觀吾夫子，生知安行之聖，自兒童嬉戲時即習俎豆、升降，稍長即多能鄙事，既成師望，與諸弟子揖讓進退，鼓瑟，習歌，羽籥、干戚、弓矢、會計，一切涵養心性、經濟生民者，蓋無所不為也。"《顏習齋先生言行錄·不為》："軍者，天地之義氣，天子之強民，達德之勇，天下之至榮也。故古者童子荷戈以衛社稷，必葬以成人之禮，示榮也。"

享之，若順彼富民之心，即盡萬人之產而給一人，所不厭也。"顏元的辦法是回到井田時代，正如前文所述孟子的圖景。如果真的付諸實踐，那就會帶來一番土地的重新分配。[1]

基於其有關土地所有的理念，可能會有人以為顏元是中國共產主義者的先驅。然而，顏元也為古代中國曾經存在的封建體制深加辯護，且認為封建崩壞是一切無休止之紛亂的根源。因而他強烈倡導恢復封建制。[2]可是，眾所周知，中國的共產主義者認為中國的"封建時代"延續到本世紀，且將反封建作為目標之一。

一般認為，顏元的思想對戴震（1724—1777，亦稱其號戴東原）這位清代最重要的哲學家深有影響。戴震出身貧寒，年少只得向富裕鄰家借書學習。

戴震的心智品格，可以從 10 歲那年的一件事情中透露。當時老師教授儒家經典《大學》，幼年的戴震忽然提問："此何以知其為'孔子之言而曾子述之'？又何以知其為'曾子之意而門人記之'？"老師答曰："此朱文公所說。"即問："朱文公何時人？"曰："宋朝人。""孔子、曾子何時人？"曰："周朝人。""周朝、宋朝相去幾何時矣？"曰："幾二千年矣。""然則朱文公何以知然？"師無以應，曰：

227

1　*Yen Li Ts'ung Shu, Ts'un Chih* 1-4.

2　Ibid, 1a, 7b-9b. 譯注：《顏李叢書·存治》："井田、封建、學校，皆斟酌復之，則無一民一物之不得其所，是之謂王道。"

"此非常兒也。"[1]

戴震最早的著作也預示其後來的學術旨趣，這是在他20歲就完成的一本數學方面的書籍（譯注：《籌算》），而第二本著作則是關於一部儒家經典技術部分（譯注：《周禮》之《考工記》）的注釋。終其一生，戴震親撰或編纂的書籍多達50部左右。

戴震的職官生涯也光彩奪目，即便曾在會試中屢屢落榜。他擔任當時正在編纂的浩瀚官修圖書（譯注：《四庫全書》）的纂修官之一，而乾隆皇帝還曾寫詩讚頌他的其中一項學術成就（譯注：《水經注》核勘，乾隆詩云："悉心編篆誠堪獎，觸目研摩亦可親。設以《春秋》素臣例，足稱中尉繼功人。"）。戴震51歲之時，大概第六次會試落榜時，也是乾隆皇帝特命參加殿試，賜同進士出身。兩年之後，戴震去世。

一位如此受滿清皇帝禮遇的學者，竟對本朝的意識形態釜底抽薪，這似乎出人意料。但同樣顯著的是，戴震沒有通過的科舉考試，正是立足於其所批判的理學。

228

戴震繼承其清代思想先驅們的思想，而以一種徹底的方式推進從而超越前人。與顏元一樣，他完全拒斥朱熹的二元論，甚至走得更遠。戴震也不抱持任何所謂天理的觀念。這不是說他們不秉持任何理（principle），而是在他們看來，理

1　Tuan Yü-ts'ai, *Tai Tung-yüan Hsien Shêng Nien P'u* 1b-2a. 這段話大部分翻譯自 Freeman, "The Philosophy of Tai Tungyüan", pp. 55-56.

不過是事物如此安排與組織的條理方式（manner），而非某種宇宙精神的部分。[1]他們也不認為存在肉體與靈魂之分，所謂"以有形質，而秀發於心"。[2]

雖然戴震有時稱為唯物主義者，卻非罔顧我們所謂的"精神"價值。戴震認為（亦如孟子），美德由每個人固有之善端發展而來。他說："凡血氣之屬皆知懷生畏死，因而趨利避害；雖明暗不同，不出乎懷生畏死者同也。人之異於禽獸不在是。"

人們不能說動物在其初步形態上就不具有如同人類之德行。但差異在於，人能夠拓充其德行達至完滿，增益其知識而進於神明：

> 孟子言"今人乍見孺子將入井，皆有怵惕惻隱之心"[3]，然則所謂惻隱、所謂仁者，非心知之外別"如有物焉藏於心"也，已知懷生而畏死，故怵惕於孺子之危，惻隱於孺子之死。
>
> 使無懷生畏死之心，又焉有怵惕惻隱之心？推之羞惡、辭讓、是非亦然。使飲食男女與夫感於物而動者脫然無之，以歸於靜，歸於一，又焉有羞惡，有辭讓，有是非？
>
> 此可以明仁義禮智非他，不過懷生畏死，飲食男

1　Tai Chên, *Mêng Tzǔ Tzǔ I Su Chêng* 1.1.

2　Tai Chên, *Yüan Shan* 2.

3　Tai Chên is here quoting from *Mencius* 2(1)6.3.

女，與夫感於物而動者之皆不可脫然無之，以歸於靜，歸於一，而恃人之心知異於禽獸，能不惑乎所行，即為懿德耳。

同理，戴震認為，一切德行皆是如此。這不取決於剝除人的自然欲望與衝動，相反，如果予以恰當地理解與指引，這些欲望與衝動就是激發美德的基礎。他說，古代聖人不會錯誤地預設，德行的基礎應求於"所謂欲之外"。[1]

當我們想到這是由一位與美國革命同時期的中國學者所寫，就會感覺到與現代西方心理學理論不謀而合。就其理論基本預設而言，也只比歐洲最為激進前沿的心理學理論晚一百年。[2]且關鍵還在於，戴震對諸如數學與天文等科學深懷志趣。如當時其他中國學者，他也受到某些西方科學知識的影響，只是沒有證據表明直接受到西方心理學理論的影響。

值得注意的是，戴震的心理學往往在對《孟子》注釋的文段中表達。他很大一部分的著述都致力於回歸孔孟真義，並相信能夠等同於其時迅速發展的科學觀點，當時很多進步學者都是如此。毋庸置疑，這有所矜誇，但同樣毋庸置疑的是，相比已經受印度思想影響的理學，孔子與孟子的哲學仍更可與現代科學相比擬。

戴震的觀點有很多方面與科學相關。如胡適已經指出，

---

1 Tai Chên, *Mêng Tzŭ Tzŭ I Su Chêng* 2.7b-11a. 在 Freeman, "The Philosophy of Tai Tung-yüan", pp. 59-60. 中，這段話的翻譯略有不同。

2 *Encyclopaedia of the Social Sciences*, XII.588-589.

戴震精於算數曆象之學，深知天體的運行皆有常度，皆有條理，可以測算，這些讓戴震深為震動。[1]與之相應，戴震堅信人們應當通過學習、探索與分析了解世界。

這種尤為經驗化的觀念（亦為某些同時代學者所煥發）已在中國思想二千年來湮沒無聞。孔子曾強調經驗與觀察，作為個體獲得真與善之知識的必由之路。而孟子雖然強申言個體的重要性，卻鮮有論及，彷彿知識屬內在固有。隨著儒學的演進，留給個人以任何基本方式貢獻知識的空間愈發侷促。學人可以注釋經典，但絕不能離經叛道。

在理學當中，又注入一種固化權威的新標準——天理。這個 "理" 是絕對真理（absolute truth），"不生不滅"，永恆不變。一旦理學建構其依循天理的倡議，顯然就令違背天理成為愚昧。皇帝以及所有其他權貴均會主張其訴願與決策為 "理" 所撐持，即是那申訴無門的所謂正確天理。

戴震對整一理學觀念予以正面批判。他寫道：

> 六經、孔、孟之言以及傳記群籍，理字不多見。今雖至愚之人，悖戾恣睢，其處斷一事，責詰一人，莫不輒曰理者。
>
> 自宋以來始相習成俗，則以理為 "如有物焉，得於天而具於心"，因以心之意見當之也。

1　Hu Shih, *Tai Tung-yüan Ti Che Hsüeh* 35. 譯注：胡適：《戴東原的哲學》，載《胡適全集》（第 6 卷），安徽教育出版社 2003 年版，第 362 頁。

於是負其氣，挾其勢位，加以口給者，理伸；力弱氣慴，口不能道辭者，理屈。嗚呼……[1]

尊者以理責卑，長者以理責幼，貴者以理責賤，雖失，謂之順；卑者、幼者、賤者以理爭之，雖得，謂之逆。……

人死於法，猶有憐之者；死於理，其誰憐之！……六經、孔、孟之書，豈嘗以理為如有物焉，外乎人之性之發為情欲者，而強制之也哉！[2]

有如孟子以及現代心理學家，戴震認為人的欲望不應壓制，而是社會化。其言曰：

君子之於欲也，使一於道義。治水者徒恃防遏，將塞於東而逆行於西，其甚也，決防四出，氾濫不可救；自治治人，徒恃遏禦其欲，亦然。能苟焉以求靜，而欲之剪抑竄絕，君子不取也。君子一於道義，使人勿悖於道義，如斯而已矣。[3]

對戴震而言，亦對孔孟而言，"道"就是人類合作以追求一切良善的方式。戴震說："欲遂其生，亦遂人之生，仁

---

1 Tai Chên, *Mêng Tzǔ Tzǔ I Su Chêng* 1.4. 在 Freeman, "The Philosophy of Tai Tung-Yüan", p. 64. 中，翻譯略有不同。

2 Tai Chên, *Mêng Tzǔ Tzǔ I Su Chêng* 1.12. 在 Freeman, "The Philosophy of Tai Tung-yüan", pp. 63-64. 中，翻譯略有不同。

3 Tai Chên, *Yüan Shan* 20-21. 譯自 Freeman, "The Philosophy of Tai Tung-yüan", p. 62.

也。"[1]"凡有所施於人，反躬而靜思之：'人以此施於我，能受之乎？'凡有所責於人，反躬而靜思之：'人以此責於我，能盡之乎？'"[2]

如果這種精神運用於統治，當然會讓專制統治無以可能。戴震曰："烏呼！今之人其亦弗思矣！聖人之道，使天下無不達之情，求遂其欲而天下治。"而戴震感嘆，後儒之學不啻一套緊身衣裳，鉗制、摧殘著人們的精神。[3]

戴震任職並顯隆於乾隆皇帝時期。這位皇帝極其嚴酷、竭盡所能地鎮壓任何煽動言論的風吹草動，還因此銷毀諸多禁書。人們不免疑惑，乾隆是否曾讀過戴震抨擊專制統治哲理基礎的任何文章。

如果乾隆確曾讀過，可能並未引起警覺，沒有實際誘因。然而，獨立的卓越學者絕不會無動於衷，偉大的智識前赴後繼，反思這套能讓他們得以通過（戴震所落榜的）科舉躋身仕途的正統思想。而當天下的問題變得極其困窘，他們就仍埋首於理學的抽象概念中尋求"哲學的慰藉"。

頗為諷刺的是，極富批判品格的清代學術，反而不可逆睹地帶來敏銳心智遠離政治、社會、經濟問題的效果，拘囿於愈發狹隘畛域的批判辨偽。

自清代伊始，就催生一股日趨強勁的學術態勢，指引著

1　Tai Chên, *Mêng Tzŭ Tzŭ I Su Chêng* 1.10.

2　Ibid, 1.1b-2a.

3　Tai Chên, *Tai Tung-yüan Chi* 9.12b.

對早期注釋與古代文本的批判研究，從而提供一種比理學著述更為復古、更富權威的學術話語基礎。如前文所述，之前顧炎武曾對音韻學研究貢獻甚多。在一位晚明學者已確立的基礎之上，顧炎武卓有成效地建構起式微已久、文字生疏的古代音韻學。顧炎武批判精神的唯一運用，就是成為清代學者空前活躍地用於批判古代文獻的工具，辨別偽作，考證公案，甚至在某些輯佚工作中。

最早的經典注疏見於漢代。這是因為，畢竟漢代注家才最近於經典所撰時代，自然最能理解經典。於是，漢代注釋就被奉為最可靠的。清代的這種學術也因此被稱為"漢學"。

這一學派的人物輕視於義理詮釋與形上思考。他們注重注疏集釋研究。文本辨偽在中國並不新鮮，而清代學者使之登峰造極。賈德納（Charles S. Gardner）寫道："中國人在審慎的文本訓詁與辨偽方面一點兒也不落後於西方，這是一種在作者、成書、訓詁方面研究的素養，而非歷史評價與借鑒的功夫。"[1]

清代學者運用音韻學、文本辨偽與（在較弱的程度上的）歷史批判，以及金石學，推動其學術在研究歷史與經典的同時，也涉足政治、社會與經濟領域。致力漢學研究的學者，首先關注的是運用多種含義去顛覆理學著述，及其研究所立足的材料，並考釋他們認為更為真實的漢代著作。

1　Gardner, *Chinese Traditional Historiography*, p. 18.

　　戴震繼承清代學術的技術，並以此為文獻考辨增加一些重要著述。但對他而言，這遠未為足。正如房兆楹所指出，戴震"抱持一種信念，這些學術不能止於自身，而必須用於醞釀出一種新的哲學，其目標應當是改良社會。在戴震看來，經典的至高價值在於它們所傳達的真理；而為了宣顯這種真理，他才致力於弘揚'漢學'，一如前人弘揚'宋學'"。[1]就此而言，戴震的意義堪稱獨一無二。即便回歸彼時，戴震的理念亦可謂曲高和寡，而他對於中國思想的重要性，也直至晚近才得以揭示。漢學流派的清代學者們大多醉心鑽研，皓首窮經，所以儘管造詣卓絕，也就屬所謂"惟精惟一"（more and more about less and less）的考據專家了。

1　Fang Chao-ying in Hummel, *Eminent Chinese of the Ch'ing Period*, p. 698.

第十二章　西方的影響

CHAPTER 12

THE INFLUENCE OF THE WEST

235　　　在十九世紀中葉到二十世紀中葉的百年間，中國的變化比以往二千年疊加起來的還大。這種變化相應顯著地作用於政治架構、社會結構與經濟生活。不可避免的是，中國思想風貌亦與時俱進。這番變化及其緣由是如此紛繁，以至於沒有人能夠分析得面面俱到。不過，其中有一個最為重要、窺斑知豹的基本事實。

　　自古以來，中國自以為最富文明，居於至尊，囊括天下。中國認為，其他任何族群皆是應受中國皇帝統治的“夷狄”。除了周邊鄰邦自發仰慕中華文化，中國少與外部世界互通有無。於是，中國以為世界其他國家也都是沐恩被澤於中華文化。當不列顛帝國派遣使節與中國朝廷進行外交，中國人都以為是前來朝拜，宣誓效忠於中國皇帝。突如其來啊，這將是要翻天覆地的。

　　尋求外貿、拓殖領土的西方殖民國家，最早於 17 世紀伊始敲擊中國門戶。西方曾處於下風，直到英國在 1842 年擊敗中國。在這之後，中國無法抵擋西方的堅船利炮愈發明朗，只能被迫一再淪喪。

中國的海關與郵政被西方人大肆操縱控制。中國不得不允許西方國家的船隻在其領水自由航行，甚至打擊沿岸的一些抵抗活動。西方國家在中國的很多地方常駐軍隊。中國的一片片版圖，也淪為西方勢力擁有特許權的區域。有些國家甚至將中國某片區域標注為"勢力範圍"。只有西方勢力之間的競爭，才能避免某些地方完全淪為殖民地，這宣告中國即將被"瓜分殆盡"。

這種喪權已經慘不忍睹，而辱國則甚至更為折磨。自古以來，中國人自有文化優越感，在17、18世紀之時很多歐洲人也深表認同。但在其弱點暴露無遺之後，西方人基本就認為中國是一個落後，甚至可能是一個原始的國家。要是中國人能夠抵禦侵略，捍衛國門，就能夠回擊西方的輕視，視之為"蠻夷的無知"。然而，當中國被迫接受西方人的命令，西方人又幾乎對中國人視為神聖之事物輕蔑備至，那中國就要奮起回應了。

中國可以做些什麼呢？在過去一百年，這一問題困擾著中國最具思想活力的人士。故而，這一時期中國在哲學理論領域貢獻新見相對較少，也就不足為奇。一個房子著火的人，自然不可能在烈火中從容安坐，研究邏輯，撰成著述。

中國試圖從三個方面應對西方的挑戰。有一些人堅持認為，中國傳統的生活與思想模式最為優越，中國面臨的困局不是因為封閉保守，而是未能奉行傳統之道。只要如此，中國就會強大，問題也會迎刃而解。另有一些人採取一種較為妥協的觀點，他們雖然認為中國文化是維繫中國發展的最好本體，但也希望修正，使之適應現代世界的環境，並學習顯然較為先進的西方科技。第三種觀點認為，中國整一傳統政治、社會與經濟結構模式已經不符合當今世界潮流，生活與思想模式必須全盤改革。諸多保守人士都曾受舊時經典之學的訓練，對外部世界知之甚少。而有一些人學習而了解西方，曾對自身文化如數家珍，後來才不抱幻想。最有意思的例子，就是嚴復（1854—1921）。在愛丁堡大學學習之後，嚴復成為譯介西方哲學著作於中國的先驅。他翻譯赫胥黎（T. H. Huxley）、約翰‧斯圖亞特‧密爾（John Stuart Mill）、赫伯特‧斯賓塞（Herbert Spencer）、亞當‧斯密（Adam Smith）以及其他人的著作，在為中國人介紹西方思想方面貢獻巨大。然而，在一戰之後，他還是認為，中國終究具有更優越的文化。嚴復說：

> 西國文明，自今番歐戰，掃地遂盡。……往聞吾國腐儒議論，謂孔子之道必有大行人類之時，心竊以為妄語。乃今聽歐美通人議論漸復同此。……覺彼三百年之進化，只做到利己、殺人、寡廉、鮮恥八個字。回觀孔孟之道，真量同天地，澤被寰區。[1]

238 　　在炮火面前，儒家理念無疑堪稱一種崇高氣節，卻無法

1　Hsüeh Hêng, No. 18 (Shanghai, 1923), *Wen Yüan* 6-7.

有效應對。儘管可能不喜歡西方人及其著作，人們還是普遍意識到學習一些西方技術方能保家衛國。火器的使用就是一個明顯的例子，在 17 世紀，中國人就得到一些耶穌教士幫忙鑄造的大炮。他們也很早就意識到西方數學與自然科學的優勢。

到了 19 世紀，中國人一度認為，西方力量的奧秘在於一些輕而易舉發現的長技，諸如數學、自然科學、軍事與戰艦技術，以及機械運用。他們也順理成章地認為，中國只要在其優越文化的基礎上師夷長技，就能迅速回歸天朝上國的地位。於是西方著作被譯介，中國學生被派往海外留學，試圖以西方模式發展陸軍海軍，並建造一些軍火庫、船塢、工廠。然而，結果卻令人大失所望。

洞察時局的中國人，尤其是那些留洋人士進而認識到，問題沒那麼簡單。他們說，西方國家力量的真正奧秘在於政府與民眾的團結。這基於普遍教育、政治正義、經濟物資公平分配、進步的社會制度。此種觀念與日俱增，敦促中國，如果想要抗衡西方，就必須改革其政治、社會與經濟制度。

這無疑是正確的。然而，很多人士還是緬懷中國傳統的思想與生活模式，而不願意去直面西方侵犯的壓力。他們與中國傳統社會結構命途攸關，為首的正是皇帝。其基礎是幾乎都是農民的廣大普通民眾。介於皇帝與百姓之間，目睹他們依循傳統慣習扮演角色的，則是熟諳經典、遵循儒家道德的士大夫們。

個人極其繫於家族，家族履行著很多在我們看來屬於國家的職能。其他諸如鄉村或者行會，可能都對個體大有關係。而對於國朝，則可謂山高皇帝遠。正常時期，國家不會干預民眾的生活，而更像是林林總總可能發生衝突之人群的裁判者。風俗的掌控強勁有力，從皇帝下至每一個人，但在很多方面，舊中國還是一個放任（laissez-faire）的國家。

這是一個結構，卻非一種組織。可以稱之為組織的，即使不乏其靈活性，仍應是緊密編織而能夠在不斷變化的態勢中紀律分明地實現其功能。中國皇帝（至少在 19、20 世紀）不具有這些特徵。皇帝在理論上是專制君王，而連美國總統所能在一定程度上號令人們的情形，有時都可讓中國皇帝羨慕。雖然朝臣與軍官不挑戰皇帝的權威，但他們常不實施皇帝的指令，依憑往往不足為據的理由搪塞了事。如果是人微言輕的官員，則有可能受到懲處，不過那種情況下他們又會服從命令。

在一種組織中，權力主要不取決於個人，而是其所處的位置。在一支訓練有素的軍隊中，士兵服從軍官，上校服從上將。在一個工廠中，工人服從工頭，副總裁服從總裁。然而，在中國，很多情況都取決於個人，涉及其親朋好友、家族關係、個人威望。只要關係足夠盤根錯節，一個政府或集團的官員就不能被罷黜，不管何等庸碌。

人際關係的花樣實在比西方複雜得多。我們傾向於讓人非人化（dehumanize），讓人們猶如跳棋盤上的棋子活動。

240

如果他們的工作符合上司的要求就很好，如果不行就要開除。而在中國，所有系列的人際關係都要考慮進來，包括慣例上的特權。如果國家的法律與行會的慣例發生衝突，官府有時會傾向於依照慣例裁決。即便商品的價格，也可以在各種情況下討價還價，所以一個具備強勢品格與講價天賦的人士，購買的價格就會比弱勢的競爭者便宜許多。

這是一個比我們"人性化"得多的社會，也是一個低效得多的社會。當訓練有素的西方軍隊碰上軍官隨心所欲執行命令的中國軍隊，往往告捷。而且，軍艦與大炮的生產，以及其他大量現代戰爭所需供應，都求諸工業實力。可缺乏嚴密甚至冷酷的組織，工業的實力就無從獲致。

越多越多的中國人逐漸意識到，不可能一如既往沉迷於傳統的生活方式，還同時希望實現驅逐洋人、贏得獨立的目標。自然而然的，中國必須進行某些"西化"。

首先，自然就是向西方民主國家中的佼佼者看齊。對於任何思考改革的人士，不管是政治抑或經濟方面，法國與美國的革命都堪稱最傑出的範例。而中國古代的哲學中，也包含不少頗為類似西方民主國家的理念，正如孫中山等人所津津樂道。[1]

在當時中國，西方民主由大量基督傳教士傳達，他們很多不只是傳播福音，還擔任教師或醫生提供服務。也很難高

1　Sun Yat-sen, *San Min Chu I, The Three Principles of the People*, p. 171.

估他們在贏得中國接納西方文化方面的作用。

"科學與民主"，被奉為一條必將引領新時代的明路。以其政治制度與經濟軍事力量，英國曾備受仰慕。到 1905 年，孫中山組建革命黨，以"自由、平等、博愛"[1]為宗旨。1912 年，中國革命之火點燃之後，孫中山宣佈擔任總統一職，中國人踵武於後的，正是法蘭西、美利堅共和之戰史。[2]

在普遍陶醉於"科學與民主"的氛圍中，絕大部分的革命者不再談論，或至少不再美化中國傳統文化。中國自身的哲學並未拋諸腦後，卻鮮有重申。想要喚起對佛教思想的強烈興致，只會吸引一小撮人。道家與墨家有所研究，但更多是作為學者研究，而不構成真正的哲學運動。

雖然胡適以及其他學林領袖已經意識到"古典儒學的民主精神"[3]，卻不旨在從中獲致現代民主哲學的基礎。儒學終因繫於過多糟粕而被清算。兩千年前，皇帝就開始運用儒家（在扭曲的意義上），以為專制統治之緣飾。在過去一百年，企圖阻礙任何改變的頑固派，也屢屢扛著儒學的旗幟。在中國革命轉入內戰之後，一批臭名昭著的軍閥也擺出尤為尊孔的作派。當日本於 1931 年到 1945 年侵略中國時，他們也大興孔子崇拜，企圖讓其對中國的統治相對可以接受。不幸之至，莫過於儒學。

---

1 Sun Yat-sen, *Chung-shan Ts'ung Shu* 4, *Hsüan Yen* 2.

2 Ibid. 4.

3 Hu Shih, "Confucianism", p. 200.

　　不管喜好與否，儒學持續深刻地影響著每一個中國人，作為一種文化構成元素塑造著人們。然而毋庸置疑的是，正如陳榮捷（Chan Wing-tsit）寫道，中國思想家大體上"同意，相較儒學而言，西方哲學更著眼未來，儒學則被視為過時哲學"[1]。

　　從 1917 年開始，進步的中國知識分子深受一場運動的影響，它既被稱為"新文化"（New Tide），也被稱為"中國文化復興"（Chinese Renaissance）。這場運動的發起者之一，為西方最熟悉的便是胡適，他是實用主義倡導者約翰·杜威（John Dewey）的學生。這場運動始於一個大膽的提議，即中國著作與文章應以白話文撰寫。

　　從無法追憶之時起，中國幾乎所有重要的文字都以書面風格撰寫，其語法與發音都在一定程度上迥異於口語。按照慣例，中國書面文字也以一種相當刻板的方式撰寫，注入諸多晦澀的經典微言，故唯有中國學者能夠閱讀，甚至連他們有時也不無障礙。結果是，寫作者往往更多關注於顯眼的文風，而非達意的表述。反對於此，胡適及其他運動人士發起挑戰，希望讓中國文字與白話一致，儘可能清晰明了。這場戰役雖然只是一時聲勢迅猛，反叛者卻達到目標。今天，即便是那些繼往開來的文藝創作者，通常也都寫得簡單通俗。

　　這一運動不止於文學領域。它逐漸成為一個中心，聚攏

1　Chan Wing-tsit, "Trends in Contemporary Philosophy", in MacNair, *China*, p. 320.

著那些為新觀念並肩奮戰的人士。擁護者主要不是通過重新闡釋中國自身文化遺產,從而生發基本靈感,在此意義上,也就談不上是一場真正的"文化復興"。不管如何,這種重新闡釋仍是運動的重要部分。

運動伊始,是如火如荼的破除偶像運動,其中有位主要的旗手(譯注:錢玄同)甚至自號"疑古",相當於 Mr. Doubter of Antiquity。後來運動迅速轉向建構方面,利用此前中國學者的考辨造詣,以及現代科學方法去評估傳世文獻和考古挖掘發現。結果是,20 世紀中國學者對歷史與傳統真實本質的洞悉,令過往任何時代都無法企及。

二千年來,中國人都在研習經典,其中很多時代,關於經典的知識意味著提供官位顯隆、聲名鵲起甚至財富充盈的敲門磚。當官方的科舉考試於 1905 年廢止,經典研習的濃厚誘惑也隨之煙消雲散,在 1920 年之後,"新文化"(New Tide)運動推動小學與中學白話而非文言課本的湧現,就不僅意味著很多中國的讀書人從此之後未能閱讀經典,還意味著很多人愈發覺得,所有中國傳統文獻中很大部分都是那麼難讀,也就乾脆束之高閣了。這對傳統實在是一種不小的衝擊,且儼然製造了一個意識形態的真空。

雖然改革者總體上與保守黨針鋒相對,但他們也不是都要與中國文化傳統決裂。孫中山比其他任何人對推翻帝國都貢獻更多,卻在倡議的共和國體制中特別保持中國特徵。他說:"中國現在要學歐洲,是要學中國沒有的東西,中國沒

有的東西是科學，不是政治哲學。至於講到政治哲學的真
諦，歐洲人還要求之於中國。"[1]

　　若處於一種更為可觀的境況中，中國完全有可能逐步走
向一個具備西方民主特徵的國家，同時也保留諸多傳統文化
元素。民主是一套折衷的系統，而折衷之"中庸"在中國源
遠流長。民主國家重視自由與個人，拒絕給予政府過多權
威，儒學亦然。西方民主得以發展的整一人文主義與自由背
景，與中國思想最優良的傳統存在許多通約之處。

　　然而，民主是一個發展過程，不可能一蹴而就。想要進
於成熟的民主國家，中國還需要時間，可惜歷史不允許。
從 1912 年辛亥革命到 1927 年國民黨的成功，內戰與分裂或
多或少地持續下去。甚至在與共產黨及其他黨派的戰爭之
餘，1931 年所謂"滿洲事件"又帶來新的難題。在 1937 年
之後，中國一直陷於日本侵略的戰火中，直到最終贏得二戰
勝利。處於這種條件下，任何國家都難以發展出完全的民主
政治。

　　中國的智識傳統，至少歷經三千年的長期演化，堪稱世
界最悠久的傳統。若說尚有餘祚，這種傳統也面臨一個突
如其來的轉捩點，那就是 1949 年中國共產黨的勝利。雖然
1921 年才建黨，但中國共產黨的迅速勝利可謂舉世矚目。

　　當時蘇俄沒有讓中國拋棄自身文化，取而代之以蘇俄的

1　Sun Yat-sen, *San Min Chu I, The Three Principles of the People*, p. 98.

文化。相反，他們邀請中國加入蘇聯與其他成員的集團，採取一種以所有國家與種族的完全平等為前提，從而實現經濟、社會與政治正義上的新秩序。這樣一種標語，不僅協調於中國晚近的抗爭，還符合儒家古老的人道主義與大同學說，當然就會與中國人心心相印。

在革命事業末期，孫中山深感在西方勢力中，唯有蘇俄表現出自身具有與中國進行完全平等合作的意願。在其流傳最廣的《三民主義》中，孫中山說俄國"抑強扶弱，厭富濟貧，是為世界上伸張公道打不平的……（為全世界人類）反對帝國主義和資本主義"。他預知中國人必將選擇其加入蘇維埃陣營的立場，"用此四萬萬人的力量，為世界上的人打不平"。[1]

蘇俄不單純依靠宣傳贏得中國加入陣營。很多俄國人已經學習漢語、中國歷史與文化，準備好駕輕就熟地經略中國。不少中國人在蘇維埃政府的支持下被邀請前去學習共產主義學說與軍事，據稱，中國共產黨政治局 13 名委員中有 8 人曾留學蘇聯。[2] 在這些人的領導下，中國共產黨構建起嚴絲合縫、訓練有素的組織網絡，以創造共產主義中國為目標，並致力於推翻一切形式的反動政府。較之這樣一種精心計劃的運動，美國政府那些漫不經心的禮物可謂相形見絀。

在那些認為蘇俄是世界上有史以來最龐大帝國主義勢

1　Sun Yat-sen, *San Min Chu I, The Three Principles of the People*, pp. 17, 87-88.

2　North, "The Chinese Communist Elite", p. 68.

力，克里姆林宮的執政者企圖奴役人類的人士看來，或許會認為中國有識之士尋求以共產主義實現國家獨立與個人自由頗為幼稚。但我們要記住，他們鮮能對共產主義理論與實踐有一種平心靜氣的估量。在國內，中國共產黨也與國民黨劍拔弩張，針鋒相對。

助力共產黨的另一氛圍則是中國已成燎原之勢的民主之風。在中華民國建立之後，許多中國人期待紙面的民主制度形式就會帶來翻天覆地的變化。他們完全未能意識到，只有精英才有望參與民主政治。在名義上的"民主政治"實施10年之後，"中華民國之父"孫中山宣佈反對代議政治，稱代議只能導致腐敗。[1]

二戰期間及隨後時間，蔣介石的民國政府步履維艱，面臨沒有哪個政府可以完全成功解決的問題。最熾熱的守護者無法宣稱政府總是做出英明抉擇，最猛烈的批判者（其中包括很多知識分子）則譴責政府庸碌無能、腐敗嚴重。而當民國政府採取所謂勢在必行的政治舉措去打擊共產主義，批判者就譴責民國政府實施"白色恐怖"統治。由於民國政府得力於西方民主國家的諸多支持，尤其是美國，共產黨又以此推進成效卓著的反對西方的宣傳運動。

在二戰以後，一大批中國學生與知識分子決意尋求中國困局的出路。他們以理想主義的信仰，投身於這場看來能夠

1　Sun Yat-sen, *San Min Chu I, The Three Principles of the People*, p. 277.

恢復國家獨立、經濟富足、個人自主的運動中。

其中很多人士也青睞西方民主國家。但要在中國付諸實踐，以足夠速度解決那些急不可待的問題，還是前景渺茫。又何談能有效運轉呢？甚至得到一個西方人都認同的民主定義也很困難。而且，民主從未給中國這樣一個國家提供模板。確實，對於中國問題，西方民主國家並未曾給出多少真知灼見。

蘇俄則不同。在中國共產黨中，這群經過時間考驗、並肩戰鬥、立場堅定的同志們不但設計藍圖，而且付諸實踐，毫不遲疑。他們掌握著精確定義、教義問答、操作計劃。他們不但知道自己應當怎麼做，而且已然在共同事業中為其他人安排好角色。共產主義為知識分子的安排引人矚目。正如本傑明‧史華茲（Benjamin Schwartz）曾寫道："在一種為迫切補救的期待所強化的氛圍中，其賦予知識分子的角色是一種令人矚目的領導角色。這號召知識界激烈討論、組織安排並領導由此而建立的組織。"[1] 誠然，共產主義要求個人將自身意願融合於黨，但通過這種近乎宗教信仰的行動，才能加入這個被譽為有史以來英勇絕倫的共同體。個人要服從鐵的紀律，奮鬥不已，獻出生命而何等光榮！相比西方民主國家冷靜古板的宣揚活動，這種訴求更近於孔子面向弟子的佈道，鼓勵後生為抗爭民眾受壓迫而拋棄一切，士志於道，甚

---

[1] Schwartz, *Chinese Communism and the Rise of Mao*, p. 22.

251

至不惜殉道。這贏得知識分子的大力擁護，使中國統治歸於共產黨，確仍有待揭示。

經過百年反思，中國人曾感到自身國家存在短處，有些甚至也已承認文化不如西方。這隨著中國共產主義的出現而改變。他們很多認為，共產黨"代表著現今人類社會中的最光明的最進步的一方面"，而且"中國共產黨是世界共產黨的最好支部之一"。[1]

西方曾派出傳教士，試圖讓中國人皈依基督，還有師資支教與經濟援助。不過，現在中國共產黨要扭轉乾坤。毛澤東說，因為這是最腐朽的資本主義世界，造成了世界黑暗面，共產黨將推翻轉變為一個"前所未有的光明世界"。[2] 為實現這一事業，還有很多工作要做。不管如何，毛澤東的一位副手曾說，即便人類最無前景的成員，也可以經過長期奮鬥將之改造為高度修養的共產主義者。[3]

過去，西方國家反覆對中國動用武力。在炮口之下，中國被迫簽訂條約，同意通商，割地求和。對此，共產主義承諾將會反敗為勝。未來，將是中國共產黨作為世界共產主義革命的一部分，以革命力量反對全世界一切不接受"改造"的人。毛澤東說："他們的被改造，須要通過強迫的階段，

252

---

1 Liu Shao-ch'i, *How To Be a Good Communist*, pp. 82-83.

2 Mao Tsê-tung, *On Practice*, p. 22.

3 Liu Shao-ch'i, *How To Be a Good Communist*, p. 101.

然後才能進入自覺的階段。"[1]

最後一點，西方國家長期以來對中國等閒視之。既然當時中國甚至都還不能讓國內恢復秩序，也就被視為全球事務中無足輕重的力量。西方罔顧中國歷史，曾譏諷"中國人不會戰鬥"。這一虛言終於在朝鮮戰場被擊得粉碎。而關於中國共產黨下一步動作的猜測，最近也在全球各主要首都傳得沸沸揚揚。中國，已不再無足輕重。

即便是抵觸共產主義的中國人，看到祖國在太多年未能染指的國際事務上重新煥發影響，也不能不歡呼雀躍。有些中國人會希望這不是在共產黨領導下發生，但不管誰領導，他們不能不對這一結果讚不絕口。如果我們要理解為什麼中國共產黨會在如此短的時間，贏得如此廣泛的認同，這一因素不可忽視。

---

1 Mao Tsê-tung, *On Practice*, p. 23.

第十三章　回顧

CHAPTER 13
IN RETROSPECT

258　　　　沒有人會再完全像孔子、莊子、朱熹甚或 1900 年的中
國人那樣思考問題。〔亞瑟・施坦納（H. Arthur Steiner）於
1951 年寫道：「兩年間施加於中國社會之傳統體制的休克
療法，無形中已經讓 1949 年以前的中國生活樣式一去不復
返。」（*Annals of the American Academy of Political and Social
Sciences*, 277.vii.）〕同樣，生活於當代的我們，也不會完全體
認柏拉圖的理念。然而，柏拉圖的對話錄仍然重要，且對我
們今天現代世界大有裨益。中國哲學也是如此。

　　當反基督教的中國人指控傳教士挖出中國兒童的眼睛
時，我們只能聳聳肩膀一笑置之。可當嚴復寫道，西方的演
進在四個方面登峰造極，「利己、殺人、寡廉、鮮恥」，其
言辭就不免扎心了。這不是因為我們同意嚴復之言。不僅我
們的基督教原理，還有不勝枚舉的自我犧牲行為都能證明嚴
復的錯誤。只是當我們檢視自身，還是無法擺脫一種惆悵不
安，即無法感到我們的原則在生活中的完滿實現。可能我們
哲學中仍有困境。

　　從外部視野觀察我們文化的中國人，窺見的是尤為富於

侵略與競爭精神的文化性格。毋庸置疑，這些都是適度內含於任何國家構成與人類個體的品格。可一旦過度，就會導致個人的爭強好鬥和國家的耀武揚威。

侵略與競爭的傾向自身顯現一種我們引為至傲的美德，那就是我們的擴張精神。個人和商業都務必今年盈利超過往年。國家"不出口貿易就無法生存"，必須發現新市場，且不斷擴張領土，或至少擴大影響範圍。遲早有一天，擴張的帝國（個人與國家都是）必將遭到報應，付出代價。這種結果就是衝突，對此我們往往是譴責謾罵多過分析緣由。

"知足"（Contentment）是一個在現代西方少有所聞的詞語。嚴格來說，知足也不啻一種美德，但實際上我們卻似乎視之為一種罪責，其如此黯淡無光，以致我們不願吐露這一負罪的名詞。其中有些基礎原則，即過於知足就會流於懶惰庸碌和不負責任。然而，那些為現代生活賽道上的人們縫補靈魂的精神病專家們也許會同意，適當劑量的知足正可以成為我們大家的靈丹妙藥。

大多中國哲學家均已弘揚知足之美德，大多中國人也都深諳於此。有如其他人類族群，中國人有時也為貪婪色欲與膨脹野心感到愧疚。但他們大多能顯露出一種難得的喜樂天賦，甚至是身陷貧窮苦楚之時。他們能夠發現我們所忽視的事物樂趣：周遭人們發生的饒有趣味、幽默風趣的八卦，自己一家子人生活的戲劇伸展，以及一鳥一花，甚或蟋蟀吟唱。有感於明日未至，他們就享受今天生活啦。相比我們，中國人也很少耽於與人爭鬥，卻又不意味著他們活在一個死氣沉沉的國度。總歸還有超越自身先前成就的目標願景，以及對改善品質而非增加數量的注重。

260　　可能有人會說，我理想化了中國傳統生活之道。也許如此吧。知足已然被揭露為中國人身上備受指責的惡習，它導致中國人未能奮發進取，競逐於現代世界，可能確曾如此。但如果說這是事實，不是因為知足本身不好，而是因為走向極端，且未能在中國傳統哲學之核心的適宜與均衡的意義上予以調理。

　　不偏不倚（Balance）、晏然自得（poise）是中國人在其民族文化傳統中鑲嵌的印記。不管是以傳統範式研習經典的學者，還是尚未受"西化"席捲的中國土壤養育起來的農民或工人，皆不逃於此。這種印記展現自身具有一種恬淡自如（quiet assurance），而不沾染與我們所謂"驕傲自豪"（pride）相伴而生的剛愎果決（assertiveness），還含有一種頗為氣定神閒（imperturbable）的溫文爾雅（affability）。

　　它從何而來？非惟道德格言而已，畢竟這不只是一種思想方式，還是一種處世之道。這種處世之道有部分緣於禮教，孔子教化於 2500 年以前，而中國人一直培育至本世紀。

　　禮（部分）是一種儀式（ceremony）。身處現代西方的我們對儀式少有踐行，往往目之為愚不可及。殊不知，常識樣態的儀式正是透露生活韻律的戶牖。當我們打網球或高爾夫球時，我們感到韻律是必不可少的，可我們大多卻活得頓碌顛簸。結果損害了我們的消化系統、神經系統，甚至是生產效率。傳統中國則依循一種更為有條不紊的活法。

當然，儀式有時也包括不便。我一直不解為什麼在帝制中國上朝總在拂曉，這是一個讓人們從夢鄉醒來的可怕鐘點。我還想，更奇怪的是，甚至早在孔子時代，每當討論最嚴肅最重要問題時，那些參與會議的人，據說之前要徹夜端坐，這不為別的，只是一種原始的宗教禮儀。之後，我終於有緣參加北京孔廟的一場祭祀。

那是在拂曉時分開始，而我不得不凌晨兩點起床，有多樂意你們可以想像。騎車很久來到孔廟，為此覺得很是虧待自己。然而，身臨其境的盛況華美印象深刻，逐漸讓人靈魂出竅。天空深邃湛藍得難以置信。孔廟與松樹確實曾在其他場合掠過眼前，但那黎明時分是如此地讓我耳聰目明，那一刻感到以前真是熟視無睹，遑論欣賞感懷。多年以後，那場儀式的細節仍歷歷在目，比我身處的空間都清澈得多。現在我懂了，為什麼中國人拂曉時分上朝。如果商議國事政務是我的事務，相比在午餐，或打著瞌睡的下午三點做事，在那樣一個早晨，我會把工作做得好很多。

不過，想要體悟這一中國理念，以適宜心境完成每一事項，不是說一定要半夜起床。在二戰期間，我就曾受教於此。當時正在華盛頓特區的一個政府辦公室工作。同一棟樓的另一辦公室有名中國學者，是一位受經學傳統教育的年輕學者，而且他深諳中國畫。為緩解工作的單調乏味，我晚上做點研究，也曾遇到一些摸頭不著的關於中國藝術的問題。因此，我問這位中國朋友，能否找天晚上來我寓所指點一二。他欣然應允。既然我們在同一棟大樓工作，我就提議可以在下班後見面，一起去餐館吃晚飯，再去我家。

他說："這不合適。謝謝您，但我想這不是最好的方案。我們等下是要一起切磋藝術。還是先各自走，自己清淨享用晚餐。之後我來您家，您可以給我泡上一杯茶，然後我們都已胸有成竹，就可以開始切磋。"他說得很對。

中國哲學無法提供現代人們面臨問題的每一答案。同樣，也沒有其他任何哲學能夠做到。然而，中國人素來對一些事情（以及我們所疏失的事情）洞若觀火，所見所言往往頗有裨益。如果這番簡短的概述能夠激發讀者進一步學習中國思想的欲念，我也就心滿意足了。附上進階閱讀的一份推薦書目。

參考書目

以下書目是按照大概（而非精確）對應本書各章主題的方式臚列。先列的是來源出處，隨後的是二手著作。

綜合著作

1. 馮友蘭：《中國哲學史》，2 卷本，德克・卜德譯，普林斯頓，1952、1953 年。
2. 修中誠：《經典時代對中國哲學》，倫敦和紐約，1942 年。
3. 馮友蘭：《新原道：中國哲學之精神》，修中誠譯，倫敦，1947 年。
4. 馮友蘭：《中國哲學簡史》，德克・卜德編，紐約，1948 年。
5. 芮沃壽編：《中國思想研究》，芝加哥，1953 年。
6. 費正清：《中國的思想與制度》，芝加哥，1957 年。

孔子

1. 《論語》，理雅各譯，《東方聖書》（1），（第 2 版，牛津，1893 年），第 137-354 頁。
2. 《論語》，威利譯，倫敦，1938 年。
3. 顧立雅：《孔子：其人及其神話》，紐約，1939 年，倫敦，1951 年。

墨子

1. 《墨子》（墨子的道德與政治著作），梅貽寶譯，倫敦，1929 年。
2. 梅貽寶：《墨子：被忽視的儒家對手》，倫敦，1934 年。

孟子

1. 《孟子》，理雅各譯，《東方聖書》（2），（第 2 版，牛津，1895 年）。
2. 威利：《中國古代的三種思維方式》，第 115-195 頁，倫敦，1939 年。
3. 瑞恰慈：《孟子論心》，倫敦，1932 年。

道家

1. 威利：《道及其力量》，倫敦，1934年。（該書包括對道家的研究，以及第141-243頁的道德經譯本。）

2. 《道德經》，理雅各譯，《東方聖書》（39），（倫敦，1891年），第47-124頁。

3. 《莊子》，理雅各譯，《東方聖書》（39），（倫敦，1891年），第164-392頁，（40），（倫敦，1891年），第1-232頁。

4. 威利：《中國古代的三種思維方式》，第17-112頁，倫敦，1939年。

荀子

1. 《荀子》，德效騫譯，倫敦，1928年。

2. 《荀子的正名》，戴聞達譯，《通報》，23卷，（萊頓，1924年），第221-254頁。

3. 德效騫：《荀子：古代儒學之塑造者》，倫敦，1927年。

法家

1. 《商君書》，戴聞達譯，倫敦，1928年。

2. 《韓非子》，第1卷，廖文魁譯，倫敦，1939年。

3. 威利：《中國古代的三種思維方式》，第199-255頁，倫敦，1939年。

4. 德克·卜德：《中國的第一個統一者：從李斯的一生研究秦朝》，萊頓，1938年。

漢代思想

1. 胡適：《儒教在漢代被確立為國教考》，《皇家亞細亞文會北中國分會報》，第60卷，（上海，1929年），第20-41頁。

佛教

1. 克拉倫斯·H.漢密爾頓：《大慈大悲的佛教：佛教文獻選集》，紐約，1952年。

2. 查爾斯·艾略特：《印度教與佛教：一番歷史簡述》，倫敦，1921年。

3. 胡適：《禪宗在中國的發展》，《中國社會及政治學報》，第15期，（北平，1932年），第475-505頁。

理學

1. 《朱熹的人性論》，卜道成譯，倫敦，1922年。

2. 《王陽明的哲學》，恆吉譯，倫敦和芝加哥，1916年。

3. 卜道成：《朱熹和他的前輩們：朱熹與宋代新儒學導論》，倫敦，1923年。

4. 黃秀璣：《陸象山：中國十二世紀的心學家》，紐黑文，1944年。

理學的逆反

1. 曼斯菲爾德・弗里曼：《清代對宋代政治思想的批判》，《皇家亞細亞文會北中國分會報》，第 58 卷，（上海，1933 年），第 78-110 頁。

2. 曼斯菲爾德・弗里曼：《戴東原的哲學》，《皇家亞細亞文會北中國分會報》，第 64 卷，（上海，1933 年），第 50-71 頁。

3. 陳榮捷：《理學》，宓亨利編，《中國》，第 254-265 頁，伯克利和洛杉磯，1946 年。

西方的影響

1. 陳榮捷：《當代哲學的趨勢》，宓亨利編，《中國》，第 312-330 頁，伯克利和洛杉磯，1946 年。

2. 胡適：《中國文藝的復興》，芝加哥，1934 年。

孫中山

1. 孫中山：《三民主義》，畢范宇譯，上海，1927 年。

2. 林百克：《孫中山的政治信條》，巴爾的摩，1937 年。

中國共產主義

1. 毛澤東：《論人民民主專政》，奧托・范・德・斯普林克爾編，《新中國：三種觀念》，第 180-197 頁，倫敦，1950 年。

2. 毛澤東：《新民主義論》，譯者未詳，紐約，1945 年。

3. 劉少奇：《論共產黨員的修養》，譯者未詳，北京，1951 年。

4.《中國共產主義文獻史》，康拉德・布蘭特等編，劍橋，馬薩諸塞，1952 年。

5.《美國政治與社會科學院紀事》，第 277 卷（賓夕法尼亞，1951 年），《中國報告》，H. 亞瑟・斯坦納編。

6. 奧托・范・德・斯普林克爾編：《新中國：三種觀念》，第 180-197 頁，倫敦，1950 年。

7. 本傑明・I. 史華茲：《中國共產主義運動與毛澤東的興起》，劍橋，馬薩諸塞，1951 年。

Suggestions for Further Reading

GENERAL WORKS

1. FUNG YU-LAN, *A History of Chinese Philosophy.* 2 vols. Translated by DERK BODDE. Princeton, 1952 and 1953.
2. E. R. HUGHES, *Chinese Philosophy in Classical Times.* London and New York, 1942.
3. FUNG YU-LAN, *The Spirit of Chinese Philosophy.* Translated by E. R. HUGHES. London, 1947.
4. FUNG YU-LAN, *A Short History of Chinese Philosophy.* Edited by DERK BODDE. New York, 1948.
5. *Studies in Chinese Thought.* Edited by ARTHUR F. WRIGHT. Chicago,1953.
6. *Chinese Thought and Institutions.* Edited by JOHN K. FAIRBANK. Chicago, 1957.

CONFUCIUS

1. *The Confucian Analects.* Translated by JAMES LEGGE, in "The Chinese Classics," I (2d ed.; Oxford, 1893), 137-354.
2. *The Analects of Confucius.* Translated by ARTHUR WALEY. London, 1938.
3. H. G. CREEL, *Confucius, the Man and the Myth.* New York, 1949;London, 1951.

MO TZU

1. *The Ethical and Political Works of Motse.* Translated by Y. P. MEI. London, 1929.
2. Y. P. MEI, *Motse, the Neglected Rival of Confucius.* London, 1934.

MENCIUS

1. *The Works of Mencius.* Translated by JAMES LEGGE, in "The Chinese Classics," Vol. II (2d ed.; Oxford, 1895).
2. ARTHUR WALEY, *Three Ways of Thought in Ancient China,* pp. 115-195. London, 1939.
3. I. A. RICHARDS, *Mencius on the Mind.* London, 1932.

TAOISM

1. ARTHUR WALEY, *The Way and Its Power.* London, 1934. This volume includes both a study of Taoism and, on pp. 141-243, a translation of the *Tao Tĕ Ching.*
2. *The Tao Teh King. (Tao Tĕ Ching).* Translated by JAMES LEGGE, in "Sacred Books of the East," XXXIX (London, 1891), 47-124.
3. *The Writings of Kwang-zze (Chuang Tzŭ).* Translated by JAMES LEGGE, in "Sacred Books of the East," XXXIX (London, 1891), 164-392, and XL (London, 1891), 1-232.
4. ARTHUR WALEY, *Three Ways of Thought in Ancient China,* pp.17-112. London, 1939.

HSUN TZU

1. *The Works of Hsüntze.* Translated by HOMER H. DUBS. London,1928.
2. "Hsün-tzu on the Rectification of Names," translated by J. J. L. DUYVENDAK, in *T'oung Tao,* XXIII (Leiden, 1924), 221-254.
3. HOMER H. DUBS, *Hsüntze, the Moulder of Ancient Confucianism.* London, 1927.

LEGALISM

1. *The Book of Lord Shang.* Translated by J. J. L. DUYVENDAK. London,1928.
2. *The Complete Works of Han Fei Tzŭ,* Vol. I. Translated by W. K. LIAO. London, 1939.
3. ARTHUR WALEY, *Three Ways of Thought in Ancient China,* pp. 199-255. London, 1939.
4. DERK BODDE, *China's First Unifier; a Study of the Ch'in Dynasty as Seen in the Life of Li Ssu.* Leiden, 1938.

HAN DYNASTY THOUGHT

1. Hu SHIH, "The Establishment of Confucianism as a State Religion during the Han Dynasty," *Journal of the North China Branch of the Royal Asiatic Society,* LX (Shanghai, 1929), 20-41.

BUDDHISM

1. CLARENCE H. HAMILTON, *Buddhism, a Religion of Infinite Compassion: Selections from Buddhist Literature,* New York, 1952.
2. CHARLES ELIOT, *Hinduism and Buddhism, an Historical Sketch.* London,1921.
3. Hu SHIH, "Development of Zen Buddhism in China," *Chinese Social and Political Science Review,* XV (Peiping, 1932), 475-505.

NEO-CONFUCIANISM

1. *The Philosophy of Human Nature by Chu Hsi.* Translated by J. PERCY BRUCE. London, 1922.
2. *The Philosophy of Wang Yang-ming.* Translated by FREDERICK GOODRICH HENKE. London and Chicago, 1916.

3. J. PERCY BRUCE, *Chu Hsi and His Masters, an Introduction to Chu Hsi and the Sung School of Chinese Philosophy.* London, 1923.

4. SIU-CHI HUANG, *LU Hsiang-shan, a Twelfth Century Chinese Idealist Philosopher.* New Haven, 1944.

THE REACTION AGAINST NEO-CONFUCIANISM

1. MANSFIELD FREEMAN, "The Ch'ing Dynasty Criticism of Sung Politico-Philosophy," *Journal of the North China Branch of the Royal Asiatic Society,* LIX (Shanghai, 1928), 78-110.

2. MANSFIELD FREEMAN, "The Philosophy of Tai Tung-yüan," *Journal of the North China Branch of the Royal Asiatic Society,* LXIV (Shanghai, 1933),50-71.

3. CHAN WING-TSIT, "Neo-Confucianism." In H. F. MACNAIR (ed.),*China,* pp. 254-265. Berkeley and Los Angeles, 1946.

THE INFLUENCE OF THE WEST

1. CHAN WING-TSIT, "Trends in Contemporary Philosophy." In H. F. MACNAIR (ed.), *China,* pp. 312-330. Berkeley and Los Angeles,1946.

2. Hu SHIH, *The Chinese Renaissance.* Chicago, 1934.

SUN YAT-SEN

1. SUN YAT-SEN, *San Min Chu I, The Three Principles of the People.* Translated by FRANK W. PRICE. Shanghai, 1927.

2. PAUL M. A. LINEBARGER, *The Political Doctrines of Sun Yat-sen.* Baltimore, 1937.

CHINESE COMMUNISM

1. MAO TSÊ-TUNG, *On People's Democratic Dictatorship.* Translated in OTTO VAN DER SPRENKEL (ed.), *New China: Three Views,* pp. 180-197. London,1950.

2. MAO TSÊ-TUNG, *China's New Democracy.* Translator unnamed. New York, 1945.

3. Liu SHAO-CH'I, *How to Be a Good Communist.* Translator unnamed. Peking, 1951.

4. *Documentary History of Chinese Communism.* Edited by CONRAD BRANDT and OTHERS. Cambridge, Mass., 1952.

5. *Annals of the American Academy of Political and Social Science,* Vol. 277 (Philadelphia, 1951), *Report on China,* edited by H. ARTHUR STEINER.

6. *New China: Three Views.* Edited by OTTO B. VAN DER SPRENKEL. London, 1950.

7. BENJAMIN I. SCHWARTZ, *Chinese Communism and the Rise of Mao.* Cambridge, Mass., 1951.

索引

譯注：索引頁碼為正文頁邊所示原書頁碼

譯後記

　　《中國思想》寫於 1953 年，是顧立雅先生的早期著作，旨在向美國大眾介紹中國思想。作為一位深諳中國思想文化的美國漢學元老，顧立雅先生屢屢在該書中展露其別開生面的文明視野與饒有趣味的異域品評，亦不失精湛的考述詮釋功夫。如今，一般中國大眾對傳統思想的熟稔程度，或許已不比顧先生心目中的美國大眾高多少（顧先生曾說受過教育的中國人都熟悉子產其人，而現在高校學生也聞者寥寥），故該書仍富有推廣普及意義。譯完該書，我們特別期待它能成為一本雅俗共賞的中國思想讀物。譯者不揣淺陋，僅就儒墨道法四家論說談些許感想：

　　對於儒學，作者首先是對孔子思想予以至高讚譽，奉為一種 "智識民主"（intellectual democracy）的學說，且據稱自由、平等、尊重等令人嚮往的價值都可以從孔子獲致。這番 "宗師仲尼" 的情懷首先表達於孔子一章的結語："孔子則不但希望人們能為自己所想並矢志於此，而且志在幫助他們，教導他們如何想，只是說答案還得自己尋找。孔子坦然承認自己不知真理，而只知一種尋求真理之道。"（49

頁）作者始終堅信，孔子思想具有關於每一主體如何權衡的富足意義，也極其膜拜孔子思想的這種周全性乃至複雜性。或許了解各章評述思想之旨趣而掩卷回觀，我們就能感到此乃全書之慧眼。作者認為，孟子化約於堯舜之道易於阻滯僵化（99頁）；荀子所締造的權威體系則面臨專制的危險（155頁）；漢代思想"似乎棼亂無常，亦常寡淡無趣，而鮮有高瞻遠矚、獨出心裁的活力"（207頁），理學主流則淪為專制王朝的意識形態答案（252頁）。換言之，孔子之後，從孟子的王道到荀子的禮學，再到漢武背景下正統儒學的奠定，都展現出一種化約宗旨、依賴權威、恪守教條的面目。而另一方面，在漢代思想與宋明理學之餘，作者對漢代王充與明末清初諸啟蒙思想家（惜乎最終拘囿於清代漢學，266—267頁）則不吝讚美，從而展露出對富於批判性思想的青睞。

荀子非十二子而融通儒法，董仲舒及漢代經學以儒家綜合諸子建構新學，宋明理學則是應對佛道挑戰的儒學延展，都在與法家、道家、佛家的交鋒中擅其勝場，這些確實也是作者所依循的重要解釋路徑。這種敘述強調儒家思想發展應當理解為儒學拓殖而"愈發擴大"的官學意識形態化趨勢；但另一方面，若按作者更為倚重的理解方式（一定程度上亦合於儒家道統觀），那就更應強調後世正統儒學的這種綜合與延展不過是一種表面，本質上仍印證著儒學蛻化而"漸趨貧瘠"（156頁）的現象。這個關乎儒學的重要議題不只是一種事實上的"大小"之識，還是一種價值上的"優劣"之辯，儒學史上與世俗仰的各家“新儒學”應如何從這兩面理解評價，仍然值得審思。

對於墨家，作者認為遜於儒家不少。作者首先抱持一種漢人趨於“視墨同儒”的觀念，認為“墨子關於構建良政善治的基本方略頗為類似於孔子”（54 頁）。然而，墨子之批判創新實不遑多讓。（完整詮釋墨學十論之新頗費筆墨，敬請參閱譯者所著《墨家“兼愛”法思想的現代詮釋》，高等教育出版社 2017 年版。）惟墨子逃離儒門，另立非儒新說，始謂諸子百家爭鳴，墨翟之言盈天下，又才有孟荀深加攻伐，這些也提示著辨異儒墨的意義。作者當然亦不乏辨識，關於根本觀念的“兼愛”與“仁愛”之爭，主要以“兼愛”之“非常困難”而站在儒學親倫仁愛一方，只是總還得對墨子的高尚表示某種同情（63—65 頁）。其他論點，除認同墨子“節葬”說（59 頁），就一概揚孔抑墨，應該是墨子“非樂”的去情（66 頁）、“尚同”的專制（67 頁）、“明鬼”的迷信（69 頁）不甚討喜吧。關鍵還是作者堅持孔子之“創新”：“孔子確實屢屢言及古代，但相比所處時代的人們卻堪稱勇於創新者。他幾乎很少純粹基於傳統進行論證。墨子時代的儒者以及墨子本人則多有訴諸傳統。”（57—58 頁）可是孔子自稱“述而不作”，墨子畢竟反對“循而不作”，曰“古之善者則述之，今之善者則作之”，在這個問題上或如韓非所言：“孔、墨不可復生，將誰使定世之學乎？”

對於道家，正如西方漢學家的一般認識，作者傾向於從神秘主義思想的意境予以某種曼妙解讀甚或沉浸體驗，並揭示出道家之“道”不同於儒學的形而上學品格。（117—118頁）從形而上學到辯證法、從個人自由到無政府主義，這些大概是西方人士對中國道家推崇備至的因緣。作者認為，在道家對法律刑罰的批判控訴中，存在著強烈的無政府主義因素，《莊子》“在宥”之說可謂一番代表宣言（126頁）。然而，道家倡言“無為而無不為”，正是一個涵括所謂“出世”道家轉向“入世”面相的核心命題。（127—128頁）1970年作者出版了 *What is Taoism*（中譯本即將出版）一書，就明確將道家學說按照先後邏輯區分為出世道家、入世道家、神仙道家（道教）三種面相，也更進一步考述先有道家類的方術修行還是先有戰國道家理論，先有入世面相還是先有出世面相的問題。亦如許多中國學者，作者談到入世道家與專制政治存在瓜葛，其感慨可謂溢於言表：“幸運的是，道家這一觀念從未茁壯發展，但毫無疑問，它吸引著某些較為專制的中國皇帝，即便不是沉迷其中，亦傾心於這種理念。諷刺的是，道家如此徹底無政府主義的學說，竟又如此緊密地繫於政治。”（131頁）作者對道家的品評仍基於“儒道互補”的意念，讚賞道家倡言人作為自然個體的唯一性，“啟迪著中國的藝術，並賦予中國人得以維繫文化命脈的泰然自若”。道家的個人自治宣言、普遍懷疑態度、相對主義學說對於中國精神功德無量。（132頁）

對於法家，作者自然抱持辨異儒法的態度，但似未捲入中國學者般的褒貶紛爭。畢竟該書認為幾乎所有批判者都承認法家代表君主利益（161 頁），敘述法家時就始於概念事實而非立場價值，但其實對我們評價法家也有啟發。意識到由中文“法家”意譯而來的“Legalism”並不恰當（雖然該書仍勉強沿用，日後著述則用音譯的 Fa-chia），現實主義者（Realists）也不確切，作者認為最貼切的應是“威權主義者”（authoritarians），或者“極權主義者”（totalitarians）。相比儒學“總體效果更多在於消除或矯正專制”（205 頁），法家教導每一個體應當全然為了國家，不顧任何個人欲望與福利地去生活、工作、思考，事君主而致其身（164 頁）。在法家的法術勢理論中，作者尤其聚焦法家之術，且不像人們津津樂道於帝王陰謀權術，而闡發其作為常態化的政府行政技術的含義。“術”奠定法家最為堅實的非儒立場，並構成“中國政府仍持續深受法家主義影響的主要原因”。（175 頁）正緣於此，作者開啟長達 20 年的申子研究，直到 1974 年出版著名的《申不害》一書。〔中譯本《申不害：公元前四世紀中國的政治哲學家》，江蘇人民出版社 2019 年版。該書深刻闡述“法家”（儘管後來認為申不害不應歸屬法家）對中國的長遠影響在於“術”論對官僚體制的塑造。〕而對於法律史學者更關切的“法”論，作者既然認為儒家“將焦點放在人治而非法治上”（176 頁），也就感到“法家的法律觀念相比儒家更接近西方”。不過，法的目的截然不同，“在我們看來，‘法律保障’是指保護個人免受政府的無限苛求。然而，法家認為，法律是政府完全控制一切個人的工具。"（177頁）這也是作者強調法家深刻影響古代中國，並堅持予以批判的重要原因。

最後，處在那樣一個中美意識形態爭鋒與國際關係緊張的背景下，顧立雅先生抱持著對中國的欽慕與友善，向西方世界闡弘中國思想，以期讓人們理解現代中國，這番學緣情懷令人感佩動容，感謝顧立雅先生！思無專止，溫故有以知新，幸蒙業師馬作武教授的薰陶教誨！譯事艱辛，該書順利出版，仰賴香港三聯書店周建華總編、李斌先生、王婉珠女士、暨南大學出版社李戰副總編、法學院朱義坤院長、林健和書記、朱子木副書記的鼎力支持，得到學生徐菊、郭寶、曾志才、沈子淵的盡心協助，在此深表謝忱！

馬騰

2018 年初譯於廈門大學

2022 年改定於暨南大學